建筑材料领域碳达峰碳中和实施路径研究

住房和城乡建设部科技与产业化发展中心
中国建筑材料科学研究总院有限公司　主编
北京建筑材料科学研究总院有限公司

中国建筑工业出版社

图书在版编目（CIP）数据

建筑材料领域碳达峰碳中和实施路径研究/住房和城乡建设部科技与产业化发展中心，中国建筑材料科学研究总院有限公司，北京建筑材料科学研究总院有限公司主编.—北京：中国建筑工业出版社，2022.1

ISBN 978-7-112-27065-1

Ⅰ.①建… Ⅱ.①住… ②中… ③北… Ⅲ.①建筑材料工业—二氧化碳—排污交易—研究—中国 Ⅳ.①F426.9②X511

中国版本图书馆CIP数据核字（2021）第272095号

本书围绕"双碳"目标，在对建材行业发展现状和碳排放现状以及产品碳排放现状分析的基础上，立足于供给侧和需求侧，分别对重点行业产品的需求量和碳排放，以及民用建筑的建材消耗量和碳排放进行分析和预测，研究提出建材工业碳减排的技术实施路径和政策建议，对实施建材行业绿色低碳发展具有重要意义，可为建筑领域碳达峰、碳中和实施路径提供重要支撑。本书内容全面，具有较强的指导性，可供建设行业从业人员参考使用。

责任编辑：王砾瑶 范业庶
责任校对：赵 菲

建筑材料领域碳达峰碳中和实施路径研究
住房和城乡建设部科技与产业化发展中心
中国建筑材料科学研究总院有限公司　主编
北京建筑材料科学研究总院有限公司

*

中国建筑工业出版社出版、发行（北京海淀三里河路9号）
各地新华书店、建筑书店经销
北京雅盈中佳图文设计公司制版
北京市密东印刷有限公司印刷

*

开本：787毫米×1092毫米　1/16　印张：12¾　字数：234千字
2022年3月第一版　2022年3月第一次印刷
定价：55.00元
ISBN 978-7-112-27065-1
（38768）

版权所有　翻印必究
如有印装质量问题，可寄本社图书出版中心退换
（邮政编码 100037）

编委会

主　　编：陈　伟
副 主 编：刘敬疆　马振珠　王肇嘉
编　　委：（以姓氏笔画为序）
　　　　　王　华　王思娅　王新春　牛凯征　冯　帅　冯俊杰
　　　　　朱新才　刘　杨　刘　菁　刘　晶　刘　翼　刘庆祎
　　　　　刘珊珊　刘越斐　苏步新　李洁芯　李晋岩　杨飞华
　　　　　何光明　张旭东　张利君　张彦林　张增寿　张澜沁
　　　　　陈　滨　陈　璐　邵高峰　赵春芝　夏　娟　高翔宇
　　　　　唐　亮　黄　靖　黄伟军　戚甫社　龚先政　韩光辉
　　　　　鲍轩轩　魏丽颖
主编单位：住房和城乡建设部科技与产业化发展中心
　　　　　中国建筑材料科学研究总院有限公司
　　　　　北京建筑材料科学研究总院有限公司
参编单位：中国国检测试控股集团股份有限公司
　　　　　中国建筑材料工业规划研究院
　　　　　北京工业大学
　　　　　中国建筑材料联合会
　　　　　北京交通大学
　　　　　建筑材料工业技术情报研究所
　　　　　冶金工业规划研究院
　　　　　重庆建筑科技职业学院
　　　　　北京国建联信认证中心有限公司
　　　　　北京毕加索智能科技有限公司
　　　　　中国建筑科学研究院有限公司

前言
FOREWORD

人为因素导致的气候变化破坏了地球自然生态系统的平衡，威胁人类的生存和发展。化石能源消费产生二氧化碳排放量的持续增长是影响全球气候变暖的主要因素。碳排放的直接危害就是产生温室效应，导致全球气候变暖，从而导致冰川融化、海平面上升以及极端天气频发等。积极应对气候变化，大力推进碳减排，控制二氧化碳排放已成为世界各国共同的责任。

为应对气候变化，世界各国以全球协约的方式减排温室气体，2020年9月习近平总书记已对世界做出了碳达峰、碳中和的庄严承诺，提出"30·60"双碳目标。《中共中央关于制定国民经济和社会发展第十四个五年规划和二〇三五年远景目标的建议》提出，"十四五"期间，加快推进绿色低碳发展，降低碳排放强度，支持有条件的地方率先达到碳排放峰值，制定2030年碳排放达峰行动方案。2020年12月举行的中央经济工作会议将做好碳达峰、碳中和工作列为八大重点任务之一。《国务院关于加快建立健全绿色低碳循环发展经济体系的指导意见》提出"到2035年，绿色发展内生动力显著增强，绿色产业规模迈上新台阶，重点行业、重点产品能源资源利用效率达到国际先进水平，广泛形成绿色生产生活方式，碳排放达峰后稳中有降，生态环境根本好转，美丽中国建设目标基本实现。"

实现碳达峰、碳中和，是我国全面建设社会主义现代化国家新征程中的关键环节，对我国建立以绿色发展为引领和新动能的现代经济体系，实现经济、社会与生态协同高质量发展，建设美丽中国具有重要意义。发达国家从碳达峰到碳中和一般需要45~70年，我国仅有30年时间，面临的挑战和困难巨大。

我国是世界上最大的建筑材料生产和消费国，作为典型的资源和能源消耗型行业，中国建筑材料行业是能源消耗总量和二氧化碳排放最大的工业部门之一。同时，建筑材料工业是一个包含30个行业门类，1013种产品，具备包括高温窑炉工艺在内的各种生产工艺的产业体系。为满足市场需求，未来我国建材产品的生产将继续维持较大规模，建材行业二氧化碳排放总量也仍将处于高位。虽然依据国际准则、国家相关标准及行业实际，建材行业已基本厘清了碳排放和核算方法。然而，建材行业实现"双碳"目标仍任重道远。

为促进建材行业高质量发展实现"双碳"目标，建材行业必须加强顶层设计，紧扣目标任务，围绕关键技术、关键时间点，制定切实可行的工作方案。做到政策性减排措施可行有效，技术性减排措施科学合理。重点围绕绿色低碳技术、智能制造技术，对标世界先进水平，确定行业科技研发创新的重点和方向，布局和储备一批前沿碳减排技术。采用多种有效途径和方式协同攻关，力争在清洁能源利用、燃料替代、减污降碳迭代技术研发等方面取得进展和突破。加快推进产业结构调整，切实推进并加快实现产业结构、产品结构、能源及资源结构的根本性转变。建筑材料行业要严格落实产业政策，坚决禁止新增"两高"产能，从严审核产能置换方案，化解过剩产能，有序推进绿色低碳转型发展。

本书围绕"双碳"目标，在对建材行业发展现状和碳排放现状以及产品碳排放现状分析的基础上，立足于供给侧和需求侧，分别对重点行业产品的需求量和碳排放，以及民用建筑的建材消耗量和碳排放进行分析和预测，研究提出建材工业碳减排的技术实施路径和政策建议，对实施建材行业绿色低碳发展具有重要意义，可为建筑领域碳达峰、碳中和实施路径提供重要支撑。

本书由国家重点研发计划"民用建筑'四节一环保'大数据及数据获取机制构建"（2018YFC0704300）资助。

由于笔者水平有限，书中难免存在不足之处，敬请读者批评指正。

2021年10月

目 录
CONTENTS

第1章 概述   001

1.1 编制背景及意义   001
1.1.1 "碳达峰、碳中和"提出的背景   001
1.1.2 报告编制的意义   002

1.2 国内外碳达峰碳中和形势   003
1.2.1 国外碳达峰碳中和现状   003
1.2.2 我国碳达峰碳中和进展   004

1.3 研究对象、内容和技术路线   007
1.3.1 研究对象   007
1.3.2 研究内容   008
1.3.3 技术路线   009
参考文献   010

第2章 建筑材料行业的发展现状   011

2.1 水泥行业   012
2.1.1 产品与产量   012
2.1.2 技术与装备   014
2.1.3 节能与减排   015

2.2 玻璃行业   017
2.2.1 产品与产量   017
2.2.2 技术与装备   018
2.2.3 节能与减排   019

	2.3 陶瓷行业	020
	2.3.1 产品与产量	020
	2.3.2 技术与装备	022
	2.3.3 节能与减排	023
	2.4 钢铁行业	025
	2.5 小结	028

第3章 建筑材料行业的碳排放现状　　029

    3.1 碳排放相关标准情况　　029
        3.1.1 国际标准　　030
        3.1.2 国家标准　　033
        3.1.3 行业标准　　037
        3.1.4 地方标准　　037
        3.1.5 团体标准　　038
    3.2 碳排放核算方法　　039
        3.2.1 行业层面　　039
        3.2.2 企业层面　　040
    3.3 建筑材料行业碳排放现状　　042
        3.3.1 碳排放因子测算　　043
        3.3.2 建材行业碳排放估算　　044
    3.4 重点行业碳排放现状　　050
        3.4.1 水泥　　050
        3.4.2 玻璃　　056
        3.4.3 陶瓷　　059
        3.4.4 钢材　　064
    3.5 小结　　070
        参考文献　　070

第4章 民用建筑建材消耗量及碳排放　　071

    4.1 民用建筑规模现状及发展趋势　　071
        4.1.1 计算模型及结果　　072

    4.1.2 未来发展趋势 077
  4.2 **民用建筑建材消耗量及能耗测算** 077
    4.2.1 建材消耗量测算 078
    4.2.2 分类建材消耗量分析 084
    4.2.3 建材生产能耗测算 087
  4.3 **民用建筑建材碳排放预测** 090
    4.3.1 碳排放核算方法及结果 090
    4.3.2 碳排放影响因素分析 093
    4.3.3 情景设置与碳排放预测 099
  4.4 **小结** 108
    参考文献 108

第5章 典型产品需求量及碳排放量预测 110

  5.1 **需求量影响因素分析** 110
  5.2 **需求量预测** 113
    5.2.1 水泥 113
    5.2.2 平板玻璃 117
    5.2.3 陶瓷 120
    5.2.4 钢材 123
  5.3 **碳排放量预测** 125
    5.3.1 水泥 125
    5.3.2 平板玻璃 127
    5.3.3 陶瓷 128
    5.3.4 钢材 129
  5.4 **小结** 131

第6章 基于全生命期的建材产品碳排放研究 132

  6.1 **产品碳排放核算方法** 132
    6.1.1 原料生产碳排放 133
    6.1.2 产品生产碳排放 135
    6.1.3 运输碳排放计算 141

		6.1.4 建材产品的碳足迹	144
	6.2	**基于行业与LCA测算的建材产品碳排放比较分析**	147
		6.2.1 水泥产品碳排放比较分析	147
		6.2.2 玻璃产品碳排放比较分析	147
		6.2.3 陶瓷产品碳排放比较分析	148
		6.2.4 建筑钢材产品碳排放比较分析	149
	6.3	**预制混凝土构件碳排放计算案例**	150
		6.3.1 目标与范围的确定	150
		6.3.2 碳排放清单分析	152
		6.3.3 碳排放分析	154
	6.4	**小结**	155
		参考文献	155

第7章 绿色建材发展及减碳潜力分析　　156

	7.1	**我国绿色建材的发展现状**	156
		7.1.1 组织管理建设	156
		7.1.2 评价认证工作进展	157
		7.1.3 政策标准出台	160
	7.2	**绿色建材与减碳潜力分析**	164
		7.2.1 与碳排放相关的指标	164
		7.2.2 减碳潜力分析	165
		7.2.3 绿色建材减碳效益汇总	172
	7.3	**小结**	172

第8章 建筑材料领域碳减排路径研究　　174

	8.1	**工艺减碳**	174
		8.1.1 水泥行业	175
		8.1.2 玻璃行业	175
		8.1.3 陶瓷行业	177
		8.1.4 钢材行业	178
	8.2	**能源降碳**	179

8.3	技术补碳	181
8.4	利废换碳	182
	8.4.1 砂石骨料领域	182
	8.4.2 新型墙材领域	182
	8.4.3 其他胶凝材料领域	183
8.5	智慧节碳	183
8.6	小结	185

第 9 章　建筑材料领域碳减排的策略与建议　　186

9.1	政策建议	186
	9.1.1 全面推进绿色建材应用	186
	9.1.2 扩大低碳建材应用范围	187
	9.1.3 推进技术设备升级换代	188
	9.1.4 提高清洁能源应用比例	189
	9.1.5 提高资源综合利用能力	190
	9.1.6 挖掘信息技术减碳潜力	191
9.2	保障措施	191
	9.2.1 建立绿色低碳标准体系	191
	9.2.2 完善企业碳统计核查制度	192
	9.2.3 参与碳排放权市场交易	192
	9.2.4 建立绿色低碳公共服务平台	193
	9.2.5 加强财税金融体系支持力度	193
	9.2.6 建设碳减排示范企业	194

第1章

概述

1.1 编制背景及意义

1.1.1 "碳达峰、碳中和"提出的背景

温室气体排放带来全球气候变化问题是目前主流科学界的共识。全球气候变化导致海平面上升，地球极端天气灾害频发，生物多样性受影响严重，全球气候变化给人类社会带来了严重的不利影响。据联合国政府间气候变化专门委员会（IPCC）数据，至21世纪末全球升温控制在1.5℃的可能性已极小，为了守住2℃的升温红线，需要全球在未来的30年内快速达到碳中和。另外，根据哈佛大学经济学教授马丁·魏茨曼（Martin Weitzman）的研究："人类的应对策略不只是应对气温上升1.5℃或者2℃，而是要更加注意大幅降低气温上升5℃或者10℃的可能性，意味着需要采取的措施更为激进和迫切。"就应对全球气候变化的问题，联合国组织召开了一系列全球气候变化会议，人类已经为应对气候变化达成了具有国际约束力的一系列公约，其中最为重要的是《联合国气候变化框架公约》《京都议定书》和《巴黎协定》。

我国一直高度重视应对气候变化工作，随着我国经济的快速增长，能源消耗量与日俱增，中国已经成为全球碳排放量第一的国家，在国际上面临较大的减排压力。作为负责任的大国，2020年9月22日，中国国家主席习近平在第75届联合国大会一般性辩论上发表重要讲话时强调，中国将提高国家自主贡献力度，采取更加有力的政策和措施，二氧化碳排放力争于2030年前达到峰值，努力争取2060年前实现碳中和。在之后的联合国生物多样性峰会、金砖国家领导人第十二次会晤、气候雄心峰会及

2020年中央经济工作会议上，习近平主席多次重申以上目标。

中国"碳达峰、碳中和"目标充分彰显了我国坚持绿色低碳发展的战略定力和积极应对气候变化、建设社会主义现代化强国、推动构建人类命运共同体的大国担当。实现碳达峰、碳中和，是我国全面建设社会主义现代化国家新征程中的关键环节，对我国建立以绿色发展为引领和新动能的现代经济体系，实现经济、社会与生态协同高质量发展，建设美丽中国具有重要意义。

1.1.2 报告编制的意义

（1）支撑我国碳达峰碳中和政策体系构建

为推动实现"双碳"目标，党中央国务院碳达峰碳中和工作领导小组，正在制定碳达峰碳中和时间表、路线图、1+N 政策体系，其中"1+N 政策体系"将在十个领域采取加速转型和创新的政策措施和行动：①优化能源结构，控制和减少煤炭等化石能源；②推动产业和工业优化升级；③推进节能低碳建筑和低碳设施；④构建绿色低碳交通运输体系；⑤发展循环经济，提高资源利用效率；⑥推动绿色低碳技术创新；⑦发展绿色金融；⑧出台配套经济政策和改革措施；⑨建立完善碳市场和碳定价机制；⑩实施基于自然的解决方案。本书研究提出建材工业碳达峰碳中和的技术实施路径和政策建议，涵盖"优化能源结构、提高资源利用效率、创新绿色低碳技术、发展绿色金融、出台配套政策、建立完善碳市场"等措施和行动，支撑 1+N 政策体系构建，对实施建材行业绿色低碳发展具有重要意义，同时为建筑领域碳达峰、碳中和实施路径提供重要支撑。

（2）提升建筑材料行业绿色低碳发展水平

建材工业是国民经济和社会发展的重要基础产业，改革开放以来我国建材工业取得巨大成就，已成为国际公认的建材生产和消费大国。但是当前我国建材工业面临着传统建材资源能源消耗高、污染排放总量相对较大、产能严重过剩等突出矛盾，建材行业是推进碳达峰和碳中和的重点领域之一。"十四五"是加快建设现代建材产业体系的重要时期，为全面提升建筑材料行业绿色低碳发展水平，加快推进建筑材料行业碳减排工作，建筑材料行业也面临着很大的机遇与挑战。一是针对传统过剩的建材产业，要坚决遏制新增产能，淘汰低效产能；二是加强同下游产业的衔接，尤其是从支撑建筑生命周期碳减排的角度，推进绿色建材与节能环保建材的发展；三是加强低碳产品和技术研发，探索建筑材料行业低碳排放的新途径；四是提升能源利用效率，加强全过程节能管理；五是发挥建筑材料行业消纳废弃物的优势，进一步提升工业副产品在建筑材料领域的循环利用率和利废技术水平，替代和节约资源，降低温室气体过程排放。

（3）促进城乡建设领域绿色低碳发展

随着我国城镇化进程不断推进，民用建筑建造能耗也迅速增长。根据清华大学建筑节能研究中心的估算结果，中国民用建筑建造能耗从2004年的2亿tce增长到2018年的5.2亿tce。在2018年民用建筑建造能耗中，城镇住宅、农村住宅、公共建筑占比分别为42%、14%和44%。建筑业不仅包括民用建筑建造，还包括生产性建筑建造和基础设施建设，例如公路、铁路、大坝等的建设。民用建筑的建造能耗约占建筑业能耗的40%。清华大学建筑节能研究中心对全国建筑业的建造能耗进行了估算，2004年至2018年，中国建筑业建造能耗从接近4亿tce增长到12亿tce，2018年建筑业建造能耗（房屋建造与基础设施建设）占全社会一次能源消耗的百分比高达29%。2018年，我国碳排放总量为95.7亿t，其中建筑碳排放总量约21亿t，建筑约占22%。建筑业是国民经济的支柱产业。2019年，建筑业总产值为24.8万亿元，占国民经济比重为25%。长期形成的"大量建设、大量消耗、大量排放"的城乡建设方式尚未得到根本改变。建筑领域碳达峰有助于推动城乡建设绿色发展方式、绿色低碳的生活方式的形成，有助于培育建筑低碳新经济、新业态的形成。

1.2 国内外碳达峰碳中和形势

1.2.1 国外碳达峰碳中和现状

（1）多数西方发达国家已实现碳达峰

根据世界资源研究所近期发布的报告，全球已经有54个国家的碳排放实现达峰，占全球碳排放总量的40%。1990年、2000年、2010年和2020年碳排放达峰国家的数量分别为18个、31个、50个和54个，其中大部分属于发达国家。2020年，排名前十五位的碳排放国家中，美国、俄罗斯、日本、巴西、印度尼西亚、德国、加拿大、韩国、英国和法国已经实现碳排放达峰，中国、墨西哥、新加坡等国家承诺在2030年以前实现碳排放达峰。

根据国际科学家组成的全球气候变化计划组织（GCP）测算，2020年全球碳排放量为340亿t，与2019年相比减少了24亿t，比上一年下降7%。国际能源署发布的《2020年全球二氧化碳排放受疫情影响情况》显示，在2020年，发达经济体在2020年的年排放量下降幅度最大，平均下降了近10%，而新兴市场和发展中经济体的排放量相对于2019年则只下降了4%。与最近的排放增长率相比，大多数经济体的排放量下降了

5~10个百分点。巴西下降幅度较小,最明显的是中国。中国是唯一一个年度二氧化碳排放量增长的主要经济体,与2015年至2019年期间的平均增长率相比,中国的排放增速仅下降了一个百分点。尽管2020年是历史上全球二氧化碳排放量降幅最大的一年,许多经济体的能源需求和排放迅速反弹,凸显出2021年二氧化碳排放量将面临大幅增加的风险。

(2)部分西方国家碳排放接近中和

部分欧洲国家(如德国)在20世纪就实现了碳达峰,其从碳达峰到碳中和有超过50年的时间,美国为43年,但作为世界最大的碳排放国,我国仅有30年。截至2020年底,全球共有44个国家和经济体正式宣布碳中和目标,包括已经实现目标、已写入政策文件、提出或完成立法程序的国家和地区。其中,英国2019年6月27日新修订的《气候变化法案》生效,成为第一个通过立法形式明确2050年实现温室气体净零排放的发达国家。美国特朗普政府退出《巴黎协定》,但新任总统拜登在上任第一天就签署行政令让美国重返《巴黎协定》,并计划设定2050年之前实现碳中和的目标。承诺碳中和的部分国家和地区情况见表1-1。

承诺碳中和的部分国家和地区　　　　表1-1

承诺类型	国家和地区(承诺年份)
已实现	不丹、苏里南
已立法	瑞典(2045)、英国(2050)、法国(2050)、丹麦(2050)、新西兰(2050)、匈牙利(2050)
立法中	韩国(2050)、欧盟(2050)、西班牙(2050)、智利(2050)、斐济(2050)、加拿大(2050)
政策宣示	乌拉圭(2030)、芬兰(2035)、奥地利(2040)、冰岛(2040)、美国加州(2045)、德国(2050)、瑞士(2050)、挪威(2050)、爱尔兰(2050)、葡萄牙(2050)、哥斯达黎加(2050)、马绍尔群岛(2050)、斯洛文尼亚(2050)、马绍尔群岛(2050)、南非(2050)、日本(2050)、中国(2060)、新加坡(21世纪下半叶尽早)、中国香港(2050)

1.2.2 我国碳达峰碳中和进展

(1)应对气候变化总体部署

为实现碳达峰的目标与碳中和愿景,从党中央国务院、各部委到各行业、各企业,都在积极探索碳达峰碳中和的策略。

2020年10月26日至29日,中国共产党第十九届五中全会审议通过了《中共中央关于制定国民经济和社会发展第十四个五年规划和二〇三五年远景目标的建议》。其中提到,2035年社会主义现代化远景目标"广泛形成绿色生产生活方式,碳排放达峰后稳中有降,生态环境根本好转,美丽中国建设目标基本实现"。2020年12月16日至18日,习近平在中央经济工作会议上发表重要讲话,首次将"碳达峰碳中和"列入重点任务，提出"要抓紧制定 2030 年前碳排放达峰行动方案，支持有条件的地方率先达峰。加快建设全国"。2021 年 5 月 26 日，在碳达峰碳中和工作领导小组第一次全体会议上，韩正副总理指出"要紧扣目标分解任务，加强顶层设计，指导和督促地方及重点领域、行业、企业科学设置目标、制定行动方案"。2021 年 7 月 24 日，在主题为"全球绿色复苏与 ESG 投资机遇"的全球财富管理论坛 2021 北京峰会上，中国气候变化事务特使解振华表示，我国碳达峰碳中和"1+N"的政策体系将很快发布，这是顶层设计，涉及碳达峰、碳中和全国和各个地方、各个领域、各个行业的政策措施。

为落实今年"做好碳达峰、碳中和工作"重点任务，近期多部委密集发声，在加快调整优化产业结构、能源结构，推动煤炭消费尽早达峰，大力发展新能源等方面作出部署。生态环境部、工业和信息化部、中国人民银行等部门，石油、化工、煤炭、钢铁、电力、汽车、环保、交通等行业，以及北京、上海等城市都宣布了各自的碳达峰和碳中和计划和路线图，碳减排目标正在逐渐变为具体行动。

国家能源局召开的 2021 年全国能源工作会议提到，"要着力提高能源供给水平，加快风电光伏发展，稳步推进水电核电建设，大力提升新能源消纳和储存能力，深入推进煤炭清洁高效开发利用，进一步优化完善电网建设"。工业和信息化部召开的全国工业和信息化工作会议明确，"将围绕碳达峰、碳中和目标节点，实施工业低碳行动和绿色制造工程，坚决压缩粗钢产量，确保粗钢产量同比下降。加快发展先进制造业，提高新能源汽车产业集中度"。国家发展改革委召开的全国发展和改革工作会议提出，"部署开展碳达峰、碳中和相关工作，完善能源消费双控制度"。生态环境部印发实施《关于统筹和加强应对气候变化与生态环境保护相关工作的指导意见》，正在加紧编制的碳达峰行动方案，将提出地方达峰主要政策与行动，开展部门和行业达峰行动，部署低碳技术开发和项目投资，同时引导重点企业开展二氧化碳排放总量管理，加强重点企业碳排放信息披露。生态环境部公布了《关于加强高耗能、高排放建设项目生态环境源头防控的指导意见》，要求各级生态环境部门加强生态环境分区管控和规划约束，严格"两高"项目环评审批，推进"两高"行业减污降碳协同控制，依排污许可证强化监管执法，保障政策落地见效。

中国人民银行货币政策委员会召开的 2020 年第四季度例会，首次提及"以促进实现碳达峰、碳中和为目标完善绿色金融体系"。目前，北京、天津、山西、山东、海南、重庆等地已经提出了明确的碳排放达峰目标。

（2）初步具备实施碳达峰碳中和基础

虽然中国二氧化碳排放的总量较高，但也在控制碳排放、实现绿色发展方面取得了积极进展。一方面,二氧化碳排放增速明显放缓。2005~2010年二氧化碳排放年均增速约为8%,2011~2015年下降至3%,2016~2019年进一步下降约为1.9%。另一方面,单位GDP的二氧化碳排放强度逐步下降。根据IEA(国际能源署)数据的测算,中国单位GDP的二氧化碳排放从2005年的2.9t/万元逐步下降到2019年的1t/万元,降幅约60%。这些进展在很大程度上受益于能源结构的不断调整。近年来,中国一次能源消费结构呈现出明显的低碳化、清洁化趋势。2005~2019年煤炭消费量比重从72.4%下降至57.7%,共下降14.7个百分点,天然气消费量则从2.4%提高到8.1%,清洁能源(一次电力及其他能源)消费量从7.4%提高到15.3%,合计占比提高13.6个百分点[1]。

科技创新支撑能源结构不断优化。科技创新可以促进新能源开发和利用成本不断下降,为能源结构的优化提供巨大支撑。根据中国国家能源局数据,截至2020年底,中国清洁能源发电装机总规模达到9.3亿kW,其中水电3.7亿kW、风电2.8亿kW、光伏发电2.5亿kW,清洁能源占总装机的比重达到42.4%,相比2012年增长14.6%[2]。以风电、光伏、水电、核能为代表的清洁能源比例大幅提高,主要得益于新能源技术和材料技术的进步,促进了成本的大幅降低。近十年来通过科技创新,风电、光伏逐步进入平价时代,陆上风电发电单位千瓦平均造价下降30%,光伏组件、光伏系统成本分别从30元/W和50元/W下降到目前的1.8元/W和4.5元/W,均下降90%以上[3]。

低碳技术开发与应用促进碳排放强度下降。近年来,中国不断发展低碳技术,推动传统能源工业的科技革新。以煤炭工业为例,大力推广超临界、超超临界机组及热电联供技术,国家能源集团98%常规煤电机组实现超低排放,新建机组发电煤耗降至256g/kWh,为世界最低[4]。推动煤气化为核心的IGCC和燃料电池联合循环技术、煤炭高效清洁利用技术的开发和应用,推进煤气化重要技术装备国产化;研发新型煤基路线化工工艺,成功开发煤制烯烃工艺技术,有效推进了煤炭的绿色低碳转型,提高了煤炭的使用效率和经济价值。在低碳技术开发与应用的支撑下,中国碳排放强度逐年下降,2019年较2005年单位GDP二氧化碳排放量下降约60%。

负排技术的快速发展为达成碳排放目标提供有力支撑。CCUS(二氧化碳捕获、利用及封存技术)作为一种负排技术,对于降低全球二氧化碳排放量至关重要,也是中国践行低碳发展战略的重要技术选择。过去十年来,CCUS技术在全球迅速推广应用,到2020年,全球二氧化碳捕获能力已经达到4000万t[5]。中国CCUS技术的开发与应用同样在相关政策的推动下迅速发展。根据中国节能咨询数据,截至2018年底,全国已建成或运营的万吨级以上 CCUS 示范项目约 13 个，正在部署中大规模全流程的集成项目有 14 个，包括 9 个捕集项目、12 个利用与封存项目，累计二氧化碳封存量约 200 万 t，相关的各项研究和技术优化也在快速开展。

科技创新促进产业结构调整，低碳排放行业占比升高。产业结构的调整对控制碳排放起到了一定的正向作用。近年来，新一代信息技术和服务行业、金融业等第三产业快速融合发展，以"互联网+"赋能的多种科技创新组合深刻改变了人们的生活方式，网上购物、平台经济、移动支付等行业高速发展。科技创新推动第三产业等低碳排放行业规模增加，从而间接降低了二氧化碳排放强度。2011 年中国第三产业增加值占 GDP 的比重为 43.1%，2018 年提升至 52.2%。与此同时，第三产业二氧化碳排放强度也在不断降低，从 2011 年的 1.14t/ 万元降至 2018 年的 0.71t/ 万元。

1.3 研究对象、内容和技术路线

1.3.1 研究对象

我国快速城镇化导致大量建设用材需求，70% 的钢铁、90% 的建材、20% 的有色金属用于建筑与基础设施的建设中，建设耗材生产用能约占到了我国工业总用能的 42%。其中，钢材生产能耗依旧保持首位，水泥生产能耗次之，平板玻璃和建筑陶瓷的能耗相对较小，但由于用量比较多，总能耗相对较高。本书选择水泥、平板玻璃、建筑陶瓷、钢材 4 个建筑材料行业进行研究，实现对建材行业碳达峰碳中和的整体把控，对提高能效、实现碳达峰有重要意义。

预制构件作为工业化预制装配模式的重要组成要素，其推广应用已经成为推进新型建筑工业化进程中的重要举措之一。对预制构件的碳足迹进行计算，能够为装配式建筑的碳排放控制提供指引，真正达到建筑工业化绿色节能的目标。本研究以预制构件为研究对象，构建基于全生命期的碳足迹计算模型，并提出科学系统的测算方法，使得预制构件在今后能够更加科学地进行绿色和低碳方面的优化，进一步促进建筑工业化、产业化的发展进程。

在《中国建筑能耗研究报告（2020）》中指出，建筑能耗和碳排放总量应由过去的主要计算建筑在运行阶段的能耗和碳排放总量扩展至"建筑全过程"，包括建材生产阶段的能耗和碳排放总量。绿色建材是在全生命期内可减少对天然资源消耗和减轻对生态环境影响，本质更安全、使用更便利，具有"节能、减排、安全、便利和可循环"特征的建材产品。目前的绿色建材评价标准均已经将碳足迹报告纳入评价指标，经测算保守估计，绿色建材每年减少建材工业 3% 的碳排放量，绿色建材的研发应用对建材行业实现碳达峰、碳中和目标具有推动作用。

1.3.2　研究内容

本书围绕双碳目标，在对建材行业发展现状和碳排放现状以及产品碳排放现状分析的基础上，立足于供给侧和需求侧，分别对重点行业产品的需求量和碳排放，以及民用建筑的建材消耗量和碳排放进行分析和预测，研究提出建材工业碳减排的技术实施路径和政策建议，对实施建材行业绿色低碳发展具有重要意义，可为实现建筑领域碳达峰、碳中和提供重要支撑。

（1）建筑材料行业发展及典型行业碳排放现状研究

通过政策查询、文献阅读、实地调研等方法，对水泥、平板玻璃、建筑卫生陶瓷、钢材等行业发展现状进行广泛深入的调查和梳理，包括产品产量、技术装备和节能减排等有关情况。梳理建筑材料行业已出台的碳排放相关标准，从行业和产品 2 个层面对碳排放的计算边界和核算方法进行研究分析，在此基础上，对建筑材料行业整体及重点行业的碳排放量进行估算，摸底建筑材料行业的碳排放现状。

（2）典型建筑材料产品供需分析及碳排放研究

供给侧方面，评估可能影响水泥、平板玻璃、建筑卫生陶瓷和钢材等产品需求量的影响因素，分别提出构建四类产品需求量的分析预测模型；在此基础上，从工艺过程和燃料燃烧排放两个方面对二氧化碳排放进行测算，进而分析预测得到未来一段时间内重点行业产品的碳排放变化及趋势。需求侧方面，以民用建筑为对象，提出构建了基于逐年递推法的建筑规模和基于投入产出法的民用建筑建材消耗量计算模型，并获得民用建筑水泥、玻璃、陶瓷、钢材消耗量，研究分析不同情景下民用建筑建材使用产生的碳排放量及趋势。

（3）基于全生命期的建材产品碳排放方法及案例研究

针对建筑材料典型产品的特点，合理确定产品碳排放核算方法的研究边界，提出构建基于生命周期（LCA）的产品碳排放计算模型，包括原料生产、运输、产品生产和能源生产等过程。在此基础上，得到不同年度水泥、平板玻璃、建筑卫生陶瓷、建筑钢材等产品碳排放量，并将其与行业碳排放核算方法获得的结果进行对比，分析存在的主要差异及原因。同时，将产品碳排放计算模型在预制混凝土构件产品进行应用，定量给出叠合板、预制保温外墙板、预制楼梯等单位产品的碳排放量，分析不同企业及产品类型对产品碳排放的影响。

(4)绿色建材发展现状及碳减排潜力分析研究

通过实地考察或交流等方式，从组织管理建设、政策标准出台和评价认证推进等3个维度，对我国绿色建材的发展现状进行客观评价。针对资源、能源、环境和品质等四大属性，提炼形成可能影响其碳排放量的指标体系。在此基础上，分别研究构建基于产品综合能耗降低和固废利用的碳减排潜力计算模型，结合2020年产量，评估应用建筑陶瓷、卫生陶瓷、烧结砖、预拌混凝土、节能玻璃、铝合金型材、岩棉制品和加气混凝土8类绿色建材产品的减碳潜力效益。

(5)建筑材料领域碳减排实施路径及策略研究

基于不同计算模型的结果和未来趋势的分析预测，重点围绕工艺减碳、能源降碳、技术补碳、利废换碳和智慧节碳5个角度，研究提出建筑材料领域碳减排的有效解决方案。从推广应用绿色低碳建材、推进技术设备升级、提高清洁能源应用比例等方面研究切实可行的工作举措和建议，挖掘建立一套标准或规则来明确实施过程中各相关利益主体的权责利及其发挥作用的有效方式，促进建筑材料领域实现碳达峰碳中和。

1.3.3 技术路线

本研究的总体思路为从"建筑材料行业发展现状"出发，以挖掘减碳路径、实现碳达峰碳中和为目标，依据"现状梳理→确定方法→构建模型→分析预测→提出建议"的研究思路开展研究工作（图1-1）。

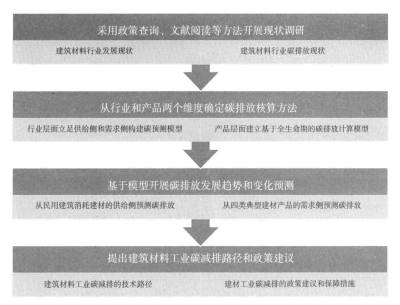

图1-1 技术路线

（1）通过政策查询、文献阅读等方法，对建筑材料行业发展、碳排放标准和核算方法研究的现状进行广泛深入的调查和梳理，总结水泥、平板玻璃、建筑卫生陶瓷和钢材等典型行业取得的主要成绩和管理经验。

（2）从行业和产品维度，分别确定建筑材料领域碳排放的计算边界和核算方法。其中行业层面，立足于供给侧和需求侧，构建重点行业产品的需求量、民用建筑规模及建材消耗量以及碳排放分析预测模型；产品层面，建立基于全生命期的建材产品碳排放计算模型。

（3）基于以上模型，对建筑材料行业整体及四个重点行业、民用建筑建材消耗产生的碳排放量以及基于全生命周期的混凝土预制构件产品碳排放量进行估算，对比分析行业和产品层面计算结果的差异同时分析原因，并对行业未来碳排放发展的趋势和变化进行预测。

（4）研究提出绿色建材产品碳减排潜力计算模型，定量评估应用大宗绿色建材产品的减碳潜力效益。同时，研究提出建材工业碳减排的技术实施路径和政策建议，促进建筑材料工业绿色低碳发展，为实现建筑领域碳达峰、碳中和提供重要支撑。

参考文献

[1] 刘仁厚，等. 中国科技创新支撑碳达峰、碳中和的路径研究 [J]. 广西社会科学，2021（8）：1-7.

[2] 中华人民共和国国务院新闻办公室. 国新办举行中国可再生能源发展有关情况发布会 [EB/OL].（2021-03-30）[2021-05-06]. http：//www.nea.gov.cn/2021-03/30/c_139846095.htm.

[3] 中国光伏行业协会. 中国光伏产业发展路线图（2020年版）[EB/OL].（2021-02-03）[2021-05-06]. http：//www.chinapv.org.cn/road_map/927.html.

[4] 姜琳. 国家能源集团：常规煤电机组98%实现超低排放 [EB/OL].（2019-05-21）[2021-05-06]. http：//www.nea.gov.cn/2019-05/21/c_138076983.htm.

[5] International Energy Agency.Carbon capture, utilisation and storage：the opportunity in Southeast Asia[R]. 2021.

第2章
建筑材料行业的发展现状

建筑材料是国民经济建设不可或缺的基础原材料，不仅为建筑业及其他相关产业的发展提供支撑和保证，并成为国防、航空航天以及节能环保、新能源、新材料、信息产业等战略性新兴产业发展的重要支撑。自中华人民共和国成立，经过70余年的发展，我国建材工业形成了门类比较齐全、产品基本配套的完整工业体系。改革开放以来，我国建材工业经历了较长时间的高增长期，主要产品如水泥、平板玻璃、建筑与卫生陶瓷等产品产量已连续多年居世界第一，建材工业已成为面向国内国外两个市场，并具有一定国际竞争力的重要产业，为国民经济持续快速健康发展做出了重要贡献。

建材工业作为国民经济支柱产业，近二十年持续快速增长。我国是世界上最大的建材生产国和消费国，也是世界上二氧化碳排放量最大的国家。2020年建材工业二氧化碳排放量为14.8亿t，此外，建材工业的电力消耗可间接折算约合1.7亿t二氧化碳当量。虽然近年来建筑材料行业工艺技术不断进步，设备大型化、新型化，逐步实现了产业结构升级和科技进步。但是，由于生产过程复杂，烟气污染排放控制技术多样，而企业运行与控制水平参差不齐；而且由于生产工艺匹配要求，燃烧温度普遍较高、窑炉气氛复杂，烟气中颗粒物、NO_x、SO_2排放浓度相对较高，与火电等其他工业窑炉相比控制更为困难，减排效果不明显，减排任务更为艰巨。

当前，以智能制造为代表的新一轮科技革命和产业变革迅猛发展，信息化、数字化、网络化、智能化已成为制造业的发展趋势。建材行业加快智能制造数字转型，促进建材工业与新一代信息技术在更广范围、更深程度、更高水平上实现融合发展，建立以智能工厂为代表的现代生产体系，不断推动建材行业发展质量变革、效率变革、动力变革，助推产业基础高级化和产业链现代化，对于建材工业贯彻新发展理念、构建新发展格局，加快转方式、调结构、增动力，迈向绿色低碳、高质量发展有着重要的现实意义和战略意义。

2.1 水泥行业

进入21世纪以来，得益于新型干法水泥生产技术的快速发展和应用，我国水泥工业发生了突破性的变化，步入了创新提升、超越引领高质量发展的新时期：发展质量方面，从单纯的数量增长向质量效益增长转变，行业效益显著提升；技术装备方面，基本淘汰落后产能，全面普及新型干法先进技术，技术结构调整基本完成；资源利用方面，从粗放型资源开发利用方式向绿色矿山建设和资源集约利用转型；市场开发方面，深化践行"走出去"战略，装备制造和项目建设在满足国内市场需求基础上，不断向海外市场渗透，打通国内国外两个市场通道。

总体来看，近年来我国水泥工业以科学发展观为指导，以建设节约型社会的要求为目标，以循环经济为发展模式，以服务于建筑业为重点，在加快产业结构调整、推动技术进步与创新、转变经济增长方式、提升产业集中度、组建大企业集团、推动节能减排、资源综合利用、开拓海外市场、提升国际竞争力等方面，取得了丰硕成果，造就了中国制造和中国创造并举的发展新时代，开创了水泥工业自主知识产权批量涌现的历史新纪元。

截至2020年底，全国新型干法水泥生产线累计为1609条（剔除部分已关停和拆除生产线，不包括日产700t以下规模生产线），比2019年增加10条；设计熟料年产能18.3亿t，实际熟料年产能约22亿t；熟料产量为15.79亿t，按照实际运营能力计算的产能利用率为72%；平均单线熟料生产规模从约3300t/d提升到接近3700t/d，2000t/d及以下生产线从281条减少到171条。

2.1.1 产品与产量

1978年以来，我国经济建设对水泥的需求不断增长，特别是2000年以后，国内水泥和熟料产量长时间呈现稳定快速增长态势。2000年，我国水泥产量不足6亿t，熟料产量约为4.4亿t，至2010年水泥和熟料产量分别增长至24.0亿t和11.4亿t。至2014年，水泥和熟料产量已高达24.8亿t和14.2亿t。需要说明的是，2014年后，我国水泥产量稳中有降，但熟料产量却持续逆势上涨，至2020年国内熟料产量已达 15.79 亿 t，2014~2020 年熟料产量仍有 1.62 亿 t 的增长规模。水泥和熟料产量发生错位的主要原因在于水泥熟料系数的变动，在产品结构调整、质量要求提高及部分混合材价格提升等综合因素影响下，我国水泥熟料系数自 2014 年的 57% 提升至 2020 年的 67.5%。

"十二五"以来我国水泥和熟料的产量规模详见图 2-1。

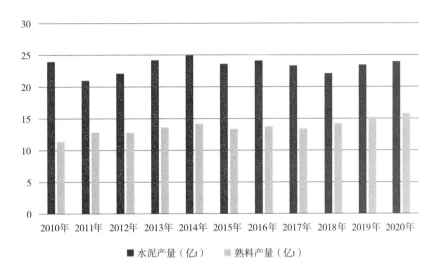

图 2-1 "十二五"以来我国水泥和熟料产量规模
（数据来源：国家统计局）

近几年我国水泥和熟料进口量增长迅猛，2017 年进口量仅为 90.8 万 t，2018 年上升至 1363 万 t，2019 年上升至 2475 万 t。根据国家海关发布的数据，2020 年全年我国累计进口熟料 3336 万 t，较 2019 年同比增长 46.7%，是 2017 年的 37 倍。其中，越南是中国最大的熟料进口国，占进口总量的 58.6%。其余日本、泰国、印尼、韩国则分别占进口总量的 10.2%、9.6%、9.3% 以及 6.7%，与越南合计共占整体熟料进口量的 94.5%。

因为我国各类工业固废产生量巨大，水泥是我国各类工业固废利用的大户。以粉煤灰、矿渣、脱硫石膏、电石渣、水渣等作为原料配料或作为混合材在水泥生产阶段大量掺入，降低单位水泥生产所需的熟料数量是我国水泥生产的重要方式，因此我国 32.5 强度等级水泥产量占比曾高达 50% 左右。近两年，中国水泥工业综合考虑逐步取消 32.5 强度等级水泥，《通用硅酸盐水泥》GB 175—2020 明确提出取消复合硅酸盐水泥的 32.5、32.5R 强度等级。随着水泥产品结构的调整，目前 42.5 级水泥占比已提升至 60% 左右。

2.1.2 技术与装备

2000年以前，我国水泥装备以立窑为主，具有规模小、能耗高、污染大、质量不稳定等诸多劣势。2000年我国水泥产量已经占世界总产量的三分之一，但新型干法水泥却只占9.4%。在国家产业政策引导下，我国从2003年进入新型干法水泥建设的高潮期，水泥装备研发制造取得突破性进展，逐步形成依靠自身力量设计制造大型水泥装备的能力，日产万吨水泥熟料生产线也已实现国产化。当前，我国落后工艺装备基本已全部淘汰，预分解窑水泥生产技术和装备水平达到国际先进水平，自主研发的、具有知识产权的大型国产化装备，不仅完全满足中国水泥工业的需求，而且还出口到中东、非洲、东南亚、中亚等60多个国家和地区，领跑世界水泥工业的发展。总体来看，中国正从水泥大国迈向水泥强国，实现了从引进到跟跑，到并跑，再到领跑的跨越。

我国水泥装备制造水平虽已取得卓著成就，行业基本完成技术结构调整，但全行业在节能减排、智能化提升、水泥窑协同处置废弃物等方面仍有较大进步空间，以上亦将成为"十四五"乃至今后较长时期内行业技术发展的重要方向。事实上，为了推动中国水泥工业的进一步发展，中国建筑材料联合会早在2012年即已启动了二代新型干法水泥创新研发工作，计划在当时水平的基础上完成我国水泥工业设计优化、工艺改革、装备提升以及节能减排、主要经济技术指标均达到领先世界水平的第二代新型干法水泥的研发任务，"第二代新型干法水泥技术装备"主要技术内容包括：高能效低氮预分解及先进烧成技术、高效节能料床粉磨技术、水泥窑废弃物安全无害化处置和替代燃料技术、原燃料均化配置技术、窑内氮氧化物消化和窑尾高效脱硝技术、数字化智能控制与管理技术、高性能高效率滤膜袋收尘技术等。如果说，第一代工艺的特点是基于某项技术的突破，那么第二代技术则代表着行业先进工艺的集成，是一项名副其实的系统工程。截至"十三五"末，我国已有十余条新建干法水泥生产线按照"第二代新型干法水泥"技术要求设计建造，其单项技术也在现有生产线上通过技术改造实际应用，取得较好效果。

近几年来，在国家政策的推动下，我国建材行业对智能制造的重视程度逐渐增强，企业开展智能制造的意识和意愿空前高涨，推进智能制造步伐不断加快，通过智能制造试点示范、培育系统解决方案供应商、探索关键技术研发应用等取得了明显成效，新理论、新技术、新装备、新应用、新系统解决方案不断涌现，以自动控制、工业机器人、智能仪器仪表为代表的关键技术装备应用取得积极进展，智能制造装备和先进工艺在建材行业加快推广应用，关键工艺流程数控化率大大提高，有力地促进了我国建材行业的产业结构调整和转型升级。

第 2 章 建筑材料行业的发展现状

水泥行业，以海螺水泥、华新水泥、宁夏建材、华润水泥、中联水泥、南方水泥、金隅冀东水泥、天瑞水泥、尧柏水泥等为代表的企业，积极推进智能制造数字转型，泰安中联水泥、唐山冀东水泥、天瑞郑州水泥、华润封开水泥等被评为工业和信息化部智能工厂试点示范，唐山冀东水泥、宁夏建材、华新水泥相关项目被评为工业和信息化部工业互联网试点示范项目。中联水泥旗下泰安中联水泥有限公司的智能化 5000t/d 新型干法水泥熟料生产线实现污染物排放低于国家标准限值 70%，在能耗方面也步入了行业"领跑者"的行列，实现了吨熟料煤耗 93.5kg、熟料综合电耗 45kWh、二氧化碳减排 10%~15%。海螺水泥旗下全椒海螺水泥有限公司智能化工厂积极推进 5G+AI 在智慧矿山、生产线设备巡检、设备控制方面的应用，从石灰石开采、原燃材料进场，到水泥产品发运出厂，全部采取全流程化和自动化闭环作业，基本实现了生产过程的无人化，以及资源利用、质量控制和生产控制的智能化，矿山生产效率提升约 12%，柴油消耗降低约 7%，轮胎消耗降低约 30%。南方水泥旗下湖州槐坎南方水泥有限公司 7500t/d 熟料智能化项目建成数字化、可视化、流程化、模块化的全流程生产管控系统；实现了当前国际、国内先进节能降耗技术的集成示范应用；生产数据自动采集率 100%，关键设备数控化率达到 96% 以上，质量的预测和控制形成闭环；"大数据+AI 技术"全流程生产智能控制平台，搭建专家知识库及异常工况规则库，实现窑况智能识别、全局寻优、生产线实时优化控制，AI 替代率达到 98% 以上，窑系统异常工况识别率 90% 以上，自动投用率达到 95.4%；关键工艺指标标准偏差降低 20% 以上，熟料游离钙、立升重合格率提升到 98% 以上；标煤耗降低 1.26kg/t.cl（1.29%），熟料综合电耗降低 1.15kWh/t，吨熟料余热发电量提升 1.07kWh/t（3.70%），熟料 28d 强度提升 1.5MPa。为进一步加快建材行业推进智能制造数字转型的步伐，2020 年 9 月，工业和信息化部出台了《建材工业智能制造数字转型行动计划（2021—2023 年）》，将推动建材行业智能制造迈上新台阶，更好支撑建材行业的转型升级和高质量发展。

2.1.3 节能与减排

随着《水泥单位产品能源消耗限额》GB 16780—2012 和《水泥工业大气污染物排放标准》GB 4915—2013 的执行，水泥单位产品能耗限额和大气污染物排放限值均有较大幅度提升，给水泥企业带来极大压力和动力，为实现产品能耗限额和排放达标，企业广泛开展系列节能减排环保技术的研发和应用，近年也取得较大进展。

"十三五"期间，水泥行业持续优化产业结构，淘汰落后和化解过剩产能，加快推广先进节能工艺技术装备，累计压减水泥熟料产能 2130 万 t，水泥熟料单位产品平均综合能耗由 2015 年的 112kgce/t.cl 下降到 2020 年的 108kgce/t[①]。近几年工业和信息化部公布的重点用能行业能效"领跑者"和"入围"企业名单中，水泥企业占比均超过其他重点用能行业，且每年的能效领跑者能耗指标和入围企业能耗的门槛值均逐年提升，2020 年能效领跑者入围企业门槛值已经低于 100kgce/t.cl，优于标准先进值 9%~16%。入围企业先进节能做法包括：

第一，应用先进节能工艺技术装备。采用窑外分解新型干法水泥生产工艺、辊压机终粉磨技术、第四代篦冷机等先进适用技术装备。

第二，广泛实施预热器降阻、分解炉分级燃烧改造、大功率拖动电机变频改造、高温风机智能换热等节能改造，不断节能提效。

第三，积极推进水泥窑协同处置固体废弃物。2020 年华新水泥（阳新）有限公司实现单窑日产 6000t 熟料同步处置 600t 生活垃圾衍生原料，单位熟料煤耗约 93kgce/t，较 2014 年下降 16%。

第四，强化能源信息化管控和智能化生产。打造绿色智能化示范企业，依托能源管理中心和以 MES 系统为核心的智能信息化管控平台，实现工厂运行自动化、管理可视化、故障预控化。

虽然水泥制造单位产品能耗不断下降，但因国内熟料产量规模仍处于上升通道，导致我国水泥工业能源消耗总量近年来仍有缓慢增长，2020 年行业煤炭消耗在 1.7 亿 tce 左右，电力消耗也保持在 2000 亿 kWh 以上（表 2-1）。

水泥行业是污染物排放大户，颗粒物排放占全国排放量的 20%~30%，二氧化硫排放占全国排放量的 5%~6%，二氧化碳排放仅次于电力和钢铁行业，位于全国第三。近年来，通过在全行业推广应用污染物尾端治理新技术和装备，水泥行业已实现主要污染物排放浓度的大幅下降，部分企业甚至已实现超低排放（图 2-2、表 2-2）。

当前，以海螺、金隅、华新等为代表的大型水泥企业高度重视履行社会责任，在余热发电、生活垃圾处理、脱硝等节能、环保治理方面不断加大研发投入与先进技术

水泥工业"十三五"以来能耗统计表　　　表 2-1

年份	2016	2017	2018	2019
煤耗（亿 tce）	1.71	1.57	1.56	1.67
电耗（亿 kWh）	2020	1950	1860	2046
水耗（亿 t）	5.95	5.83	5.58	5.90

数据来源：中国水泥协会推算值。

---

① 数据来源于工业和信息化部节能与综合利用司相关资料。

第 2 章 建筑材料行业的发展现状

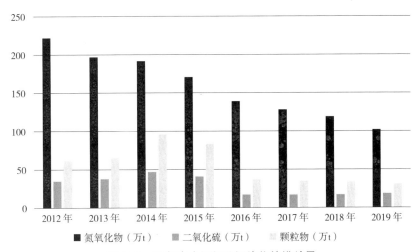

图 2-2 近年来水泥行业污染物的排放量
（数据来源：生态环境部《中国环境统计公报》）

"十三五"期间水泥（熟料）行业节能减排工作进展　　　　表 2-2

项目	熟料烧成煤耗（kgce/t.cl）	氮氧化物排放强度（kg/t.cl）	烟粉尘排放强度（kg/t.cl）	二氧化硫排放强度（kg/t.cl）
2016 年	119	1.01	0.27	0.13
2020 年	108	0.63	0.19	0.11
降幅（%）	10	37.6	30	15

推广应用力度，着力提升技术装备水平，通过水泥生产的技术创新、技术进步引领中国水泥产业节能减排事业的发展。并且，海螺水泥尝试在各地工厂推广光伏发电和储能项目等，打造绿色示范水泥工厂，实现了资源节约和循环利用，为扭转大众对水泥工业的"高污染"认知做出自己的努力。

2.2 玻璃行业

建筑玻璃是指用于建筑门窗、家具和家居等用途的玻璃，由浮法玻璃加工而成，约占浮法玻璃产量的 90%，产品形式主要有钢化玻璃、中空玻璃、夹层玻璃、镀膜玻璃、玻璃镜、釉面玻璃等。

2.2.1 产品与产量

我国浮法玻璃产能、产量占全球 50% 以上，位居第一位。截至 2021 年 6 月底，我国共计投产浮法玻璃生产线 383 条，总产能 13.8 亿重量箱；剔除"僵尸产能"，有效浮法玻璃生产线309条，约合12.24亿重量箱；其中，在产生产线258条，在产产能约合10.22亿重量箱，剔除"僵尸产能"后玻璃产能利用率为85.94%，同比去年上涨5.94%，主要原因是国内经济率先恢复、房地产赶工等因素带动需求增长。2015~2020年浮法玻璃产能及产能利用率见表2-3。

"十二五"以来，中国平板玻璃产量呈波动增加趋势，从2011年的7.9亿重量箱增长到2020年的9.46亿重量箱，增长了19.7%。近10年平板玻璃每年产量见表2-4。

浮法玻璃产能及产能利用率 表2-3

年度	2015	2016	2017	2018	2019	2020
浮法玻璃总产能（亿重量箱）	11.2	12.5	12.9	13.32	13.5	13.8
浮法玻璃产能利用率（%）	70.18	63.86	61.24	71	69.3	70.67

"十二五"以来平板玻璃的年产量 表2-4

年份	平板玻璃产量（万重量箱）	平板玻璃产量（万t）	同比增长（%）
2011	79107.55	3955.378	—
2012	75050.50	3752.525	−5.13
2013	79285.80	3964.29	5.64
2014	83128.16	4156.408	4.85
2015	78651.63	3932.582	−5.39
2016	80408.45	4020.423	2.23
2017	83765.80	4188.29	4.18
2018	93963.26	4698.163	12.14
2019	94461.20	4723.06	0.53
2020	94572.30	4728.615	0.12

数据来源：国家统计局。

2.2.2 技术与装备

浮法玻璃是将玻璃液漂浮在金属液面上制得平板玻璃的一种方法。它是将玻璃液从池窑连续地流入并漂浮在有还原性气体保护的金属锡液面上，在玻璃的表面张力、重力及机械拉引力的综合作用下，拉制成不同厚度的玻璃带，经退火、冷却而制成平板玻璃。目前浮法已成为平板玻璃主要的制造工艺技术。

浮法玻璃生产工艺环节包括配料、熔化、成型、退火和切裁包装5个工序。生产工艺流程见图2-3。

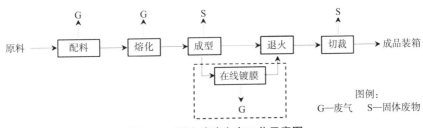

图 2-3 浮法玻璃生产工艺示意图

2.2.3 节能与减排

随着我国平板玻璃行业不断推进供给侧结构性改革、促进产业技术升级、实现高质量转型发展，以及熔窑大型化、烟气余热发电、全氧燃烧和纯氧助燃技术、窑炉全保温等节能技术在行业内的普及应用，平板玻璃行业的节能减排水平得到了大幅度提升，单位产品综合能耗从 2015 年的 13.16kgce/重量箱降至 2019 年的 12.01kgce/重量箱。

玻璃行业用主要燃料的碳排放指数从低到高的顺序是焦炉煤气、天然气，重油，煤焦油，石油焦和原煤，其中，石油焦和原煤的碳排放指数接近天然气的 2 倍。天然气的碳排放强度低，焦炉煤气属于废物利用，以这两类燃料为参比基准，并把排放指数定为 100，从而得到其他燃料排放指数，见图 2-4。

《"十三五"生态环境保护规划》要求平板玻璃行业推进煤改气、煤改电，禁止掺烧高硫石油焦等劣质燃料，未使用清洁能源的浮法玻璃生产线全部实施烟气脱硫，浮法玻璃生产线全部实施烟气高效除尘、脱硝；分区域、分流域制定实施平板玻璃行业、领域限期整治方案，升级改造环保设施，确保稳定达标。国家出台了《平板玻璃工业大气污染物排放标准》GB 26453—2011、《电子玻璃工业大气污染物排放标准》GB 29495—2013 和《玻璃制造业污染防治可行技术指南》HJ 2305—2018 等环境相关标准，标准中

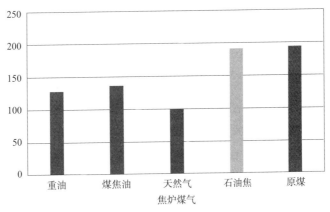

图 2-4 600t/d 浮法玻璃窑燃料的碳排放强度

对大气污染物排放限值、监测和监控、标准实施与监督等方面提出了相关要求，提出了污染防治可行技术和先进可行技术。国务院办公厅发布的《控制污染物排放许可制实施方案》（国办发 [2016]81 号）提到，建立健全基于排放标准的可行技术体系，推动企事业单位污染防治措施升级改造和技术进步。平板玻璃行业主要污染物有二氧化硫、氮氧化物、颗粒物。平板玻璃行业大气污染物二氧化硫、氮氧化物全部来自玻璃熔窑排放，约 50% 的颗粒物排放也来自熔窑。玻璃熔窑烟气治理是我国平板玻璃制造业污染控制的重点和难点。根据 2017 年环境统计数据，平板玻璃行业主要废气污染物二氧化硫、氮氧化物、烟（粉）尘排放量分别为 4.72 万 t/年、8.86 万 t/年、0.48 万 t/年。

平板玻璃制造行业废气污染防治技术较成熟：颗粒物治理有静电除尘、湿法除尘、袋式除尘、湿式电除尘等；二氧化硫防治有原燃料源头控制、湿法脱硫、半干法脱硫等；氮氧化物防治主要为原料或燃烧方式源头控制、SCR 脱硝工艺。

玻璃行业的节能减排是一个长期任务，与国际先进水平相比，我国浮法玻璃行业在氮氧化物过程减排方面明显落后，迫切需要探索分级燃烧和烟气重燃等清洁生产技术。

2.3 陶瓷行业

我国是世界上最大的陶瓷生产国和出口国。全国规模以上建筑卫生陶瓷企业 1500 余家，全年主营业务收入超 3877 亿元。其中，有 1200 家规模以上建筑陶瓷企业，实现营收超 3000 亿元，360 余家规模以上卫生陶瓷企业，实现营收近 800 亿元。

近年来，我国的陶瓷行业整体发展较为稳定，随着国内房地产市场调控政策实施、行业供给侧结构调整推进以及国际贸易形势变化，陶瓷行业发展方式正在发生转变。从过去以"量增长"为主的模式转向"调整优化存量、做优做强增量"并存，陶瓷产业以品牌、质量、服务、技术和设计创新为核心的内涵式、创新性发展成为主导。

2.3.1 产品与产量

建筑陶瓷方面，经过多年持续扩张，行业产能过剩日益凸显。2010 年以来国内建筑陶瓷砖产量增长总体趋于减缓，2018 年、2019 年国内建筑陶瓷砖产量分别为 90.11 亿 m^2 和 82.25 亿 m^2，已呈现明显下降态势（图 2-5）。

建筑陶瓷产能主要分布在广东、福建、江西、四川、山东等地。其中 2019 年主要建陶产区除福建实现 10.97% 的增长外，广东、江西、山东、四川均出现不同程度的下滑。

受国际贸易壁垒和反倾销政策的影响，我国建筑陶瓷出口下降明显。2019 年建筑陶瓷砖出口量为 7.70 亿 m^2，同比下降 8.45%，出口额为 45.55 亿美元，同比上升 5.83%（图 2-6）。主要出口省份为广东、福建、山东、广西。其中，广东省作为建筑陶瓷砖的核心基地，占据着全国建筑陶瓷砖总出口额的 70% 以上。主要出口国家为美国、菲律宾、印度尼西亚等国家。

卫生陶瓷方面，从"十二五"后期开始，国内卫生陶瓷产量较为平稳，2010~2019 年我国卫生陶瓷产量总体呈平稳上涨趋势，年平均增长率为 3.24%。2019 年全国卫生陶瓷规模以上企业累计产量为 23724 万件，较上年增长 1.39%（图 2-7）。

2019 年全国卫生陶瓷产量主要分布在河南、广东、河北、湖北等地，除河南省产量下降 11.25% 外，广东、福建、河北、湖南、湖北产量同比均有不同程度的增长。

近年来，我国卫生陶瓷出口贸易稳步上升，2019 年卫生陶瓷出口量为 9623 万件，较上年增长 16.29%，出口额为 79.85 亿美元，较上年增长 46.33%（图 2-8）。主要出口到美国、新加坡、马来西亚、韩国、阿联酋等国家。

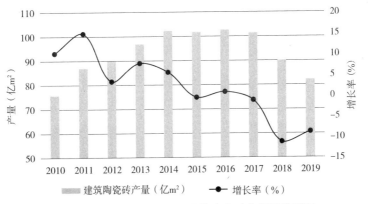

图 2-5　2010~2019 年我国建筑陶瓷砖产量及增长率

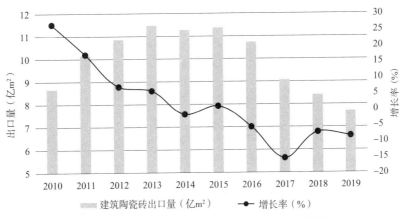

图 2-6　2010~2019 年我国建筑陶瓷砖出口量及增长率

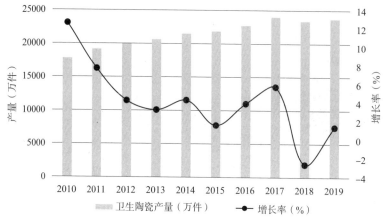

图 2-7 2010~2019 年我国卫生陶瓷产量及增长率

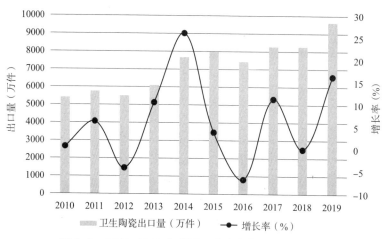

图 2-8 2010~2019 年我国卫生陶瓷出口量及增长率

我国建筑陶瓷工业在产量高速增长的同时，产品的质量和档次也不断提高。目前我国建筑陶瓷砖品种已达 2000 多种，几乎能生产国际上所有的品种。大规格砖、建筑陶瓷薄板、瓷质抛光砖产品及生产技术在国际上已位居领先水平，仿古砖、薄型砖等建筑陶瓷砖以及多种釉色、多种造型的日用陶瓷比例逐渐增加。大规格挤压陶瓷板及干压陶瓷板已实现产业化生产。近年来，岩板的出现，进一步扩大建筑陶瓷的应用领域。

2.3.2 技术与装备

经过 30 多年的引进、消化、吸收和创新发展，我国建筑卫生陶瓷的技术和设备已逐步接近和达到世界先进水平。大型球磨机、大型喷雾干燥塔、大吨位压机、多层辊道干燥器、辊道窑、抛光线等陶瓷生产关键设备都实现了国产化,并开始系列出口,在国际市场上具有一定的竞争力。建筑陶瓷4000~7800t大型液压自动压砖机、30~100t的球磨机、7000~12000型喷雾干燥塔、$\phi100$~$\phi200$mm的油压柱塞泵、多功能施釉线、(2.6~3.0)m×(200~400)m辊道窑等大型装备已达到国际先进水平;卫生陶瓷技术装备中,组合浇注成型、中高压注浆成型、施釉机械手,2.5~3.5m宽的节能烧成隧道窑、80~200m³以上梭式窑等达到20世纪90年代中期的国际水平。

在生产技术装备的机械化、自动化方面,陶瓷机械中机电液气一体化、技术含量最高的全自动液压压砖机的制造,抛光砖的生产技术及装备(包括多功能布料器、大型抛光线等),中国已走在世界前列。在干法制粉方面,也正逐步突破低吸水率产品的工业化生产瓶颈。由国内企业联合研制的"皮带+无框模压"成型方式压机成功试压,标志着新一代的国产岩板成型设备正加入我国岩板生产制造行列。

智能制造方面,建筑卫生陶瓷行业,以广东新明珠陶瓷集团、九牧卫浴、蒙娜丽莎、东鹏陶瓷、简一陶瓷等为代表的企业,积极推进智能制造数字转型,九牧卫浴被评为工业和信息化部智能工厂试点示范和工业互联网试点示范。九牧在行业首创5G云制造,构建"以用户为中心"智慧制造新模式,用户通过手机端可随心定制,实现1小时设计好、24小时制造好,从设计、技术、品质、收款、交期,实现物联数字化。在数字生产环节,九牧联合中国电信、华为云打造福建首个5G智慧产业园,从智能制造迈入智慧制造时代,通过数字化提质、降本、增效,为工业产业提供高质量发展引擎。九牧智慧智造工厂通过使用自动化生产线,实现效率和品质的双重提升,生产线人员节约600人、制造能耗下降40%、生产效率提升80%、一次合格率提升20%。广东新明珠陶瓷集团积极向清洁生产、绿色环保、人工智能、柔性化生产等方向迈进,为建陶行业企业提供绿色智能制造发展的示范样本。在绿色智能工厂里,节能型陶瓷窑炉、3万t压机等设备在生产线上运转,可以生产规格达到1.6m×3.2m的陶瓷大板产品,在行业内属首创;在仓储一端,激光导航大吨位智能无人叉车配合WMS立体仓储管理系统,实现物流智能化运转。整个生产过程只需要工人操作电脑,每条生产线所需工人从200多名锐减至50名,大大提升了劳动生产率。

2.3.3 节能与减排

为推动制造业高质量发展,加快传统产业改造提升,大力培育发展新兴产业、适度提高限制和淘汰标准,大力破除无效供给,为进一步突出精准治污、科学治污、依法治污,更好地保障公众身体健康,积极应对重污染天气,近几年,国家出台一系列产业政策和环保标准对正处于结构调整和产业转型升级关键阶段的我国建筑卫生陶瓷行业具有重要的指导意义，也成为企业转型升级的倒逼机制。近年来，我国建筑卫生陶瓷产业加快推进节能技术改造升级，大力推广节能高效辊道窑、先进压机、3D 喷墨打印以及智能包装系统，提高陶瓷生产机械化和自动化水平。积极推进清洁能源应用，建陶企业天然气使用率由不足 15% 提高到 55%~60%。与此同时，建筑卫生陶瓷生产企业加大技术改造，研究、试验了很多新型环保技术，基本完成排污治理改造，烟粉尘排放量大幅下降，脱硫技术改造取得重大进展，减排成效显著。

近年来，建筑卫生陶瓷企业主要应用的减排技术包括：除尘主要采用布袋除尘、湿式电收尘、旋风除尘、沉降室水幕喷淋除尘等；脱硫主要采用石灰石 - 石膏法等；脱硝主要是喷雾塔配套 SNCR 脱硝装置等。

（1）氮氧化合物治理

目前国内陶瓷行业喷雾干燥塔烟气脱硝主要采用 SNCR，也有企业采用湿法多污染物协同控制技术。

喷雾干燥塔在热风炉烟 800~1100℃ 的合适区段，采取 SNCR 技术，脱硝效率可超过 50%，氮氧化合物排放浓度可控制在 100mg/m³ 以下。

对于现代建筑卫生陶瓷工业来说，氮氧化合物几乎都属于热力型。热力型氮氧化合物主要在燃料燃烧过程中生成，温度低于 1300℃ 时生成速度较慢。之后随温度提高呈指数规律增加。

根据配方的不同，建筑卫生陶瓷的完全瓷化温度为 1160~1260℃。所以控制坯体烧成温度是业内减低氮氧化物的主要手段。

（2）窑炉烟气脱硝问题

陶瓷窑烟气脱硝难度较大。窑热烟气用于坯体干燥后，排烟温度只有 200℃ 左右，炉外采取 SCR 技术已不能满足温度条件，因此现有催化剂无法应用到陶瓷工业。目前，国内中低温 SCR 脱硝催化技术还处于研究阶段。

根据窑炉的工艺特点，无法在炉内高温脱硝，否则将影响产品质量。陶瓷烧成窑外排烟气 150~250℃，在低温脱硝技术尚不成熟的情况下，简单地采用窑内预热阶段喷氨水或尿素水的做法会造成产品质量下降，影响窑炉设备寿命及安全，只能短期应付使用。

实际上，陶瓷窑炉烟气的原始氮氧化物浓度不高，在采用低温烧成技术、合理控制烧嘴负荷、循环热风助燃等工艺技术，氮氧化物浓度基本在 180mg/m³ 以下，达到国家标准要求，也低于其他工业治理后的排放水平。

(3) 其他污染物治理

陶瓷企业一般未对窑炉尾气单独设置去除氟化物、氯化物和重金属及其化合物的设施，氟化物和氯化物一般在窑炉尾气后的湿法脱硫过程中一并去除；重金属及其化合物浓度较小，绝大多数附着在废气中颗粒物上，在除尘时大部分可去除。

2.4 钢铁行业

钢铁工业是国民经济的重要基础产业，是国之基石。长期以来，钢铁工业为国家建设提供了重要的原材料保障，在国家现代化进程中发挥着不可替代的作用。有力支撑了相关产业发展，推动了我国工业化、现代化进程，促进了民生改善和社会发展，是实现绿色低碳发展的重要领域。"十二五"时期，我国已建成全球产业链最完整的钢铁工业体系，提供了国民经济发展所需的绝大部分钢铁材料，产品实物质量日趋稳定，有效支撑了下游用钢行业和国民经济的平稳较快发展。"十三五"时期，我国钢铁工业深入推进供给侧结构性改革，化解过剩产能取得显著成效，产业结构更加合理，绿色转型、智能制造、国际合作取得积极进展，有效支撑了我国经济社会健康发展。

(1) 供给数量再创新高

"十二五"期间，在需求的带动下，我国粗钢产量由2010年的6.3亿t增加到2020年的10.65亿t，我国粗钢产量再创新高，据国家统计局数据，2020年全国生铁、粗钢和钢材产量分别为88752.4万t、106476.7万t、132489.2万t，同比分别增长4.3%、7.0%、10.0%。我国粗钢产量发展历程见图2-9、表2-5。

(2) 供给质量明显提升

"十二五"期间，钢铁行业共淘汰落后炼铁产能9089万t、炼钢产能9486万t，分别超出6300万t目标任务的44.3%、50.6%，淘汰落后产能工作取得阶段性实质成效。"十三五"期间，钢铁行业坚持以供给侧结构性改革为主线，深入推进去产能、去杠杆工作，不仅提前两年完成了"十三五"确定的1.5亿t钢铁去产能目标上限，还依法取缔了1.4亿t以上"地条钢"产能，优质、绿色产能占比显著提高，企业经营效益明显提升。2020年末，重点大中型钢铁企业资产负债率降至62.3%。2020年国内钢材市场占有率达到97.9%，有效满足了国内需求，支撑了国民经济各行各业的发展。钢材品种质量进一步提升，中国宝武的取向硅钢、河钢的特厚板、鞍钢的高强钢轨、中信泰富的轴承钢达到国际领先水平；太钢依靠800多项核心技术在世界高端不锈钢领域占

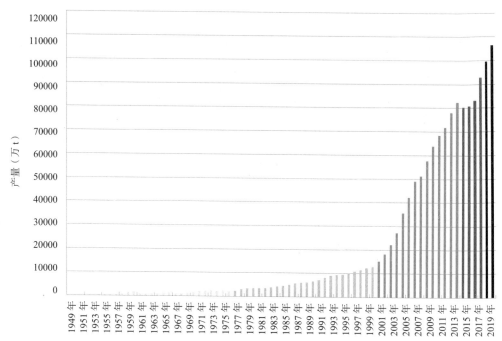

图 2-9 我国粗钢产量发展历程

(数据来源:国家统计局)

"十二五"以来我国粗钢产量　　　表 2-5

年份	粗钢产量(万t)
2010	63874
2011	68497
2012	71716
2013	77904
2014	82270
2015	80383
2016	80837
2017	83173
2018	92830
2019	99634
2020	106477

据重要地位。中国宝武 QP1500 冷轧淬火延性钢、鞍钢轻质双相钢、本钢 2000MPa 级超高强韧性热冲压成型钢、兴澄特钢 R6 级极限性能系泊链钢等新产品实现全球首发。企业发展质量进一步提高,中国宝武、中信泰富等一批企业在不同领域迈入世界一流行列。

（3）工艺装备显著提高

"十二五"以来，我国钢铁工业工艺装备大幅提升，总体保持国际先进水平，主要工序生产装备大型化、智能化取得新进展，一批先进工艺技术得以推广应用。重点大中型钢铁企业 $1000m^3$ 及以上高炉生产能力所占比例提高到 80% 以上，代表世界领先水平的 $5000m^3$ 以上高炉增加至 8 座；重点大中型钢铁企业 100t 及以上转炉和电炉产能在炼钢总产能占比 74% 以上。首钢京唐巨型高炉高比例球团冶炼工艺技术，中国宝武一体化智能管控平台技术、300t 转炉"一键炼钢+全自动出钢"智慧炼钢技术，绿色洁净电炉炼钢技术、连铸凝固末端重压下技术、电渣重熔关键技术、热轧板在线热处理技术、无头轧制技术、棒线材免加热直接轧制技术、无酸酸洗技术等代表世界先进水平的工艺技术得到推广应用。

（4）绿色制造大幅提升

随着超低排放改造、新排污许可制度、重点区域错峰管控等政策的执行，以及钢铁行业副产煤气高效发电等节能技术的广泛应用，钢铁工业绿色发展水平进一步提升。2020 年重点大中型企业吨钢综合能耗由 2015 年的 572kgce 下降到 545kgce，圆满完成"十三五"节能目标任务。2020 年，重点大中型企业吨钢颗粒物排放量由"十二五"末的 0.85kg 下降到 0.39kg，吨钢二氧化硫由 0.85kg 下降到 0.37kg。钢铁企业通过多式联运、信息化平台建设实现绿色物流，部分先进企业清洁运输比例达到 80%。特别是首钢迁钢率先实现全流程超低排放，吨钢颗粒物、二氧化硫、氮氧化物排放绩效分别为 0.17kg、0.21kg、0.4kg，达到国际领先水平，在行业内具有重大示范意义，开创了中国钢铁业绿色革命。德龙钢铁打造 4A 级工业旅游钢厂、普阳钢铁开展卓越环保绩效管理等为钢铁企业绿色转型提供了借鉴意义。此外，唐山、邯郸等重点区域差别化错峰停限产及"一企一策"治理工作为打赢"蓝天保卫战"作出了重要贡献。

（5）国际产能合作稳步推进

我国钢铁企业区域集中度较高。其中"2+26"城市钢铁产能总量大、结构重，钢铁、焦化产能全国占比分别为 30.8%、29%，唐山地区和晋冀豫交界是"主战场"。中国钢铁产业布局北重南轻，东多西少。中国北方钢铁企业生产力布局较多、体量较大，南方钢铁企业相对较少、体量较小。2019 年河北、江苏、辽宁、山东、山西五个省的粗钢产量占全国总产量比例高达 56%；同期广东等五省粗钢产量合计 1.20 亿 t，仅占全国总产量比例约为 12%。

"十二五"以来，在"一带一路"倡议指引下，钢铁行业国际产能合作硕果累累，方式多样。德龙钢铁印尼德信钢铁项目、马中关丹产业园联合钢铁项目建成投产，中国一重-德龙镍业不锈钢项目、青山集团不锈钢项目等绿地投资项目落地生根，迸发新动能；河钢收购塞钢，敬业集团收购英钢，建龙重工收购马来西亚东钢。

2.5 小结

本章阐述了建材工业"十二五"以来的发展现状，选取在建筑中用量大且碳排放相对较高的水泥、平板玻璃、建筑卫生陶瓷、钢材四个行业，从产品与产量、技术与装备、节能与减排三个维度详细描述每个行业发展取得的成就。建材行业工艺技术不断进步，设备大型化、新型化，逐步实现了产业结构升级和科技进步。在应对气候变化的大背景下，建材工业在"矿业"和"窑业"的产业特征前提下，如何转变发展方式，如何规划和发展低碳产业，实现行业的健康与可持续发展，需要我们进行探索性的研究和示范。

第3章
建筑材料行业的碳排放现状

建材行业碳排放主要是指生产环节的二氧化碳直接排放，包括工业生产过程（工业生产过程中碳酸盐原料分解）排放和燃料燃烧引起的排放。中国建筑材料工业2020年二氧化碳排放14.8亿t，此外，建筑材料工业的电力消耗可间接折算约合1.7亿t二氧化碳当量。建筑材料工业第一大燃料是煤炭，目前全行业年煤炭消耗在建筑材料工业能耗结构中的比重已下降到56.0%。天然气作为建筑材料工业第二大燃料，年用量已超过120亿 m^3，占建筑材料工业能源结构的5.0%。天然气已成为玻璃、玻纤行业的第一燃料，陶瓷行业的主要燃料，以上三行业天然气消耗占建筑材料工业天然气消耗总量的80%。2020年，水泥工业二氧化碳排放12.3亿t，玻璃工业二氧化碳排放2740万t，陶瓷二氧化碳排放3758万t。本章以水泥、玻璃、陶瓷、钢铁为研究对象，对其生产过程的直接碳排放量进行分析，对电力消耗产生的间接二氧化碳排放量也进行了测算，但不计入建材行业碳排放总量中。

3.1 碳排放相关标准情况

碳达峰、碳中和目标的提出，意味着所有行业都将持续地面临碳排放核算和减排信息披露，这是未来发展的趋势。碳排放核算标准已经存在并且越来越成熟，本节从国际、国家、行业、地方和团体标准不同层级梳理建材行业碳排放核算方法。

3.1.1 国际标准

国际标准化组织环境管理技术委员会生命周期评价分技术委员会（ISO/TC 207/SC 5）主要负责制定产品和组织的生命周期评价和相关环境管理工具领域的标准。ISO/TC 207/SC 5 目前已发布标准 13 项，正在研制标准 4 项。其中，ISO 14040《环境管理 生命周期评价 原则与框架》和 ISO 14044《环境管理 生命周期评价 要求与指南》是生命周期评价标准的基础标准。基于这两项标准，ISO/TC 207 陆续发布了水足迹、组织生命周期评价、产品碳足迹量化等相关标准。ISO 14040 于 2018 年提出了修订提案，并在 2020 年 9 月发布修改单。标准修改单进一步明确生命周期评价的概念、流程及方法，同时给非产品及服务的 LCA 评价方法提供了空间，也为正在制定的 ISO 14068 碳中和标准提供了规范支撑。

国际标准化组织环境管理技术委员会温室气体管理及相关活动分技术委员会（ISO/TC 207/SC 7）已制定了温室气体量化和报告系列标准 ISO 14064-1：2018《温室气体 第 1 部分：组织层次上对温室气体排放和消除的量化与报告的规范及指南》和 ISO 14064-2：2019《温室气体 第 2 部分：项目层次上对温室气体减排或清除增加的量化、监测和报告的规范及指南》。相关标准规定了组织层面和项目层面温室气体排放和清除相关量化、监测、报告和核查方法。此外，ISO 14064-3：2019《温室气体 第 3 部分：温室气体声明审定与核查的规范及指南》、ISO 14065：2020《温室气体 用于认可或其他形式认可的温室气体审定和核查机构的要求》、ISO 14066《温室气体 温室气体验证团队和验证团队的能力要求》等国际标准还规定了温室气体声明的审定和核查、审定和核查机构的要求、温室气体审定核查团队与人员能力要求等，构成了国际通行的温室气体核算标准体系。

产品碳足迹（Product Carbon Footprint）是其生命周期内（原料、制造、储运、销售、使用、废弃到回收全过程）碳排放量的汇总。PAS 2050：2008《商品和服务在生命周期内的温室气体排放评价规范》为全球首个产品碳足迹方法标准，于 2008 年 10 月由英国标准协会发布。国际标准 ISO 14067：2018《温室气体 产品碳足迹 量化要求和指南》用生命周期评价方法规定了产品碳足迹和部分碳足迹的量化方法、碳足迹报告和鉴定性评审，并给出了产品碳足迹的比较、确定企业多种产品碳足迹的系统方法，是计算碳足迹的基础标准。系列标准为碳足迹的量化、报告和碳标识提供规范的方法和工具。ISO 14026：2017《环境标志和声明 足迹信息交流的原则、要求和指南》规范碳足迹在内的各类环境足迹信息的宣传和声明，对足迹信息交流、足迹数据支持信息交流、足迹信息交流项目机制、核查等提出了规范要求。

2009年英国标准协会（BSI）宣布制定公共可用规范 PAS 2060《碳中和承诺新标准》。PAS 2060 以现有的 ISO 14000 系列和 PAS 2050 等环境标准为基础，提出了通过温室气体排放的量化、还原和补偿来实现和实施碳中和的组织所必须符合的规定。PAS 2060 提出清晰、一致的碳中和操作规范要求，PAS 2060 规定碳中和承诺中必须包括温室气体减排的承诺，将鼓励组织采取更多的措施来应对气候变化和改善碳还原管理。目前，ISO/TC 207/SC 7 正在制定碳中和国际标准（ISO 14068）。碳中和已成为国际绿色低碳发展领域的重要目标，中国、欧盟、日本、韩国等均已声明了实现碳中和（净零排放）的时间表。ISO/TC 207/SC 7 于 2020 年 2 月启动国际标准 ISO 14068《碳中和及相关声明实现温室气体中和的要求与原则》的制定工作。该标准由英国专家担任召集人，目前参与该项标准制定的专家来自 21 个国家，得到了国际广泛关注。中国标准化研究院作为 ISO/TC 207/SC 7 的国内技术对口单位，积极参与 ISO 14068 标准的起草。

为了解决环境标志、环境声明等环境信息交流和披露不规范的问题，ISO/TC 207 制定了 ISO 14021《环境标志和声明 自我环境声明 Ⅱ型环境标志》、ISO 14063《环境管理 环境信息交流 指南和示例》等标准。ISO/TC 207/SC 7 正在制定的《碳中和及相关声明实现温室气体中和的要求与原则》标准也将进一步规范相关声明和信息交流行为。

国际标准化组织环境管理技术委员会（ISO/TC 207）于 2007 年成立了温室气体管理标准化分技术委员会（SC 7），专门致力于温室气体管理标准体系的研究及相关系列标准的制定。在标准方面，目前 ISO/TC 207/SC 7 成立了 11 个工作组和 4 个工作小组，SC 7 已经发布的标准有 13 项，正在研制中的标准有 4 项。

SC 7 已经发布和正在制定的标准见表 3-1。

ISO 在 2011 年 11 月正式成立 ISO/TC 265 碳捕集与碳封存（CCS）技术委员会，专门从事该领域的相关国际标准的研究工作。TC 265 目前下设 4 个工作组，TC 265 已经发布的标准有 11 项，正在研制中的标准有 4 项。

TC 265 已经发布和正在制定的标准见表 3-2。

国际电工委员会电工电子产品与系统的环境标准化技术委员会（IEC/TC 111）于 2011 年成立了 WG 17 温室气体工作组。该工作组负责温室气体量化方面和交流等标准化活动，并开展电工电子产品、服务和系统的温室气体减排标准研究。IEC/TC 111/WG 17 已经发布了 2 项技术报告：IEC/TR 62725：2013《电工电子产品和系统的温室气体排放的量化分析方法学》，IEC/TR 62726：2014《电工电子产品和系统来自项目基线的温室气体减排的量化方法》。

ISO/TC 207/SC 7 已发布和正在制定的标准　　　　　　　　　　　　　表 3-1

序号	标准号	标准名称
1	ISO 14064-1：2018	温室气体 第1部分：组织层次上对温室气体排放和清除的量化与报告的规范及指南
2	ISO 14064-2：2019	温室气体 第2部分：项目层次上对温室气体减排或清除增加的量化、监测和报告的规范及指南
3	ISO 14064-3：2019	温室气体 第3部分：温室气体声明审定与核查的规范及指南
4	ISO 14065：2020	温室气体 用于认可或其他形式许可的温室气体审定和核查机构的要求
5	ISO 14066：2011	温室气体 温室气体审定和核查团队的能力要求
6	ISO 14067：2018	温室气体 产品碳足迹量化要求和指南
7	ISO 14068（正在制定）	碳中和相关声明 努力和达到温室气体碳中和的要求和原则
8	ISO/TR 14069：2013	温室气体 组织温室气体排放的量化与报告 14064-1 实施指南
9	ISO 14080：2018	温室气体管理和相关活动 气候行动方法学的框架和原则
10	ISO/AWI TR 14082（正在制定）	辐射强迫管理 基于辐射强迫的气候足迹和减缓行动的量化和报告指南
11	ISO/CD 14083（正在制定）	运输环节的碳足迹量化要求和指南
12	ISO 14090：2019	气候变化适应 原则、要求和指南
13	ISO 14091：2021	气候变化适应 脆弱性、影响和风险分析
14	ISO/TS 14092：2020	气候变化适应 地方政府和社区适应规划指南
15	ISO/CD 14093（正在制定）	区域适应气候变化的财政机制：以绩效为基础的气候强化资助
16	ISO 14097：2021	温室气体管理和相关活动 框架 评价和报告与气候变化相关的投资融资活动的原则和要求
17	ISO 19694-1：2021	固定源排放 高耗能行业温室气体的排放 第1部分：通用因素

ISO/TC 265 已发布和正在制定的标准　　　　　　　　　　　　　表 3-2

序号	标准号	标准名称
1	ISO/TR 27912：2016	二氧化碳捕集 二氧化碳捕集系统，技术和过程
2	ISO 27913：2016	二氧化碳捕集 运输与地质封存 管道运输系统
3	ISO 27914：2017	二氧化碳捕集 运输与地质封存 地质封存
4	ISO/TR 27915：2017	二氧化碳捕集 运输与地质封存 量化和验证
5	ISO 27916：2019	二氧化碳捕集 运输与地质封存 利用 EOR 封存二氧化碳
6	ISO 27917：2017	二氧化碳捕集 运输与地质封存 词汇 共性术语
7	ISO/TR 27918：2018	CCS 集成项目基于生命周期的风险管理
8	ISO 27919-1：2018	二氧化碳捕集 第1部分：电厂燃烧后 CO_2 捕集效率评估方法
9	ISO/TR 27921：2020	二氧化碳捕集运输与地质封存 共性问题 CO_2 流成分
10	ISO/FDIS 27919-2：2021	二氧化碳捕集 第2部分：对电厂燃烧后 CO_2 捕集的确保和维持稳定效率的评估程序
11	ISO/TR 27922：2021	二氧化碳捕集 水泥企业 CO_2 捕集技术
12	ISO/PRF TR 27923（正在制定）	二氧化碳地质封存 注入作业和基础设施
13	ISO/AWI TS 27924（正在制定）	CCS 集成项目的风险管理

3.1.2 国家标准

中国标准化研究院是 ISO/TC 207/SC 5 国内技术对口单位,也是全国环境管理标准化技术委员会生命周期评价分委会(SAC/TC 207/SC 5)的秘书处承担单位。2008年等同转化了 ISO 14040 和 ISO 14044 国际标准,分别为国家标准《环境管理 生命周期评价 原则与框架》GB/T 24040—2008 和《环境管理 生命周期评价 要求与指南》GB/T 24044—2008,并发布了钢铁、浮法玻璃等行业的生命周期评价的规范性文件。

2014年4月,国家标准化管理委员会批复成立全国碳排放管理标准化技术委员会(SAC/TC 548)。TC 548 负责碳排放管理术语、统计、监测,碳排放清单编制方法,碳排放核算与报告,低碳技术与装备,碳中和与碳汇等国家标准制修订工作。TC 548 组织制定的《工业企业温室气体排放核算和报告通则》GB/T 32150 于 2015 年首次发布,对企业温室气体排放核算提出了统一要求。依据 GB/T 32150,还制定了发电、电网、钢铁、化工、电解铝、镁冶炼、平板玻璃、水泥、陶瓷、民航、纺织、煤炭 12 个行业温室气体排放核算与报告要求系列国家标准。相关标准参考了 ISO 14064 系列国际标准,并充分结合我国国情,解决了温室气体排放核算方法不统一、标准缺失等问题。系列标准以"报告主体"为基本的边界划分依据,核算和报告生产系统产生的温室气体排放,其中生产系统包括主要生产系统、辅助生产系统,以及直接为生产服务的附属生产系统。核算范围包括:燃料燃烧排放,过程排放,购入的电力、热力产生的排放,输出的电力、热力产生的排放等。生物质燃料燃烧产生的温室气体排放,应单独核算并在报告中给予说明,但不计入温室气体排放总量。温室气体种类包括:二氧化碳(CO_2)、甲烷(CH_4)、氧化亚氮(N_2O)、氢氟碳化物(HFCs)、全氟碳化物(PFCs)、六氟化硫(SF_6)和三氟化氮(NF_3)。规定了核算方法分为"计算"与"实测"两类,并对每一种核算方法给出解释说明;同时,为了方便行业标准编制者以及企业使用,也给出了选择核算方法的参考因素。

(1)《工业企业温室气体排放核算和报告通则》GB/T 32150—2015

GB/T 32150—2015 主要用于指导行业温室气体排放核算方法与报告要求系列标准的编制,也可为工业企业开展温室气体排放核算与报告活动提供方法参考。规定了工业企业温室气体排放核算与报告的术语和定义、基本原则、工作流程、核算边界确定、核算步骤与方法、质量保证、报告要求等内容。同时为各行业温室气体核算和报告编制提供基础。

(2)《温室气体排放核算与报告要求 第1部分:发电企业》GB/T 32151.1—2015

GB/T 32151.1—2015 仅核算二氧化碳。发电企业根据其发电生产过程的异同,其温室气体核算和报告范围包括：化石燃料燃烧产生的二氧化碳排放、脱硫过程的二氧化碳排放、企业购入电力产生的二氧化碳排放。化石燃料燃烧排放是指化石燃料在各种类型的固定或移动燃烧设备中发生燃烧过程产生的二氧化碳排放。对于生物质混合燃料发电企业，其燃料燃烧的二氧化碳排放仅统计混合燃料中化石燃料的二氧化碳排放；对于垃圾焚烧发电企业，其燃料燃烧的二氧化碳排放仅统计化石燃料的二氧化碳排放。燃煤低位发热量的测量频率为每天至少一次。燃油低位发热量的测量按每批次测量，或采用与供应商交易结算合同中的年度平均低位发热量。天然气低位发热量测量每月至少一次。生物质混合燃料发电机组以及垃圾焚烧发电机组中化石燃料的低位发热量应参考燃煤、燃油、燃气机组的低位发热量测量和计算方法。企业在电力生产过程中，由于停产、检修或其他原因需要购入一部分电力，这部分所产生的二氧化碳排放应纳入到总排放中。

（3）《温室气体排放核算与报告要求 第2部分：电网企业》GB/T 32151.2—2015

GB/T 32151.2—2015的报告主体以直辖市或省级电网企业为边界。电网企业只涉及使用六氟化硫的设备检修与退役过程产生的六氟化硫排放，以及输配电损失所对应的电力生产环节产生的二氧化碳排放。六氟化硫的泄漏量可由计算各个六氟化硫设备在检修和退役过程中铭牌容量值与实际回收量差值之和得到。输配电线路上的电量损耗由供电量和售电量计算得出，以兆瓦时（MWh）为单位。

（4）《温室气体排放核算与报告要求 第3部分：镁冶炼企业》GB/T 32151.3—2015

GB/T 32151.3—2015标准只核算二氧化碳的排放。核算和报告范围包括：燃料燃烧产生的二氧化碳排放，能源作为原材料用途的排放，过程排放，企业购入和输出的电力、热力产生的二氧化碳排放。能源作为原材料用途产生的排放是指由于报告主体自有硅铁生产工序消耗兰炭还原剂而产生的二氧化碳排放。过程排放是指白云石煅烧分解产生的二氧化碳排放。煅烧白云石二氧化碳排放因子所涉及的白云石原料的平均纯度，可以按照GB/T 3286.1进行计算，也可选用标准中的推荐值。输出的电力、热力主要是企业在满足自身生产所需的情况下，将富余的热力、电力输出的情况，这部分的排放应在总排放中扣除。

（5）《温室气体排放核算与报告要求 第4部分：铝冶炼企业》GB/T 32151.4—2015

GB/T 32151.4—2015标准只核算二氧化碳及全氟化碳两种温室气体的排放。核算和报告范围包括：燃料燃烧产生的二氧化碳排放，能源作为原材料用途的排放，过程排放，企业购入和输出的电力、热力产生的二氧化碳排放。能源作为原材料用途产生的排放是指由于炭阳极的消耗产生的二氧化碳排放。过程排放为阳极效应所导致的全氟化碳排放量与碳酸盐分解产生的二氧化碳排放量之和，扣除二氧化碳回收利用量。企业在铝冶炼过程中，输出的电力、热力主要是企业在满足自身生产所需的情况下，将富余的热力、电力输出的情况，这部分的排放应在总排放中扣除。

（6）《温室气体排放核算与报告要求 第5部分：钢铁生产企业》GB/T 32151.5—2015

GB/T 32151.5—2015 标准只核算二氧化碳的排放。钢铁生产企业温室气体核算和报告范围包括：化石燃料燃烧产生的二氧化碳排放，过程排放，企业购入和输出电力、热力产生的二氧化碳排放，固碳产品隐含的排放。过程排放是指钢铁生产企业在烧结、炼铁、炼钢等工序中由于其他外购含碳原料（如电极、生铁、铁合金、直接还原铁等）和熔剂的分解和氧化产生的二氧化碳排放。企业在钢铁生产过程中，输出的电力、热力主要是企业在满足自身生产所需的情况下，将富余的热力、电力输出的情况，这部分的排放应在总排放中扣除。钢铁生产过程中有少部分碳固化在生铁、粗钢等外销产品中，还有一小部分碳固化在以副产煤气为原料生产的甲醇等固碳产品中。这部分固化在产品中的碳所对应的二氧化碳排放应予以扣除。

（7）《温室气体排放核算与报告要求 第6部分：民用航空企业》GB/T 32151.6—2015

GB/T 32151.6—2015 只核算二氧化碳的排放。核算和报告范围包括：燃料燃烧产生的二氧化碳排放（包括生物质燃料燃烧产生的排放）、企业购入和输出的电力、热力产生的二氧化碳排放。民用航空企业的燃料燃烧的二氧化碳排放包括公共航空运输和通用航空企业运输飞行中航空器消耗的航空汽油、航空煤油和生物质混合燃料燃烧的二氧化碳排放，以及民用航空企业地面活动涉及的其他移动源及固定源消耗的燃料燃烧的二氧化碳排放。输出的电力、热力主要是企业在满足自身生产所需的情况下，将富余的热力、电力输出的情况，这部分的排放应在总排放中扣除。

（8）《温室气体排放核算与报告要求 第7部分：平板玻璃生产企业》GB/T 32151.7—2015

GB/T 32151.7—2015 只核算二氧化碳的排放量。核算和报告的范围包括：燃料燃烧排放，原料配料中碳粉氧化产生的排放，原料碳酸盐分解产生的排放，购入和输出的电力、热力产生的排放。平板玻璃生产过程中在原料配料中掺加一定量的碳粉作为还原剂，促使硫酸钠在低于其熔点温度下快速分解还原，有助于原料的快速升温和熔融，而碳粉中的碳则被氧化为二氧化碳。在计算过程中采用碳粉消耗量、平均含碳量的乘积，计算出碳的氧化量，利用碳与二氧化碳的转换系数（44/12）计算出此过程中二氧化碳的排放量。原料中含有的碳酸盐在高温状态下分解产生二氧化碳排放。计算时通过矿石质量、碳酸盐含量和排放因子计算出每一种碳酸盐分解产生的二氧化碳，并进行累加得到因碳酸盐分解产生的二氧化碳总量。输出的电力、热力主要是企业在满足自身生产所需的情况下，将富余的热力、电力输出的情况，这部分的排放应在总排放中扣除。

（9）《温室气体排放核算与报告要求 第8部分：水泥生产企业》GB/T 32151.8—2015

GB/T 32151.8—2015只核算二氧化碳的排放量。核算和报告的范围包括：化石燃料燃烧排放、过程排放、购入和输出的电力及热力产生的排放。水泥生产过程中，原材料碳酸盐分解产生的二氧化碳排放，包括熟料对应的碳酸盐分解排放。通过熟料的产量计算生料中碳酸盐分解产生的二氧化碳排放量，即利用熟料中氧化钙和氧化镁和含量，反向计算产生一定量的氧化钙和氧化镁需要分解多少碳酸钙和碳酸镁，从而计算在分解过程中产生的二氧化碳。输出的电力、热力主要是企业在满足自身生产所需的情况下，将富余的热力、电力输出的情况，这部分的排放应在总排放中扣除。

（10）《温室气体排放核算与报告要求 第9部分：陶瓷生产企业》GB/T 32151.9—2015

GB/T 32151.9—2015只核算二氧化碳的排放。核算和报告范围包括：化石燃料燃烧产生的二氧化碳排放、陶瓷烧成过程的二氧化碳排放、购入和输出电力产生的二氧化碳排放。过程排放主要来自陶瓷烧成工序，采用碳平衡法计算二氧化碳排放量，主要考虑碳酸钙和碳酸镁两种成分。由碳素和/或腐殖酸燃烧氧化产生的二氧化碳不进行核算。输出的电力、热力主要是企业在满足自身生产所需的情况下，将富余的热力、电力输出的情况，这部分的排放应在总排放中扣除。特别说明的是，虽然情况较少，但如果陶瓷生产企业存在输出电力热力，则应将相应的排放从总排放中扣减。

（11）《温室气体排放核算与报告要求 第10部分：化工生产企业》GB/T 32151.10—2015

GB/T 32151.10—2015适用范围不包含石油化工或氟化工生产企业，只核算二氧化碳和氧化亚氮的排放。本标准引入了"核算单元"与"碳源流"的概念，对化工生产企业进行了更加细致的划分。核算和报告的范围包括：燃料燃烧排放，过程排放，二氧化碳回收利用量，企业购入和输出电力、热力产生的二氧化碳排放。过程排放主要来自化石燃料和其他碳氢化合物用作原材料时产生的二氧化碳排放以及碳酸盐使用过程（如石灰石、白云石等用作原材料、助熔剂或脱硫剂等）中分解产生的二氧化碳排放。如果存在硝酸或己二酸生产过程，还应包括这些生产过程的氧化亚氮排放。化石燃料和其他碳氢化合物用作原料产生的二氧化碳排放，根据原料输入的碳量以及产品输出的碳量按碳质量平衡法计算。二氧化碳回收利用量主要指回收燃料燃烧或工业生产过程产生的二氧化碳并作为产品外供给其他单位从而应予扣减的那部分二氧化碳，不包括企业现场回收自用的部分。输出的电力、热力主要是企业在满足自身生产所需的情况下，将富余的热力、电力输出的情况，这部分的排放应在总排放中扣除。

此外，《温室气体排放核算与报告要求 第11部分：煤炭生产企业》GB/T 32151.11—2018 和《温室气体排放核算与报告要求 第12部分：纺织服装企业》GB/T 32151.12—2018 也于2018年正式发布。

3.1.3 行业标准

行业标准是在没有推荐性国家情况下，需要在全国某行业范围内统一技术要求而制定的标准，是国务院有关行政主管部门组织制定的公益类标准。行业标准不得与有关国家标准相抵触，有关行业标准之间应保持协调、统一，不得重复。

目前发布的现行碳足迹行业标准如下：

《产品碳足迹 产品种类规则 液晶电视机》SJ/T 11718—2018；

《产品碳足迹 产品种类规则 液晶显示器》SJ/T 11717—2018；

《通信产品碳足迹评估技术要求 第2部分：以太网交换机》YD/T 3048.2—2016；

《通信产品碳足迹评估技术要求 第1部分：移动通信手持机》YD/T 3048.1—2016。

3.1.4 地方标准

地方标准是由省级标准化行政主管部门和经其批准的高区的市级标准化主管部门为满足地方自然条件、风俗习惯等特殊的技术要求所制定的推荐性标准。地方标准由省、自治区、直辖市人民政府标准化行政主管部门编制计划、组织草拟，统一审批、编号、发布，并报国务院标准化行政主管部门和国务院有关行政主管部门备案。地方标准技术要求不得低于强制性标准的相关技术要求，并做到与相关标准协调配套，地方标准在本行政区域内适用。

目前，制定的产品碳足迹核算与评价地方标准，主要有：

上海市质量技术监督局《产品碳足迹核算通则》DB31/T 1071—2017；

广东省质量技术监督局《家用电器碳足迹评价导则》DB44/T 1503—2014；

广东省质量技术监督局《产品碳足迹 产品种类规则 巴氏杀菌乳》DB44/T 1874—2016；

成都市质量技术监督局《成都市会展活动碳足迹核算与碳中和实施指南》DB5101/T 41—2018；

广东省质量技术监督局《电子电气产品碳足迹评价技术规范 第1部分：移动用户终端》DB44/T 1449.1—2014。

3.1.5 团体标准

团体标准是依法成立的社会团体为满足市场和创新需要，协调相关市场主体制定的标准，由本团体成员约定采用或由社会自愿采用。团体标准技术要求不得低于强制性标准的相关技术要求，国家鼓励社会团体制定严于国家标准和行业标准的团体标准，引领产业和企业的发展，提升产品和服务的市场竞争力。

根据国务院《深化标准化工作改革方案》（国发[2015]13号）关于"对团体标准进行必要的规范、引导和监督"的要求，为落实国家质量监督检验检疫总局和国家标准化管理委员会联合发布的《关于培育和发展团体标准的指导意见》"国务院标准化行政主管部门组织建立全国团体标准信息平台，加强信息公开和社会监督"的意见，由国家标准化管理委员会组织中国标准化研究院开发建设，全国团体标准信息平台于2016年3月正式发布上线运行，接收团体标准信息公开和社会监督。

目前，平台发布产品碳足迹评价系列团体标准，部分见表3-3。

产品碳足迹评价系列团体标准　　表3-3

序号	团体名称	标准编号	标准名称	公布日期
1	中国电子节能技术协会	T/DZJN 003—2019	电器电子产品碳足迹评价移动通信手持机	2021-02-05
2	中国电子节能技术协会	T/DZJN 002—2019	电器电子产品碳足迹评价微型计算机	2021-02-05
3	中国电子节能技术协会	T/DZJN 001—2019	电器电子产品碳足迹评价电视机	2021-02-05
4	中国电子节能技术协会	T/DZJN 002—2018	电器电子产品碳足迹评价LED道路照明产品	2021-02-05
5	中国电子节能技术协会	T/DZJN 001—2018	电器电子产品碳足迹评价通则	2021-02-05
6	广东省节能减排标准化促进会	T/GDES 50—2021	凉茶植物饮料产品碳足迹等级和技术要求	2021-01-27
7	广东省节能减排标准化促进会	T/GDES 26—2019	碳足迹标识	2019-04-02
8	广东省节能减排标准化促进会	T/GDES 20005—2019	产品碳足迹 产品种类规则 合成洗衣粉	2019-01-31
9	广东省节能减排标准化促进会	T/GDES 20004—2018	家用洗涤剂产品碳足迹等级和技术要求	2018-12-24
10	广东省节能减排标准化促进会	T/GDES 20001—2016	产品碳足迹 评价技术通则	2017-06-05
11	中国印刷技术协会	T/PTAC 002—2016	印刷产品碳足迹评价方法	2016-12-26
12	广东省节能减排标准化促进会	T/GDES 2—2016	产品碳足迹声明标识	2016-12-14

续表

序号	团体名称	标准编号	标准名称	公布日期
13	广东省节能减排标准化促进会	T/GDES 20003—2016	产品碳足迹 小功率电动机基础数据采集技术规范	2016-12-13
14	广东省节能减排标准化促进会	T/GDES 20002—2016	产品碳足迹 产品种类规则 巴氏杀菌乳	2016-12-13

3.2 碳排放核算方法

全球范围碳排放核算方法有三类：一类是核算国家与区域的碳排放，一类是企业碳排放，一类是基于全生命期的碳足迹，三类核算方法用途不同。国家和区域的碳排放是基于《温室气体清单编制指南》，计算在空间范围内国家或区域的碳排放量，目的是总量控制。第二类企业碳排放是依据《温室气体排放核算指南》，计算企业的碳排放，目的是开展碳交易。第三类产品碳排放也称产品碳足迹，是计算产品的全生命期的碳排放，目的是促进产品供应链的减排。本节从行业和企业两个维度阐述碳排放的核算方法。

3.2.1 行业层面

为保证二氧化碳核算数据来源的可获得性、可靠性、可核查性和可持续性，《联合国气候变化框架公约》中明确，各缔约方均按国民经济行业核算本国生产和非生产部门温室气体排放。建筑材料工业二氧化碳排放核算从属我国温室气体排放核算体系[4]，遵循行业核算原则，遵循国家应对气候变化部门统计、能源统计和国民经济核算、工业产值统计、工业产品产量统计等报表制度相关规定，在国民经济核算体系内，核算建筑材料工业生产活动的二氧化碳排放。建筑材料及各行业的二氧化碳排放分为燃料燃烧过程排放和工业生产过程（工业生产过程中碳酸盐原料分解）排放量。

$$Q_{全}=\sum(Q_{燃}+Q_{过}) \tag{3-1}$$

式中 $Q_{全}$——二氧化碳排放量；

$Q_{燃}$——燃料燃烧过程二氧化碳排放量；

$Q_{过}$——生产过程二氧化碳排放量。

（1）燃料燃烧过程二氧化碳排放（$Q_{燃}$）估算

$$Q_{燃}=\sum F_i \times C_i \tag{3-2}$$

式中 $Q_燃$——燃料燃烧过程二氧化碳排放量;

F_i——各燃料品种消耗量;

C_i——各燃料品种燃烧二氧化碳排放系数。

计算建筑材料工业燃料燃烧过程二氧化碳排放,应采用燃料的实际发热值计算。

(2)生产过程二氧化碳排放($Q_过$)估算

$$Q_过 = \sum (M_i \times C_i) \tag{3-3}$$

式中 $Q_过$——工业生产过程中二氧化碳排放量;

M_i——碳酸盐原料使用量;

C_i——碳酸盐原料二氧化碳排放系数。

各行业、各区域在计算工业生产过程二氧化碳排放量时,应根据本地资源状况确定碳酸盐原料中碳含量平均含量,并适时调整。

3.2.2 企业层面

建材企业碳排放核算,可按照已经发布的行业《温室气体排放核算与报告要求 第8部分:水泥生产企业》GB/T 32151.8—2015、《温室气体排放核算与报告要求 第7部分:平板玻璃生产企业》GB/T 32151.7—2015、《温室气体排放核算与报告要求 第9部分:陶瓷生产企业》GB/T 32151.9—2015 和《温室气体排放核算与报告要求 第5部分:钢铁生产企业》GB/T 32151.5—2015 标准进行核算碳排放,其余建材企业按照《工业企业温室气体排放核算和报告通则》GB/T 32150—2015 或参考上述已经发布的核算方法进行碳排放核算。

(1)水泥企业碳排放核算方法

水泥生产企业的二氧化碳排放总量等于企业边界内所有的燃料燃烧排放量、工业生产过程排放量及企业净购入电力和热力对应的二氧化碳排放量之和,按式(3-4)计算。

$$E_{CO_2} = E_燃烧 + E_过程 + E_{电和热} = E_{燃烧_1} + E_{燃烧_2} + E_{过程_1} + E_{过程_2} + E_{电和热} \tag{3-4}$$

式中 E_{CO_2}——企业 CO_2 排放总量,单位为吨(tCO_2);

$E_燃烧$——企业所消耗的燃料燃烧活动产生的 CO_2 排放量,单位为吨(tCO_2);

$E_{燃烧_1}$——企业所消耗的化石燃料燃烧活动产生的 CO_2 排放量,单位为吨(tCO_2);

$E_{燃烧_2}$——企业所消耗的替代燃料或废弃物燃烧产生的 CO_2 排放量,单位为吨(tCO_2);

$E_过程$——企业在工业生产过程中产生的 CO_2 排放量,单位为吨(tCO_2);

$E_{过程_1}$——企业在生产过程中原料碳酸盐分解产生的 CO_2 排放量,单位为吨(tCO_2);

$E_{过程_2}$——企业在生产过程中生料中的非燃料碳煅烧产生的 CO_2 排放量,单位为吨(tCO_2);

$E_{电和热}$——企业净购入的电力和热力所对应的CO_2排放量,单位为吨(tCO_2)。

(2)玻璃企业碳排放核算方法

玻璃生产企业的二氧化碳排放总量等于企业边界内所有的燃料燃烧排放量、工业生产过程排放量及企业净购入电力和热力对应的二氧化碳排放量之和,按式(3-5)计算。

$$E_{CO_2}=E_{燃烧}+E_{过程}+E_{电和热} \tag{3-5}$$

式中 E_{CO_2}——企业CO_2排放总量,单位为吨(tCO_2);

$E_{燃烧}$——企业所消耗的燃料燃烧活动产生的CO_2排放量,单位为吨(tCO_2);

$E_{过程}$——企业在工业生产过程中产生的CO_2排放量,单位为吨(tCO_2);

$E_{电和热}$——企业净购入的电力和热力所对应的CO_2排放量,单位为吨(tCO_2)。

(3)其他生产企业和非生产企业碳排放核算方法

其他生产企业和非生产企业的二氧化碳排放总量等于企业边界内所有的燃料燃烧排放量、工业生产过程排放量及企业净购入电力和热力对应的二氧化碳排放量之和,按式(3-6)计算。

$$E_{CO_2}=E_{燃烧}+E_{电和热} \tag{3-6}$$

式中 E_{CO_2}——企业CO_2排放总量,单位为吨(tCO_2);

$E_{燃烧}$——企业所消耗的燃料燃烧活动产生的CO_2排放量,单位为吨(tCO_2);

$E_{电和热}$——企业净购入的电力和热力所对应的CO_2排放量,单位为吨(tCO_2)。

上述计算模型中,化石燃料燃烧碳排放、过程碳排放和净购入电力或热力碳排放按如下方法进行碳排放计算。

(4)化石燃料燃烧排放

在水泥、玻璃及其他生产企业生产中以及非生产企业,使用的化石燃料有:实物煤(煤粉)、燃油、天然气、重油、煤焦油、焦炉煤气、发生炉煤气、石油焦等。在辅助生产过程中化石燃料主要有柴油和汽油等。化石燃料燃烧产生的二氧化碳排放,按照式(3-7)~式(3-9)计算。

$$E_{燃烧}=\sum_{i=1}^{n}(AD_i \times EF_i) \tag{3-7}$$

式中 $E_{燃烧}$——核算期内净消耗的化石燃料燃烧产生的CO_2排放,单位为吨(tCO_2);

AD_i——核算期内消耗的第i种化石燃料的活动水平,单位为百万千焦(GJ)。

EF_i——第i种化石燃料的CO_2排放因子,单位为吨CO_2/百万千焦(tCO_2/GJ);

i——净消耗的化石燃料的类型。

核算期内消耗的第i种化石燃料的活动水平AD_i按式(3-8)计算。

$$AD_i=NCV_i \times FC_i \tag{3-8}$$

式中　NCV_i——核算期第 i 种化石燃料的平均低位发热量，对固体或液体燃料，单位为百万千焦/吨（GJ/t）；对气体燃料，单位为百万千焦/万立方米（GJ/万 m³）；

　　　FC_i——核算期第 i 种化石燃料的净消耗量，对固体或液体燃料，单位为吨（t）；对气体燃料，单位为万立方米（万 m³）。

化石燃料的 CO_2 排放因子按式（3-9）计算：

$$EF_i = CC_i \times OF_i \times \frac{44}{12} \qquad (3-9)$$

式中　CC_i——第 i 种化石燃料的单位热值含碳量，单位为吨碳/百万千焦（tC/GJ）；

　　　OF_i——第 i 种化石燃料的碳氧化率，单位为%。

（5）净购入电力和热力对应的排放

净购入使用的电力、热力（如蒸汽）所对应的生产活动的二氧化碳排放量按式（3-10）计算。

$$E_{电和热} = AD_{电力} \times EF_{电力} + AD_{热力} \times EF_{热力} \qquad (3-10)$$

式中　$E_{电和热}$——净购入使用的电力、热力所对应的生产活动的 CO_2 排放量，单位为吨（tCO_2）；

$AD_{电力}$、$AD_{热力}$——核算期内净购入电量和热力量（如蒸汽量），单位分别为兆瓦时（MWh）和百万千焦（GJ）；

$EF_{电力}$、$EF_{热力}$——电力和热力（如蒸汽）的 CO_2 排放因子，单位分别为吨 CO_2/兆瓦时（tCO_2/MWh）和吨 CO_2/百万千焦（tCO_2/GJ）。

（6）生产过程排放

水泥、玻璃和玻纤生产企业在生产过程的二氧化碳排放（$Q_过$）按式（3-3）进行计算。

各行业、各区域在计算工业生产过程二氧化碳排放量时，根据本地资源状况确定碳酸盐原料中碳含量平均含量，并适时调整。

3.3 建筑材料行业碳排放现状

建筑材料是支撑建筑建造的重要基础性材料，其生产与使用活动繁多，系统边界复杂。根据国家发展改革委《关于启动省级温室气体排放清单编制指南（试行）的通知》（发改办气候[2011]1041号），建筑材料工业是指在国家行业分类中的非金属矿采业和非金属矿制品业，本部分内容中建材工业的范围与上述文件一致。

未特殊说明，本部分内容数据均引用自《中国能源统计年鉴》《中国统计年鉴》

和《中国建筑材料工业年鉴》中 2011 年以来数据，故所有本部分内容涉及的产品产量和能源消耗是指建材工业规模以上企业的数据。

3.3.1 碳排放因子测算

（1）生产过程碳排放因子

我国建材行业生产工艺过程的碳排放主要集中在水泥熟料、石灰和玻璃生产过程，其中，水泥熟料生产工艺过程中的碳排放是工业生产中最大的非能源二氧化碳排放源。根据国家发展改革委《关于启动省级温室气体排放清单编制指南（试行）的通知》（发改办气候 [2011]1041 号）主要建材产品碳排放因子详见表 3-4。

（2）燃料燃烧碳排放因子

燃料燃烧碳排放系数计算所需的数据主要参考《建筑碳排放计算标准》GB/T 51366—2019，相关取值如表 3-5 所示。

（3）电力消费碳排放因子

根据《中国建筑能耗研究报告》，2011 年以来，我国电力的二氧化碳排放系数详见表 3-6。其中，2019 年数据来源于中国电力企业联合会发布的《2020—2021 年度全国电力供需形势分析预测报告》。

主要建材产品生产过程碳排放因子　　　　表 3-4

序号	产品	碳排放因子（tCO_2/t）	产生原因
1	水泥熟料	0.538	石灰石分解
2	石灰	0.683	纯碱、石灰石等碳酸盐的分解
3	平板玻璃	0.00947	纯碱、石灰石分解

燃料燃烧的碳排放因子　　　　表 3-5

燃料类型	单位产品热值（kJ/kg 或 kJ/m^3）	单位热值 CO_2 排放因子		单位产品 CO_2 排放因子（tCO_2/t 或 tCO_2/km^3）
		（tCO_2/TJ）	（tCO_2/tce）	
煤炭	20934	98.56	2.88	2.06
焦炭	28470	100.60	2.94	2.86
原油	41868	72.23	2.21	3.02
汽油	43124	67.91	1.99	2.93
煤油	43124	70.43	2.07	3.04
柴油	42705	72.59	2.13	3.10
燃料油	41868	75.82	2.22	3.17
天然气	35588	55.54	1.63	1.98
石油焦	29307.6	98.82	2.90	2.90

电力消费碳排放因子表　　　　　　　表 3-6

年份	二氧化碳排放系数（$kgCO_2/kW \cdot h$）
2011	0.7289
2012	0.7205
2013	0.7037
2014	0.6428
2015	0.6131
2016	0.5941
2017	0.5856
2018	0.5735
2019	0.5770

3.3.2 建材行业碳排放估算

（1）生产过程碳排放估算

1）建材主要行业发展现状

"十二五"以来，在经济进入新常态、市场需求趋缓的背景下，建材工业继续保持稳定增长，产业规模持续扩大。进入"十三五"后，传统建材产品产量趋于稳定，部分传统产品产量有下降趋势。

主要建材产品中涉及生产过程碳排放较大的主要是水泥熟料和石灰。其中，水泥熟料由 2011 年的 12.81 亿 t 增加到 2020 年的 15.79 亿 t，增长了 23.26%，石灰由 1.86 亿 t 增加到 3.04 亿 t，增长了 63.44%，平板玻璃由 7.91 亿重量箱增加到 9.45 亿重量箱，增长了 19.47%。产品产量及增速分别见图 3-1~图 3-3。

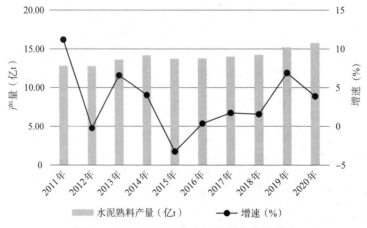

图 3-1　2011~2020 年水泥熟料产量及增速

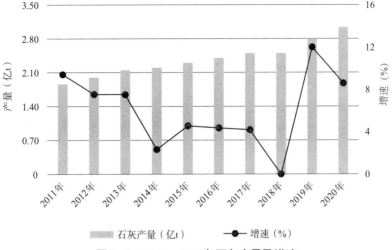

图 3-2　2011~2020 年石灰产量及增速

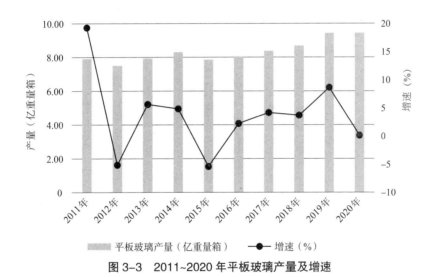

图 3-3　2011~2020 年平板玻璃产量及增速

2）生产过程碳排放估算

建材生产过程碳排放按照估算方法中给出的生产过程二氧化碳排放（$Q_\text{过}$）计算公式计算，其中碳排放因子采用表 3-4 中数据，得到主要建材产品生产过程碳排放估算结果，详见表 3-7 和图 3-4。

3）生产过程减碳案例

应用电石渣替代石灰石原材料。电石渣是在乙炔气、聚氯乙烯、聚乙烯醇等工业产品生产过程中，电石（CaC_2）水解后产生的工业废渣，主要成分为 $Ca(OH)_2$。利用电石渣配料生产水泥熟料，是水泥企业目前普遍采用的生产水泥熟料的技术，不仅减

主要建材产品生产过程碳排放估算　　　　　　　表 3-7

单位：亿 tCO_2

年度	水泥熟料	石灰	平板玻璃	合计
2010	6.34	1.16	0.06	7.56
2011	6.89	1.27	0.07	8.23
2012	6.88	1.37	0.07	8.31
2013	7.33	1.47	0.08	8.88
2014	7.62	1.50	0.08	9.21
2015	7.38	1.57	0.07	9.02
2016	7.40	1.64	0.08	9.12
2017	7.53	1.71	0.07	9.31
2018	7.65	1.71	0.09	9.45
2019	8.18	1.91	0.09	10.18

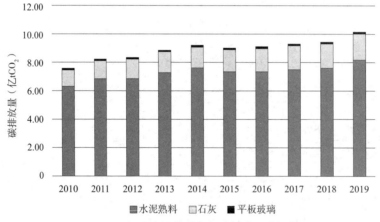

图 3-4　主要建材产品生产过程碳排放估算图

少了电石渣对环境的污染，而且在水泥熟料生产中减少了石灰石矿山资源的消耗，从而减少碳的排放，具有较好的经济、社会和环境效益。

（2）燃料燃烧碳排放量估算

1）建材行业能源消费情况

"十二五"期间，由于需求的拉动和产业生产规模的快速扩张，建材行业能源消耗总量逐年增加。"十三五"以来，由于传统建材产业转型升级和能源结构调整取得成效，建材行业能源消耗总量逐年减少。总体来讲，2011~2019 年，建材工业能耗总量由 3.96

亿tce减少到3.47亿tce，降低了12.37%，年均降低1.37%。建材工业能源消耗总量及增速见图3-5。

2）燃料燃烧碳排放量估算

2011~2019年建材行业能源消耗具体情况见表3-8。

以建材行业能源消耗量为燃料使用量依据，燃料燃烧碳排放按照估算方法中给出的燃料燃烧过程二氧化碳排放（$Q_燃$）计算公式计算，其中碳排放因子采用表3-5中数据，得到各燃料燃烧过程碳排放估算结果，如表3-9和图3-6所示。

图3-5 2011~2019年建材工业能源消耗总量及增速

建材行业能源消耗具体情况表　　　　　表3-8

年份	总量（万tce）	煤炭（万t）	焦炭（万t）	原油（万t）	汽油（万t）	煤油（万t）	柴油（万t）	燃料油（万t）	天然气（亿m³）
2011	39646	34386	912	2.03	39.78	3.6	309.28	312.24	64.31
2012	39268	33178	1033	7.78	38.48	4.73	326.45	231.31	69.26
2013	37941	32670	1059	1.08	38.58	1.34	354.05	214.05	80.38
2014	38598	34013	1047	0.17	33.65	1.3	362.3	192.11	92.97
2015	36884	32515	911	0.21	33.57	2.68	363.85	207.58	84.15
2016	36032	31465	891	0.21	30.28	1.72	352.54	182.87	84.26
2017	34528	27701	781	0.42	26.64	1.03	336.54	157.48	105.69
2018	34110	25074	975	0.46	18.58	0.84	335.55	148.24	138.68
2019	34668	23350	1348	0.1	15.8	0.85	368.03	96.33	180.13

燃料燃烧过程碳排放量估算结果　　　　　　　　表3-9

单位：亿 tCO$_2$

年份	煤炭	焦炭	原油	汽油	煤油	柴油	燃料油	天然气	碳排放总量
2011	7.0947	0.2612	0.0006	0.0116	0.0011	0.0959	0.0991	0.1271	7.6914
2012	6.8455	0.2959	0.0024	0.0113	0.0014	0.1012	0.0734	0.1369	7.4679
2013	6.7407	0.3033	0.0003	0.0113	0.0004	0.1098	0.0679	0.1589	7.3926
2014	7.0177	0.2999	0.0001	0.0099	0.0004	0.1123	0.0610	0.1838	7.6850
2015	6.7087	0.2609	0.0001	0.0098	0.0008	0.1128	0.0659	0.1663	7.3253
2016	6.4920	0.2552	0.0001	0.0089	0.0005	0.1093	0.0581	0.1665	7.0906
2017	5.7154	0.2237	0.0001	0.0078	0.0003	0.1043	0.0500	0.2089	6.3106
2018	5.1734	0.2792	0.0001	0.0054	0.0003	0.1040	0.0471	0.2741	5.8837
2019	4.8177	0.3861	0.0000	0.0046	0.0003	0.1141	0.0306	0.3560	5.7094

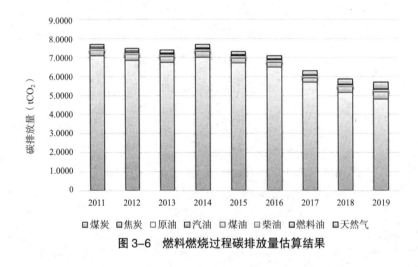

图3-6　燃料燃烧过程碳排放量估算结果

3）外购电力引起间接碳排放量估算

依据2011~2019年建材行业电力消耗情况，并根据《中国建筑能耗研究报告》电力的二氧化碳排放系数，计算出外购电力引起间接二氧化碳排放量，具体结果见表3-10。

（3）能源消费减碳案例

"十三五"期间，水泥行业持续优化产业结构，淘汰落后和化解过剩产能，加快推广先进节能工艺技术装备，累计压减水泥熟料产能2130万t，水泥熟料单位产品平均综合能耗由2015年的112kgce/t下降到2020年的108kgce/t。

应用先进工艺技术装备。采用辊压机终粉磨技术等先进适用技术装备。如文山海螺水泥有限责任公司采用海螺集团与日本川崎重工合作开发的CK立磨、C-KSV预分

建材行业电力消耗及二氧化碳排放系数情况表　　　　　表3-10

年份	电力（亿kW·h）	二氧化碳排放系数（kgCO$_2$/kW·h）	二氧化碳排放量（亿tCO$_2$）
2011	3132.2	0.7289	2.28
2012	3175.49	0.7205	2.29
2013	3389.28	0.7037	2.39
2014	3565.92	0.6428	2.29
2015	3331.16	0.6131	2.04
2016	3412.34	0.5941	2.03
2017	3534.01	0.5856	2.07
2018	3757.16	0.5735	2.15
2019	4018.00	0.5770	2.32

解系统、带辊压机联合粉磨系统，生料粉磨电耗平均下降2~3kWh/t，烧成系统热耗下降8%~12%；生产线配套两条9MW余热发电系统，年发电1.3亿kWh，吨熟料发电量达到36~37kWh，可供水泥熟料生产用电的45%左右。

实施节能装备改造。广泛实施预热器降阻、分解炉分级燃烧改造、大功率拖动电机变频改造、高温风机智能换热等节能改造，不断节能提效。如华新水泥（株洲）有限公司自投产以来先后实施预热器降阻改造、设备拖动电机变频改造、高效节能电机替代普通电机等设备节能技术改造19台（套），年节电约1260万kWh。

（4）我国建材行业碳排放总量估算

根据生产过程和燃料燃烧过程碳排放量估算结果加和，初步核算出2011年以来建材行业直接碳排放总量情况。2011年建材工业直接排放二氧化碳总量为15.92亿t，其中燃料燃烧过程二氧化碳排放量为7.69亿t，生产工艺过程二氧化碳排放量为8.23亿t。到2014年到达阶段最高点，直接排放二氧化碳总量为16.89亿t，其中燃料燃烧过程二氧化碳排放量为7.68亿t，生产工艺过程二氧化碳排放量为9.21亿t。其后，历年碳排放水平逐年下降，到2019年有所回升，总量达到15.89亿t，其中燃料燃烧二氧化碳排放量为5.71亿t，生产工艺过程二氧化碳排放量为10.18亿t。这一阶段，在国家严格的能源约束政策下，随着建材行业能源消费总量的下降，燃料燃烧过程二氧化碳排放量占比从2011年的48%下降到2019年的36%，但随着主要建材产品产量的增长，生产工艺过程二氧化碳排放量占比由52%增长到64%。在此期间，建材工业外购电力引起的间接二氧化碳排放量由2.28亿t增加到2.32亿t，排放水平变化不大。2011~2019年建材行业碳排放总量估算结果见表3-11。

2011~2019年建材工业二氧化碳排放量情况表　　　　表 3-11

单位：亿 t

年份	直接排放量			间接排放量
	直接排放总量	燃料燃烧过程排放	生产工艺过程排放	
2011	15.92	7.69	8.23	2.28
2012	15.78	7.47	8.31	2.29
2013	16.27	7.39	8.88	2.39
2014	16.89	7.68	9.21	2.29
2015	16.34	7.33	9.02	2.04
2016	16.21	7.09	9.12	2.03
2017	15.62	6.31	9.31	2.07
2018	15.33	5.88	9.45	2.15
2019	15.89	5.71	10.18	2.32

3.4 重点行业碳排放现状

3.4.1 水泥

目前水泥的生产工艺以新型干法水泥生产工艺为主，要经过生料粉磨、窑外预分解、窑内煅烧和水泥粉磨等主要过程（图 3-7）。水泥行业二氧化碳排放具有点多面广、量大的特点，主要体现在从原料分解到生产工艺，都会产生相应的碳排放。

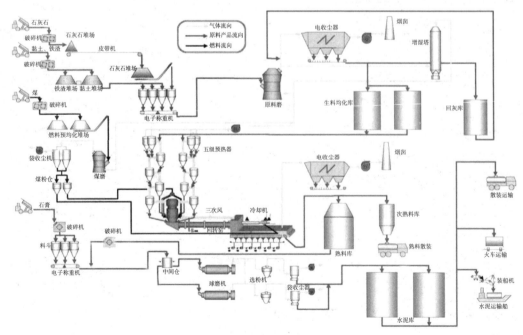

图 3-7　新型干法水泥生产工艺流程图

按照二氧化碳的排放来源，可分为直接排放和间接排放。直接排放是指燃烧化石燃料与原料受热分解所产生的二氧化碳排放；间接排放是指在生产或服务过程中所需的电力支持及热能损耗而产生的二氧化碳排放。

直接碳排放主要体现在以下两方面。

工艺过程原料分解产生的碳排放：水泥窑内的生料碳酸盐受热导致碳酸根分解产生二氧化碳，生料中的有机碳也会产生二氧化碳。

燃料燃烧产生的碳排放：煅烧需要消耗大量的燃料，水泥行业使用煤炭作为燃料，煤炭燃烧是二氧化碳气体排放的主要来源之一。

间接碳排放主要体现在以下两方面。

电力消耗产生的碳排放：在水泥生产过程中，生料的制备、熟料的煅烧、水泥的粉磨及污染物的治理等这些流程都需要电力的支持，电力来源于燃料的燃烧，通过热能转化而来，所以电力消耗会间接产生二氧化碳。

热能损耗产生的碳排放：在水泥生产过程中，如预热器出口废气热损失、系统表面散热导致的热损失、冷却机废气排放的热损失、污染物治理中由于安装和使用SCR装置而产生的热损失等，都会间接造成二氧化碳的排放[1]。

（1）工艺过程的二氧化碳排放

水泥熟料生产工艺过程中的碳酸盐分解是工业生产中最大的非能源二氧化碳排放源。石灰石是水泥生产的主要原料，石灰石受热分解会产生氧化钙和二氧化碳气体。理论上，1t石灰石完全分解最多产生440kg的二氧化碳气体。根据国家发展改革委发布的《省级温室气体清单编制指南》，水泥熟料推荐的排放因子为0.538tCO_2/t熟料。根据2010年以来，我国水泥熟料的生产量，我国水泥行业工艺过程二氧化碳排放水平详见表3-12。

（2）燃料燃烧的二氧化碳排放

水泥生产窑外预分解和窑内煅烧是主要的耗能过程，火焰温度最高达到1700℃左右，物料温度保持在1450℃左右，所用燃料最好是燃料油或天然气来保证燃烧快和发热量高的要求，便于调节煅烧温度。但是由于我国油气资源少，所以绝大部分水泥厂使用煤炭作为主要燃料，电力为粉磨、煤燃烧启动以及其他辅助类设备提供能量。水泥行业生产主要能源种类为煤炭（约占89%），其次为电力（约占10.7%），再次为成品油（约占0.3%）。2012年，水泥行业煤炭消耗2.08亿t，电力消耗1680亿kWh[2]。2019年，按全国煤炭消耗量的9.8%估计，水泥行业煤炭消耗量达到3.90亿t，电力消耗量达到2725亿kWh（按电力占比10.7%估计，煤炭折标煤系数取0.7143万tce/

"十二五"以来水泥熟料生产工艺二氧化碳排放水平　　　　　表3-12

年份	熟料产量（亿t）	二氧化碳排放（亿t）
2010	11.36	6.34
2011	12.81	6.89
2012	12.79	6.88
2013	13.62	7.33
2014	14.17	7.62
2015	13.35	7.38
2016	13.76	7.4
2017	13.40	7.53
2018	14.23	7.65
2019	15.20	8.18

数据来源：国家统计局。

万t煤炭、电力折标煤系数取1.229万tce/亿kWh）。

由于水泥回转窑内的气体温度可达2000℃以上，物料停留时间长，且回转窑内为氧化气氛。这些特征决定水泥窑煅烧废旧轮胎和固体废弃物垃圾的可能性。水泥工业正在利用的替代燃料有100多种，如废旧轮胎、废弃物衍生燃料、固体回收燃料、生物质燃料和城市生活垃圾等。水泥窑协同处理可燃废弃物已经是一项环境安全、经济合理、工艺成熟的实用技术。目前燃料替代率较高的荷兰、奥地利、德国和挪威均超过了60%，而中国的燃料替代率只有1.8%[3, 4]。

我国水泥工业纯低温余热发电技术是利用余热阶梯利用的原理，窑尾预热器和窑头冷却机的废气通过余热锅炉产生蒸汽去推动汽轮机带动发电机发电，所形成的系统叫作余热发电热力循环系统。水泥窑纯低温余热发电技术的采用对于新型干法水泥生产的能耗影响显著。按目前国内带纯低温余热发电400t/d以上水泥窑的生产水平，其水泥生产的可比熟料综合煤耗水平比不带余热发电的煤耗节约4.12kg/t标准煤，能耗降低3.75%，烧成系统热效率由52%提高到54%[5]。工信部相关数据显示水泥行业低温余热发电技术普及率超过80%[6]。

1）产品能耗限额标准及变化

国家质量监督检验检疫总局于2007年12月发布了《水泥单位产品能源消耗限额》GB 16780—2007，并于2008年6月1日开始实施。经过在全国的实施，考虑到不同企业之间由于生产线规模、设备性能及生产管理水平的差异，导致能源消耗相差较大，且仍有大量企业存在能耗偏高、能源利用效率低的现状，为此国家质量监督检验检疫总局对 GB 16780—2007 中部分内容进行了修订,发布了《水泥单位产品能源消耗限额》GB 16780—2012,并于 2013 年 10 月 1 日实施,以进一步强化企业技术管理,从生产工艺、设备及质量等方面全面提升管理水平,促使水泥生产企业采取措施降低生产能耗,见表 3-13、表 3-14 和表 3-15。

现有水泥企业水泥单位产品能耗限定值　　　　　　　　　　　　　表 3-13

项目		可比熟料综合煤耗限定值（kgce/t）	可比熟料综合电耗限定值（kW·h/t）	可比水泥综合电耗限定值（kW·h/t）	可比熟料综合能耗限定值（kgce/t）	可比水泥综合能耗限定值（kgce/t）
熟料		≤ 112	≤ 64	—	≤ 120	—
水泥	无外购熟料	—	—	≤ 90	—	≤ 98[a]
	外购熟料	—	—	≤ 40	—	≤ 8

[a] 如果水泥中熟料占比超过或低于 75%,每增减 1%,可比水泥综合能耗限定值应增减 1.20kgce/t。

新建水泥企业水泥单位产品能耗准入值　　　　　　　　　　　　　表 3-14

项目		可比熟料综合煤耗准入值（kgce/t）	可比熟料综合电耗准入值（kW·h/t）	可比水泥综合电耗准入值（kW·h/t）	可比熟料综合能耗准入值（kgce/t）	可比水泥综合能耗准入值（kgce/t）
熟料		≤ 108	≤ 60	—	≤ 115	—
水泥	无外购熟料	—	—	≤ 88	—	≤ 93[a]
	外购熟料	—	—	≤ 36	—	≤ 7.5

[a] 如果水泥中熟料占比超过或低于 75%,每增减 1%,可比水泥综合能耗限定值应增减 1.20kgce/t。

水泥企业水泥单位产品能耗先进值　　　　　　　　　　　　　　　表 3-15

项目		可比熟料综合煤耗先进值（kgce/t）	可比熟料综合电耗先进值（kW·h/t）	可比水泥综合电耗先进值（kW·h/t）	可比熟料综合能耗先进值（kgce/t）	可比水泥综合能耗先进值（kgce/t）
熟料		≤ 103	≤ 56	—	≤ 110	—
水泥	无外购熟料	—	—	≤ 85	—	≤ 88[a]
	外购熟料	—	—	≤ 32	—	≤ 7

[a] 如果水泥中熟料占比超过或低于 75%,每增减 1%,可比水泥综合能耗限定值应增减 1.20kgce/t。

GB 16780—2012 标准与 GB 16780—2007 标准相比,在限额指标以及计算等方面有很大变化。与旧版标准中各限额指标按照生产线规模和水泥粉磨企业进行分类不同的是,新版标准按照水泥和熟料两种产品进行分类;在计算可比水泥综合电耗时新版标准取消混合材量修正,同时增加海拔高度修正;在计算余热发电折标煤量时电力折标准煤系数由 0.404kgce/(kW·h) 修改为 0.1229kgce/(kW·h)。

2）单位产品综合能耗情况

"十三五"后，我国水泥工业节能技术的开发与应用取得了显著的进展，尤其是中国建材联合会组织开展的"二代水泥"技术装备创新研发攻关项目，为水泥行业实现绿色制造、智能制造、高端制造，推进高质量发展起到了重大的促进作用。据相关材料报道，"二代水泥"示范线水泥熟料产品烧成煤耗可达 92kgce/t.cl[7]。

根据《中国能源统计年鉴》中的数据显示，水泥单位产品综合能耗从 2011 年的 142kgce/t 降低到 2017 年的 135kgce/t（图 3-8）。熟料单位产品能耗下降在其中做出了很大的贡献。根据近年工业和信息化部发布的信息，能效领跑者企业的能耗数据由 103.47kgce/t 下降到 93.82kgce/t。其中前 15 名领先企业水泥熟料产品能耗下降 9.32%，2020 年公告的 28 家水泥企业水泥熟料可比综合能耗均小于 100kgce/t。能效领跑者企业（水泥）熟料烧成能耗统计如图 3-9 所示[7]。

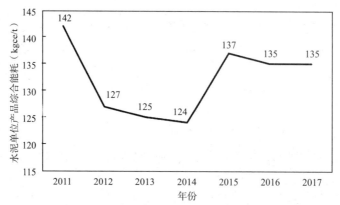

图 3-8　2011~2017 年水泥单位产品综合能耗

（数据来源：《中国能源统计年鉴》）

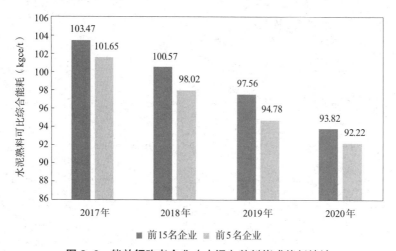

图 3-9　能效领跑者企业（水泥）熟料烧成能耗统计

根据2010年以来，我国水泥的生产量、水泥单位产品综合能耗，我国水泥行业燃料二氧化碳排放水平详见表3-16。

（3）二氧化碳排放总量

根据前文的分析，"十二五"以来水泥生产直接二氧化碳排放量汇总详见表3-17。

2014年全国水泥产量达到24.9亿t的历史最高点以后再也未曾突破，但由于水泥熟料产量的增加，2015年以后水泥工业不仅是工业生产过程二氧化碳排放一再突破2014年峰值，燃料燃烧过程排放也在回升。2019年水泥工业能耗总量和燃料燃烧过程排放分别突破以往历史峰值，2020年继续呈增长态势。水泥需求侧和供给侧两端共同发力，改变我国建筑业对钢筋混凝土的过度依赖，实现绿色建材需求牵引建材供给、建材供给创造绿色建材需求的更高水平动态平衡，是水泥行业碳达峰的关键。

"十二五"以来水泥生产燃料燃烧二氧化碳排放水平　　表3-16

年份	熟料产量（亿t）	煤炭消耗量（万tce）注	二氧化碳排放（亿t）
2010	11.36	16050	4.62
2011	12.81	17500	5.04
2012	12.79	17600	5.07
2013	13.62	17621	5.07
2014	14.17	18091	5.21
2015	13.35	16817	4.84
2016	13.76	17100	4.92
2017	13.40	15700	4.52
2018	14.23	15600	4.49
2019	15.20	16700	4.81

注：2010~2015年数据为推测值，2016~2019年数据为中国水泥协会推算值。

"十二五"以来水泥生产二氧化碳排放水平　　表3-17

年份	生产工艺排放（亿t）	燃料燃烧排放（亿t）	合计（亿t）
2010	6.34	4.62	10.96
2011	6.89	5.04	11.93
2012	6.88	5.07	11.95
2013	7.33	5.07	12.40
2014	7.62	5.21	12.83
2015	7.38	4.84	12.22
2016	7.4	4.92	12.32
2017	7.53	4.52	12.05
2018	7.65	4.49	12.14
2019	8.18	4.81	12.99

3.4.2 玻璃

（1）能源消费量及结构

随着我国玻璃行业的快速发展及能源结构的不断变化，玻璃原料熔化所采用的燃料种类呈现出多样化的态势。在1965年以前，我国玻璃行业均以烧煤的发生炉煤气作为燃料。随着玻璃生产线规模的扩大以及人们对玻璃质量要求的提高，继1965年上海耀华玻璃厂改为烧重油后，沈阳、秦皇岛耀华等厂相继改烧重油，到2004年底，除个别以天然气作为燃料外，全国123条浮法玻璃生产线几乎全部以重油为燃料。但近年来，随着国际原油价格上涨，特别是2009年原油价格再创新高，使得玻璃行业燃料成本占整个生产成本的比例达到35%~50%，给玻璃生产企业带来巨大生产成本上升压力。因此，众多玻璃生产企业在新建和技术改造过程中，或重新将燃料改回煤气，或寻求天然气、煤焦油以及石油焦等其他廉价燃料，以降低成本，提高利润空间。玻璃行业所采用的燃料应具有"高热值、低价位、货源足"等特点。

2019年国内浮法玻璃生产线燃料统计见表3-18。2019年平板玻璃行业能源结构及碳排放见表3-19。

2019年国内浮法玻璃生产线所用燃料及占比[8]　　表3-18

燃料种类	所占比例（%）
煤制气	19
石油焦	13
天然气	41
燃料油	25
合计	100.00

2019年平板玻璃行业能源结构及碳排放[8]　　表3-19

耗能项目	燃料占比（%）	折合标煤系数（kgce/m³或kgce/kg）	燃料碳排放系数（kg/m³或kg/kg）	燃料消耗量	燃料碳排放量（万t）
煤制气	19	0.1786	0.23265	12068925531m³	280.78
石油焦	13	1.1103	3.2771	132.83万t	435.30
天然气	41	1.3300	2.1731	3497266090m³	760.00
燃料油	25	1.4286	3.2028	198.53万t	635.85

计算方法：1. 燃料总消耗量=总产量平均单位产品耗能，tce；

2. 第i种燃料消耗量=燃料总消耗量燃料种类i的占比/燃料种类i折标系数，t；

3. 化石燃烧碳排放量=Σ第i种燃料消耗量×第i种燃料排放系数。

玻璃熔窑是平板玻璃工业中耗能最多的设备，约占耗能总量的80%，提高熔窑能效比可有效节约燃料的使用，进而减少碳排放[8]。通常，玻璃熔窑的排烟热焓占总燃料输入热的25%~40%。玻璃熔窑的有效热利用率随着熔窑吨位的加大而提高。一座典型的600t/d浮法玻璃熔窑的有效热利用率约为40%，烟气余热资源占比约为35%；而一座1000t/d浮法玻璃熔窑有效热利用率已接近50%。尽管如此，烟气带走的热量仍占到25%左右。作为二次能源，目前玻璃窑炉主要采用两种资源利用方式，一种为热利用回收，另一种为动力回收。前者即是对废气热能进行直接回收，供日常生产、生活使用，如加热重油、供暖等。后者需要将烟气余热通过一定渠道转化为清洁能源，如电能，达到变废为宝的目标。相比较而言，采用第二种余热利用方式更符合节能生产要求。早在2007年，国内就完成了第一座浮法玻璃窑炉余热电站的建设，目前全国浮法玻璃窑炉余热发电占有率已经超过95%。但实际上，在浮法玻璃产能不断提高的背景下，窑炉利用的余热仅占烟气余热的三分之一。现阶段，浮法玻璃窑炉烟气余热采用热、电、冷三联产的梯级利用方式，将一部分烟气送入汽轮机发电，一部分用于制冷和提供工业需要的蒸汽，一部分用于供暖供热[9]。

（2）当前平板玻璃产品能耗限额标准及变化趋势

《玻璃和铸石单位产品能源消耗限额》GB 21340—2019规定了平板玻璃的单位产品能耗限额。平板玻璃单位产品能耗限额等级见表3-20。

相比于旧版，新版补充了能耗限额等级，三级能耗限额与旧版相同，而一级和二级能耗均有降低，这表明国家对平板玻璃行业节能减排的迫切，以及我国节能减排技术的进步。

平板玻璃单位产品能耗限额等级　　　　　　表3-20

能耗限额等级	生产线设计生产能力（t/d）	能耗限定值（kgce/重量箱）
1	≥500 ≤800	9.5
	>800	8.0
2	≥500 ≤800	11.5
	>800	10.0
3	≤500	14.0
	≥500 ≤800	13.5
	>800	12.0

（3）平板玻璃单位产品综合能耗水平及企业能耗水平

随着我国平板玻璃行业的技术进步，能效水平显著提高。2015~2019年我国平板玻璃行业单位产品能耗情况见表3-21所示。2019年我国平板玻璃单位产品综合能耗平均13.29kgce/重量箱，其中浮法玻璃平均12.01kgce/重量箱；单位熔窑热耗平均6024kJ/kg$_{玻璃液}$，其中浮法玻璃平均5608 kJ/kg$_{玻璃液}$；单位产品耗燃油（折合）平均9.01 kg/重量箱；单位产品耗电平均6.45kWh/重量箱；与2018年相比均略有所提高。2016年起，工业和信息化部等部门按照《工业和信息化部、国家发展改革委、质检总局关于印发〈高耗能行业能效"领跑者"制度实施细则〉的通知》要求，开始遴选平板玻璃等行业能效"领跑者"，已公布三次，见表3-22。

（4）平板玻璃行业碳排放量及碳排放结构

在平板玻璃生产中，二氧化碳排放源类型主要有化石燃料燃烧排放、过程排放、购入和输出的电力和热力产生的排放三大类，如表3-23所示。

参照《温室气体排放核算与报告要求 第7部分：平板玻璃生产企业》GB/T 32151.7—2015核算方法，测算出平板玻璃行业的年排放总量。其总量为行业所有生产系统的化石燃料燃烧产生的排放量、原料配料中碳粉氧化产生的排放、原料碳酸盐分解产生的排放以及企业购入的电力、热力消费的排放量之和，同时扣除输出的电力、热力所对应的排放量。近几年我国平板玻璃行业碳排放量情况见表3-24，我国平板玻璃行业碳排放类型见表3-25[11]。

外购电力与燃料消耗带来的二氧化碳排放量占总排放量的73%。因此，能源消耗是平板玻璃行业碳排放的主要来源，节能依然是平板玻璃行业实现二氧化碳减排的主要途径。

我国平板玻璃行业单位产品能耗情况[10]　　　　　　表3-21

指标名称	单位	年份				
		2015	2016	2017	2018	2019
单位产品综合能耗	kgce/重量箱	13.82	13.31	13.28	13.03	13.29
其中：浮法玻璃	kgce/重量箱	13.16	12.34	12.00	11.77	12.01
单位熔窑热耗	kJ/kg$_{玻璃液}$	6264	6030	6017	5903	6024
其中：浮法玻璃	kJ/kg$_{玻璃液}$	6144	5764	5602	5496	5608
单位产品耗燃油（折合）	kg/重量箱	9.64	9.11	9.18	8.92	9.01
单位产品耗电	kWh/重量箱	6.56	6.51	6.25	6.39	6.45

平板玻璃行业能效"领跑者"企业[10]　　表 3-22

年份	文号	能效"领跑者"企业名称	领跑能效指标		数值
2016	工业和信息化部、国家发展改革委、质量监督检验检疫总局公告 2016 年第 39 号	吴江南玻玻璃有限公司	单位产品能耗（kgce/重量箱）	600t/d 浮法线	11.76
				900t/d 浮法线	10.63
2017	工业和信息化部、市场监管总局公告 2018 年第 32 号	东台中玻特种玻璃有限公司	单位产品能耗（kgce/重量箱）		11.56
2019	工业和信息化部、市场监管总局公告 2019 年第 63 号	台玻咸阳玻璃有限公司	单位产品能耗（kgce/重量箱）		11.00

平板玻璃碳排放来源　　表 3-23

排放源名称	具体的排放源	排放源类型	主要的固定及移动设施
化石燃料燃烧排放	煤、柴油、重油、煤气、天然气、液化石油气、煤焦油、焦炉煤气、石焦油等燃料燃烧排放	固定排放源、平板玻璃碳排放移动排放源	煤气发生炉、玻璃熔窑、锅炉、厂内机动车辆等
过程排放	1）生产使用的原料中含有碳酸盐，如石灰石、白云石、纯碱等在高温下分解产生的二氧化碳排放；2）生产过程中碳粉中的碳被氧化成二氧化碳排放	工业过程排放源	玻璃熔窑
购入和输出的电力和热力产生的排放	企业生产过程中购入和输出的电力及热力产生的排放	其他识别出的直接排放/间接排放的耗电、用热设备	原料制备、运输、锡槽、退火窑、空压机、鼓风机、氢氮气制备、其他生产设备运行等

近几年中国平板玻璃行业碳排放量　　表 3-24

指标名称	年份			
	2016	2017	2018	2019
平板玻璃产量（万重量箱）	80408.45	83765.80	93963.26	94461.22
二氧化碳排放量（万 t）	2999.64	3039.23	3391.53	3395.05
单位产品平均碳排放强度（t/万重量箱）	373.05	362.82	360.94	359.41

我国平板玻璃行业碳排放类型　　表 3-25

排放源名称	年份			
	2016	2017	2018	2019
化石燃料燃烧排放（%）	60.29	60.30	61.09	60.56
消耗电力和热力引起的间接排放（%）	13.32	13.14	12.21	12.63
代表过程排放（%）	26.39	26.56	26.70	26.81

3.4.3 陶瓷

建筑陶瓷的生产工艺，从制粉工艺上可分为干法制粉和湿法制粉，从成形工艺上可分为压制成形和挤出成形，从烧成工艺上可分为一次烧成工艺和二次烧成工艺。一次烧成是陶瓷砖的主要生产工艺，二次烧成通常用于釉面砖生产，又可分为高温素烧、低温釉烧及低温素烧、高温釉烧。

典型的湿法制粉陶瓷砖一次烧成生产流程为：

原料破碎、拣选→配料→球磨→过筛除铁→泥浆搅拌→制粉→成形→干燥→施釉及印花→烧成→冷加工→拣选包装

典型的湿法制粉陶瓷砖二次烧成生产流程为：

原料破碎、拣选→配料→球磨→过筛除铁→泥浆搅拌→制粉→成形→干燥→素烧→施釉及印花→烧成→冷加工→拣选包装

卫生陶瓷生产工艺流程主线为泥浆、釉料制备、注浆成形与烧成。具体流程为：根据设定配方将不同原料按比例准确配料，之后入球磨制浆，合格的泥浆经过陈腐后进行注浆成形，干燥、施釉，入窑烧成。烧成的制品经过检验、包装后入库。

其典型工艺流程如下：

原料破碎、拣选→配料→球磨→过筛除铁→搅拌、陈腐→泥浆罐→成形→修坯→干燥→施釉→装窑烧成→出窑检验→包装、入库

建筑卫生陶瓷生产直接碳排放主要体现在以下两方面。

工艺过程原料分解产生的碳排放：指陶瓷原料中含有的方解石、菱镁矿和白云石等中的碳酸盐，如碳酸钙（$CaCO_3$）和碳酸镁（$MgCO_3$）等，在陶瓷烧成工序中高温下发生分解，释放出二氧化碳。

燃料燃烧产生的碳排放：指生产中燃烧的化石燃料，如煤、柴油、重油、水煤气、天然气、液化石油气等产生的CO_2排放，主要涉及的设备有煤气发生炉、蒸汽锅炉、喷雾干燥系统、烧成窑、陶瓷素坯干燥器以及厂内移动源如叉车、铲车等。

在各热工设备的余热利用方面，喷雾干燥器排放的烟气温度目前基本上都控制在85~95℃，素坯干燥器目前干燥温度一般是在100℃左右，基本上没有利用价值，可以利用余热的主要热工设备就是陶瓷窑炉，废气温度在300~400℃之间。目前窑炉余热已利用部分有高温烟气和冷却风两部分，可送入干燥器干燥陶瓷坯或用于加热助燃风。陶瓷工业烟气余热利用技术是一种或几种叠加使用的，其节能率为18%~35%，日耗燃煤可节约20%~30%[12]。

（1）工艺过程的二氧化碳排放

陶瓷产品工艺过程二氧化碳排放主要来自掺加碳酸盐原料的陶瓷产品，主要有陶质内墙砖和陶瓷砖，不同的陶质内墙砖和陶瓷砖产品，其原料中石灰石、白云石的掺入量不同。根据不同产品的原料构成加权平均估算，约占建筑陶瓷原料的7%（表3-26）。

根据历年建筑陶瓷产量及原料消耗量，计算历年生产过程中原料分解二氧化碳的排放量（表3-27）。

（2）燃料燃烧的二氧化碳排放

我国作为世界上最大的建筑卫生陶瓷生产国，2018年生产建筑陶瓷90.11亿m^2，生产卫生陶瓷2.34亿件，能源消耗折标煤约5700万t[11]。建筑陶瓷行业主要使用的能源种类包括煤、柴油、天然气、电力等。大部分企业使用的是煤，随着目前清洁能源的推广，企业逐步转型使用天然气作为窑炉烧成的主要能源。据统计，2019年陶瓷砖行业煤炭消费量比2015年下降80%，用户天然气达到55%~60%。

其中各类能源主要用途见表3-28。

建筑陶瓷涉及碳排放主要参数确定 表3-26

陶瓷类型	参数	数值
建筑陶瓷	陶质内墙砖/陶瓷砖（%）	35
	陶质砖平均重量（kg/m^2）	19
	生产单位重量陶瓷砖制品所需原料（kg/kg）	1.08
	内墙砖坯体和釉中碳酸钙平均含量（%）	7

"十二五"以来建筑陶瓷生产工艺二氧化碳排放水平 表3-27

年份	产量（亿m^2）	二氧化碳排放（万t）
2010	75.76	168
2011	87.01	193
2012	89.93	199
2013	96.90	215
2014	102.30	227
2015	101.79	226
2016	102.65	227
2017	101.46	225
2018	90.11	200
2019	82.25	182

数据来源：中国建筑卫生陶瓷协会。

建筑陶瓷行业各类能源主要用途 表3-28

序号	能源种类	主要用途
1	煤	煤块：通过煤气发生炉（煤气站），制作成水煤气使用于窑炉烧成；煤粉：通过制成水煤浆或作为直烧煤，用于喷雾造粒（喷雾塔）
2	天然气	一般用于窑炉烧成，也可用于喷雾造粒
3	电力	用于工厂用电设施
4	柴油	用于厂内转运设备，如铲车、叉车等

以使用煤作为窑炉烧成能源的干压质砖生产企业为例,其能源结构如表3-29所示。

以使用天然气作为窑炉烧成能源的干压质砖生产企业为例,其能源结构如表3-30所示。

卫生陶瓷行业主要使用的能源种类包括天然气、工业煤气/焦炉煤气、煤、柴油、电力等,目前行业大部分企业都是使用天然气作为窑炉烧成的主要能源。

其中各类能源主要用途见表3-31。

以使用天然气作为窑炉烧成能源的卫生陶瓷生产企业为例,其能源结构如表3-32所示。

1)产品能耗限额标准及变化

《建筑卫生陶瓷单位产品能源消耗限额》GB 21252—2013规定了陶瓷砖和卫生陶瓷的单位产品能耗限额(表3-33)。

2013版标准的能耗限额比2007版低了10%,且修改了陶瓷砖综合能耗计量单位,由千克标准煤每吨(kgce/t)修改为千克标准煤每平方米(kgce/m^2)。

2)单位产品综合能耗水平及企业能耗水平

我国陶瓷砖单位产品平均综合能耗为5.8kgce/m^2,卫生陶瓷单位产品平均综合能耗约为620kgce/t。按照GB 21252—2013标准,绝大多数建筑卫生陶瓷企业的产品都达到了国家能耗限额标准要求,也出现了一些能耗指标进入先进值的企业。目前已有80%以上的建筑卫生陶瓷企业的单位产品能耗达到国家标准限额要求。

根据2010年以来,我国陶瓷的生产量、单位产品综合能耗,能源消费结构变化等因素,我国陶瓷行业燃料二氧化碳排放水平详见表3-34。

以煤为主要能源的干压质砖生产企业能源结构 表3-29

序号	能源种类	折标煤占比(%)
1	烟煤+煤粉	89
2	电	10.5
3	柴油	0.5

以天然气为主要能源的干压质砖生产企业能源结构 表3-30

序号	能源种类	折标煤占比(%)
1	天然气	54
2	煤粉	33
3	电	12.5
4	柴油	0.5

第3章 建筑材料行业的碳排放现状

卫生陶瓷行业各类能源主要用途　　　　　　　　　　　　　　　　　　表 3-31

序号	能源种类	主要用途
1	煤	用于锅炉产生蒸汽（少量北方企业使用）
2	天然气	用于窑炉烧成、坯体干燥
3	工业煤气/焦炉煤气	用于窑炉烧成、坯体干燥
4	电力	用于工厂用电设施
5	柴油	用于厂内转运设备，如铲车、叉车等

以天然气为主要能源的卫生陶瓷生产企业能源结构　　　　　　　　　表 3-32

序号	能源种类	折标煤占比（%）
1	天然气	84
2	电	15.5
3	柴油	0.5

建筑卫生陶瓷产品单位产品能耗限额　　　　　　　　　　　　　　　表 3-33

产品分类		综合能耗限定值	综合能耗准入值
陶瓷砖（kgce/m²）	吸水率 $E \leq 0.5\%$ 的陶瓷砖	≤ 7.8（8.6[a]）	≤ 7.0
	吸水率 $0.5\% < E \leq 10\%$ 的陶瓷	≤ 5.4	≤ 4.6
	吸水率 $E > 10\%$ 的陶瓷砖	≤ 5.2	≤ 4.5
卫生陶瓷（kgce/t）		≤ 720	≤ 630

[a] 为二次烧成的吸水率 $E \leq 0.5\%$ 的微晶石产品。

"十二五"以来陶瓷生产燃料燃烧二氧化碳排放水平　　　　　　　　　表 3-34

年份	建筑陶瓷			卫生陶瓷		
	产量（亿 m²）	能源消耗（万 tce）	二氧化碳排放（万 t）	产量（亿件）	能源消耗（万 tce）	二氧化碳排放（万 t）
2010	75.76	4994	12024	1.78	248	342
2011	87.01	5629	13552	1.92	263	362
2012	89.93	5709	13745	2.00	269	371
2013	96.90	6037	14534	2.06	272	375
2014	102.30	6255	15058	2.15	279	385
2015	101.79	6107	14704	2.19	279	385
2016	102.65	6056	14211	2.27	286	395
2017	101.46	5885	13449	2.40	298	411
2018	90.11	5136	11423	2.34	285	393
2019	82.25	4606	9981	2.37	283	390

注：产量、能耗数据来源中国建筑卫生陶瓷协会，2015年以前能源消耗数据为推算值。

(3) 二氧化碳排放总量

根据前文的分析,"十二五"以来陶瓷生产直接二氧化碳排放量汇总详见表3-35。

建筑陶瓷的燃料燃烧排放是陶瓷行业碳排放的主体,占全行业排放总量的约95%。在过去的十年中,建筑陶瓷行业碳排放最高值是2014年的排放量1.57亿t,其后随着建筑陶瓷产量的下降和建筑陶瓷行业能源品种的调整,碳排放总量逐年降低。下一阶段,推进陶瓷,特别是建筑陶瓷生产过程的能源消耗的下降,是陶瓷行业实现碳减排的关键。

"十二五"以来陶瓷生产二氧化碳排放水平　　表3-35

年份	建陶生产工艺排放（万t）	建陶燃料燃烧排放（万t）	卫陶燃料燃烧排放（万t）	合计（万t）
2010	168	12024	342	12534
2011	193	13552	362	14107
2012	199	13745	371	14315
2013	215	14534	375	15125
2014	227	15058	385	15670
2015	226	14704	385	15315
2016	227	14211	395	14833
2017	225	13449	411	14084
2018	200	11423	393	12015
2019	182	9981	390	10553

3.4.4 钢材

我国钢产量在全球钢产量占比高达57%,由于我国钢铁流程结构是以长流程为主,高碳特性十分突出,因此中国钢铁占全球钢铁碳排放的比例预计在60%以上。对国内来讲,我国钢铁行业占中国总的碳排放比例高达15%左右。

(1) 能源消费量及结构分析

钢铁冶炼生产工艺主要包括长流程和短流程两种生产工艺。长流程炼钢工艺的源头从铁矿石、原煤开始,高炉和转炉是关键的设备。主要炉料有:原煤、铁矿石、生石灰、废钢、萤石（CaF_2）。原煤经过洗煤、配煤后高温干馏,释放出挥发成分后得到冶金焦炭;铁矿石通过研磨磁选成铁精粉,然后以生石灰为溶剂烧结成烧结矿或者加工成球团矿（二者酸碱性不同,按比例使用中和炉内酸碱性）。以上原料加入高炉后冶炼得到碳含量4%以上的液态铁水。高炉铁水经过氧气转炉吹炼配以精炼炉得到合格钢水。钢水经过浇铸、连续浇铸或模铸成为钢坯或钢锭,再经过轧制工序最后成为钢材。

短流程炼钢工艺的源头主要是废钢和少量铁水。废钢经简单加工破碎或剪切、打包后装入电弧炉中（避免废钢中有密闭空间引起爆炸），利用石墨电极与废钢之间产生电弧所发生的热量来熔炼废钢，并配以精炼炉完成脱气、调成分、调温度、去夹杂等功能，得到合格钢水，后续轧制工序与长流程基本相同。长流程和短流程炼钢的生产工艺流程见图3-10。

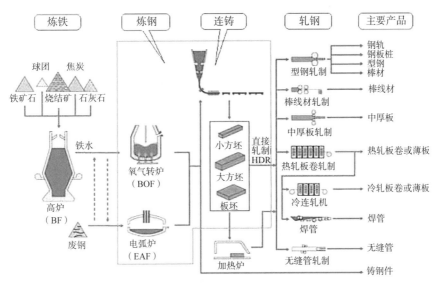

图3-10　长流程和短流程炼钢的生产工艺流程

按照折标准煤计算，中国钢铁工业购入能源中，电力消耗仅占6.3%，油气能源约占1.7%，煤炭和焦炭占比高达92.0%，远高于全国能源消费结构中煤炭所占比例57.5%。在电力消耗中，绿电（光电、风电）预计比例不超过1%。钢铁行业面临能源转型压力将比其他行业压力更大。

据国家统计局数据，2019年全国能源消费总量初步核算为48.6亿tce，同比增长4.7%；2020年全国能源消费总量初步核算为49.8亿tce，同比增长2.4%。2020年，全国粗钢产量为106476.7万t，同比增长7.0%。2020年，黑色金属冶炼及压延能耗量预计增加5.0%，达到89557万tce（等价值）；黑色金属及压延能耗量折吨钢综合能耗841kgce（等价值），同比下降1.75%。

钢铁行业消耗的主要能源种类为洗精煤、烟煤、无烟煤、电力、天然气、汽柴油等，生产过程中产生的煤气蒸气等大部分用于企业内部使用（表3-36）。

（2）当前钢铁行业能耗限额标准及变化趋势

当前，钢铁行业能耗限额标准执行的是以下三项国家标准：《粗钢生产主要工序单

各类能源主要用途 表3-36

序号	能源种类	主要用途
1	洗精煤	焦化工序
2	烟煤、无烟煤	烧结工序、高炉工序
3	天然气	一般用于轧钢工序
4	电力	用于企业各生产工序及公辅设施
5	汽柴油	用于厂内转运设备等

位产品 能源消耗限额》GB 21256—2013、《焦炭单位产品能源消耗限额》GB 21342—2013、《电弧炉冶炼单位产品能源消耗限额》GB 32050—2015。

变化趋势：限额标准发布时间已经超过6年，具备再修订的条件。随着钢铁企业节能减排基数不断进步，以及限额标准使用过程中存在的某些问题，为适应新形势变化，限额标准应当要合理调整。

（3）钢铁行业单位产品综合能耗水平及企业能耗水平

1）吨钢综合能耗趋势分析

重点大中型钢铁企业代表了行业发展的先进水平，2010~2020年重点大中型钢铁企业吨钢综合能耗变化趋势见图3-11。

2020年我国重点大中型钢铁企业吨钢综合能耗下降，达545.78kgce/t，同比降低1.42%；受生产结构、技术进步和管理提升的影响，单年吨钢能耗指标实现大幅下降。

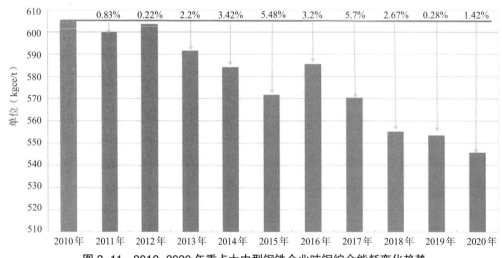

图3-11 2010~2020年重点大中型钢铁企业吨钢综合能耗变化趋势

第3章 建筑材料行业的碳排放现状

2）工序能耗变化趋势分析

2010~2020年，我国重点大中型钢铁企业主要生产工序能耗总体呈下降趋势，体现了全行业能源管理水平的提升和节能技术的进步，详见图3-12~图3-17。

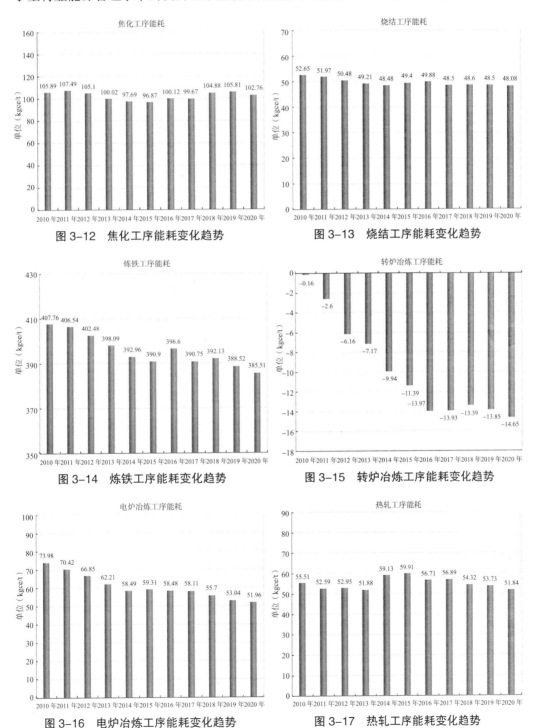

图3-12 焦化工序能耗变化趋势

图3-13 烧结工序能耗变化趋势

图3-14 炼铁工序能耗变化趋势

图3-15 转炉冶炼工序能耗变化趋势

图3-16 电炉冶炼工序能耗变化趋势

图3-17 热轧工序能耗变化趋势

可以看出，2020年与2019年相比，所有工序能耗均有不同程度下降。其中，焦化工序能耗下降3.0%，烧结工序能耗下降0.86%，炼铁工序能耗下降0.77%，电炉炼钢工序能耗下降2.04%，轧钢工序能耗下降3.52%。

根据《焦炭单位产品能源消耗限额》GB 21342—2013有关规定，2020年我国重点大中型钢铁企业焦化工序能耗企业限定值达标率为100%。2014年，国家标准化管理委员会修订并发布《粗钢生产主要工序单位产品 能源消耗限额》GB 21256—2013，修订后的能耗限额标准大幅提高了各工序限定值能耗指标，并取消了电炉工序单位产品能源消耗限额。按照最新能耗限额标准，2020年重点大中型钢铁企业烧结工序能耗企业限定值达标率为98.8%，炼铁工序能耗企业限定值达标率为100%，转炉冶炼工序能耗企业限定值达标率为80.0%。2020年各生产工序达标率与2019年相比，均有不同程度升高，各生产企业对于节能减排工作更加重视；同时，国家为调整产业结构，持续大力推进化解过剩产能和淘汰落后产能工作，部分高消耗、高能耗的落后产能被淘汰。

工序能耗限额值达标率变化情况见图3-18。

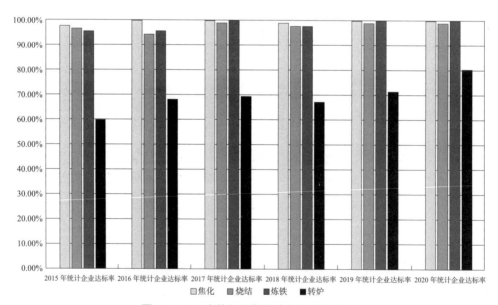

图3-18 工序能耗限额值达标率变化情况

3）二次能源利用水平分析

加大企业二次能源回收和利用量，是减少外购能源量、实现节能减排的主要途径。2020年，我国钢铁企业高炉、焦炉、转炉煤气的利用效率有略微上升，损失率总体呈逐步下降趋势。与2019年相比，2020年焦炉煤气利用率上升0.02个百分比，高炉煤气利用率上升0.17个百分比,转炉煤气利用率上升0.13个百分比;吨钢转炉煤气回收量略有上升,企业自发电量比例略有提高。

2011~2020年高炉、焦炉、转炉煤气利用率变化及吨钢转炉煤气回收量和企业自发电比例变化分别见图3-19和图3-20。

4) 2020年重点大中型钢铁企业能耗水平及2021年预测

根据2016~2020年我国能源消耗强度变化趋势及2020年粗钢产量与消费量分析,同时考虑重点大中型钢铁企业生产工艺流程结构预计与2020年相比不会发生重大变化,预测2021年我国重点大中型钢铁企业吨钢综合能耗将维持在540~545kgce/t。

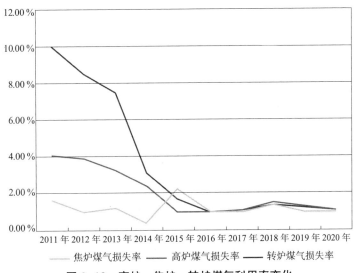

图3-19 高炉、焦炉、转炉煤气利用率变化

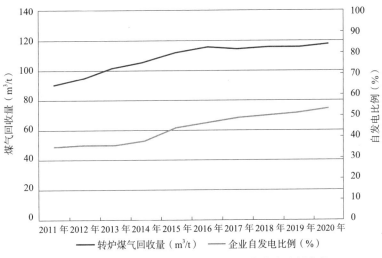

图3-20 吨钢转炉煤气回收量和企业自发电比例变化

3.5 小结

建材行业碳达峰目标与碳中和愿景的实现，首当其冲的就是需要了解当前建材行业碳排放的现状，明确碳排放的核算方法。本章首先阐述不同层级的碳排放标准情况，提出建材行业和建材企业的碳排放核算方法；利用核算方法，估算了建材行业从2011年到2019年的碳排放量；对在建筑中应用量和碳排放量较大的水泥、玻璃、陶瓷和钢材行业，从工艺过程、燃料燃烧角度阐述从2011年到2019年的具体行业碳排放量。明确当前建材行业的碳排放现状，对开展建材行业碳减排路径研究提供数据支撑。

参考文献

[1] 广东环保产业《"碳讨"水泥行业深度脱硝的关键技术》[EB/OL]. https：//www.sohu.com/a/454282732_673516，2021-03-05.

[2] 中国水泥协会《水泥行业煤炭消费总量控制方案及政策研究》课题组．降低水泥行业煤炭消耗总量减少二氧化碳排放[J]. 中国水泥，2015（05）：22-27.

[3] 赵金兰，闫浩春，刘韬，刘佳，赵春芝．论水泥企业碳中和的路径[J]. 新世纪水泥导报，2021，27（02）：1-6，67.

[4] 崔源声，方艳欣，王硕．国外水泥工业替代燃料的最新发展趋势[J]. 水泥，2018（01）：9-12.

[5] 郝程乾，刘春卉．中外水泥工厂余热发电工程关键设备标准对比揭示分析[J]. 标准科学，2019（11）：11-18. DOI：10.3969/j.issn.1674-5698.2019.11.002.

[6] http：//www.snkjw.cn/?m=home&c=View&a=index&aid=761

[7] 狄东仁，刘宇，李晋梅．水泥能耗限额标准分析及修订意见[J]. 水泥技术，2021（03）：15-21.

[8] 马玉聪．碳减排对平板玻璃熔化技术发展影响[J]. 玻璃，2021，48（04）：30-33.

[9] 葛武军．关于浮法玻璃窑炉烟气余热的有机朗肯循环利用分析[J]. 砖瓦世界，2019（6）：132-134.

[10] 刘志海．我国平板玻璃单位产品能耗指标浅析[J]. 玻璃，2020，47（12）：1-9.

[11] 刘志海．平板玻璃行业如何从低碳走向碳中和[J]. 玻璃，2021，48（3）：1-5.

[12] 林毅．卫生陶瓷生产能耗浅析[J]. 陶瓷，2020（05）：31-34.

第4章
民用建筑建材消耗量及碳排放

建筑是建筑材料使用的主要载体，也是引起建材生产碳排放的间接贡献者。民用建筑占全社会建筑总规模的80%以上，是建筑的重要组成部分，随着城镇化进程的加剧，民用建筑规模仍在不断扩张，因其引起的建材消耗量也在不断增多，使得民用建筑建材产生的碳排放不断提高。通过对民用建筑建材生产阶段的碳排放量进行测算，并对其达峰时间及峰值进行预测，对推动建筑领域实现碳达峰碳中和具有重要意义。

本章以民用建筑为对象，通过对不同类别的民用建筑规模测算，构建了基于投入产出法的民用建筑建材消耗量计算模型，并获得民用建筑水泥、玻璃、陶瓷、钢材消耗量。在掌握的历史数据基础上，综合考虑建筑材料碳排放影响因素，基于低速、基准和高速三种情景，利用STIRPAT方法对民用建筑建材使用产生的碳排放量进行预测，进而得到民用建筑建材碳排放的达峰时间和峰值量，从建筑需求侧为建材工业碳减排指标设定及路径研究提供参考。

4.1 民用建筑规模现状及发展趋势

建筑作为终端能源消耗的载体，其规模的发展直接影响着上下游产业碳排放量的多少。当前我国处于城镇化飞速发展的阶段，2019年常住人口城镇化率60.6%，2030年末的城镇化水平预计到70%左右。而且随着人民生活水平的提高，对住房的需求还在不断增加，民用建筑规模将会持续攀升。建材产业属于建筑业的上游产业，建筑规模与建筑领域建材碳排放量具有强相关性,只要建筑规模有所发展,必将对建材产生需求进而引起建材生产过程碳排放。因此,研究建筑领域建材碳达峰的问题,首先需要对建筑规模的发展现状及趋势做出合理分析研判,分析两者之间的相互关系,在此基础上预测出的达峰时间及总量才更具有实践意义。

4.1.1 计算模型及结果

目前,各类统计渠道没有可直接采用的建筑规模数据,为准确获取民用建筑规模数据,需首先确定建筑规模数据的获取方法和获取渠道。按现有统计口径,建筑包含民用建筑和工业建筑两大类,民用建筑又细分为城镇居住建筑、城镇公共建筑、乡村住宅建筑、乡村公共建筑四种类型。民用建筑实有建筑面积的测算主要基于年鉴数据逐年递推进行获取。由于民用建筑实有建筑面积计算部分涉及指标众多,且各指标所包含地域范围不一致,为简化公式,对地域范围及各类面积指标进行编码处理,其对应关系如表4-1所示。

各名词对应代码 表4-1

含义	代码	含义	代码
城镇	1	竣工面积	N
城市、县城	2	拆除面积	T
建制镇	3	生产性建筑面积	L
当年末房屋建筑面积	H	上年末房屋建筑面积	H'
当年末居住建筑面积	J	上年末居住建筑面积	J'
当年末公共建筑面积	G	上年末公共建筑面积	G'

(1)城镇实有居住建筑面积

基于统计年鉴数据利用逐年递推法计算实有居住建筑面积,公式如下:

$$J_1 = J_2 + J_3 \tag{4-1}$$

式中　J_1——当年末城镇居住建筑面积;

　　　J_2——当年末城市、县城居住建筑面积;

　　　J_3——当年末建制镇居住建筑面积。

1)年末城市、县城居住建筑面积

城市、县城居住建筑面积(J_2)通过《中国统计年鉴》(2001~2006)及逐年递推法(2007~2019)计算得到。则有逐年递推公式:

$$J_2 = J'_2 + NJ_2 - TJ_2 \quad (4-2)$$

式中 J'_2——上年末城市、县城居住建筑面积；

NJ_2——当年城市、县城居住建筑竣工面积；

TJ_2——当年城市、县城居住建筑拆除面积。

其中：

$$NJ_2 = NJ_1 - NJ_3 \quad (4-3)$$

式中 NJ_1——固定资产投资（不含农户）住宅竣工面积（范围为城镇）；

NJ_3——建制镇住宅竣工面积。

注：固定资产投资（不含农户）住宅竣工面积数据来源《中国统计年鉴》；建制镇住宅竣工面积数据来源《中国城乡建设统计年鉴》表3-2-7建制镇房屋。城市、县城居住建筑面积拆除面积采用本研究的结果数据。

2）建制镇居住建筑面积

建制镇居住建筑面积（J_2）来源于《中国城乡建设统计年鉴》(2006~2019)。由于住房和城乡建设部官网2001~2005年仅公布了《中国城市建设统计年鉴》，缺少了《中国城乡建设统计年鉴》，因此这五年内的本年建制镇居住建筑实有建筑面积数据无法得到，计算得到的居住建筑面积仅为城市县城居住建筑面积。

（2）城镇实有公共建筑面积获取方法

基于统计年鉴数据利用倒推法计算实有居住建筑面积，公式如下：

$$G_1 = H_2 - J_2 - L_2 + G_3 \quad (4-4)$$

式中 G_1——当年末城镇公共建筑面积；

H_2——当年末城市、县城房屋建筑面积；

J_2——当年末城市、县城居住建筑面积；

L_2——当年末城市、县城生产性建筑面积；

G_3——当年末镇公共建筑面积。

1）年末城市、县城房屋建筑面积

城市、县城房屋建筑面积（H_2）通过《中国统计年鉴》(2001~2006)及逐年递推法（2007~2019）计算得到。则有递推公式：

$$H_2 = H'_2 + NH_2 - TH_2 \quad (4-5)$$

式中 H'_2——上年末城市、县城房屋建筑面积；

NH_2——当年城市、县城房屋竣工面积；

TH_2——当年城市、县城房屋拆除面积。

其中：

$$NH_2 = NH_1 - NH_3 = NH_1 - (NJ_3 + NG_3 + NL_3) \quad (4-6)$$

式中　NH_1、NH_3——分别表示城镇、建制镇房屋竣工面积；

　　　NJ_3、NG_3、NL_3——分别表示镇的居住、公共、生产性建筑竣工面积；

数据来源：固定资产（不含农户）房屋竣工面积（NH_1）来源于《中国统计年鉴》；镇居住、公共、生产性建筑竣工面积来源于《中国城乡建设统计年鉴》；城市、县城房屋拆除面积采用本研究的结果数据。

2）城市、县城生产性建筑面积

城市、县城生产性建筑面积 = 年末城市、县城工业用地面积 × 工业建筑调整后容积率。

3）镇公共建筑面积

镇公共建筑面积（G_3）来源于《中国城乡建设统计年鉴》（2006~2019），由于住房和城乡建设部官网2001年至2005年仅公布了《中国城市建设统计年鉴》，缺少了《中国城乡建设统计年鉴》，因此这五年内的本年镇公共建筑面积数据无法得到，因此该部分数据为城市县城的公共建筑面积。

（3）建筑规模数据测算结果

根据以上实有居住建筑面积、实有公共建筑面积的计算方法及计算过程，得到全国及各省份的相应指标数据。

1）城镇实有居住建筑面积

在城镇实有居住建筑面积的计算中，采用《中国统计年鉴》数据及逐年递推法为本研究数据的主要获取及计算途径。由图4-1可以看到全国及各省份的年末城镇实有居住建筑面积的结果数据。

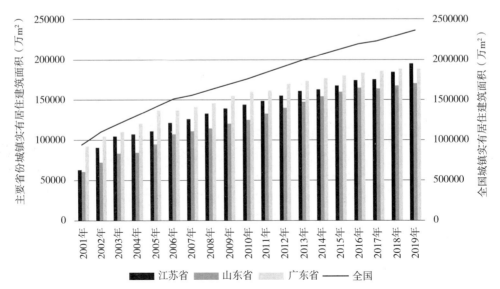

图4-1　全国及各省份城镇实有居住建筑面积结果数据

由图 4-1 可以看到，全国及各主要省份的城镇实有居住建筑面积呈上升趋势，全国城镇实有居住建筑面积由 2006 年的 150 亿 m² 增长到 2019 年的 224 亿 m²。以 2019 年数据为例，占比较大的前三个省份为江苏省、广东省、山东省，三省在 2016 年到 2019 年间均呈现平稳上升趋势。

2）乡村实有居住建筑面积

在乡村实有居住建筑面积的计算中，采用《中国统计年鉴》为数据的主要获取渠道，具体数值由其中的乡村住宅建筑实有面积及乡村住宅建筑实有建筑面积两者相加得到。由图 4-2 可以看到全国及各省份的乡村实有居住建筑面积的结果数据。

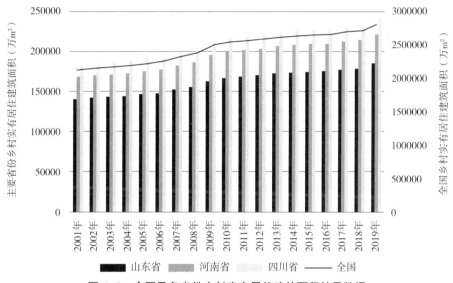

图 4-2　全国及各省份乡村实有居住建筑面积结果数据

由图 4-2 可以看到，全国及各省份的乡村居住建筑面积变化不大，由 2006 年的 208 亿 m² 增长到 2019 年的 261 亿 m²。以 2019 年数据为例，全国乡村实有居住建筑面积较大的三个省份为四川省、河南省、山东省，其中 2006 年到 2016 年呈现轻微上升趋势，2016 年后有下降趋势。

3）实有公共建筑面积

实有公共建筑面积数据由两部分构成，分别为城镇公共建筑面积与乡村公共建筑面积。在城镇实有公共建筑面积的计算中，采用《中国统计年鉴》数据及倒推法为主要获取及计算途径，乡村公共建筑面积可从《中国城乡建设统计年鉴》数据中获取。得到全国及各省份的实有公共建筑面积的结果数据如图 4-3 所示。

由图 4-3 可以看到，全国及各省份的实有公共建筑面积大致呈稳步上升趋势，由

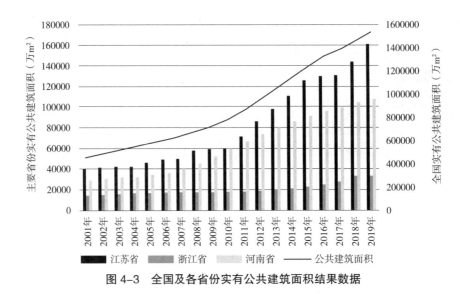

图 4-3 全国及各省份实有公共建筑面积结果数据

2006年的58亿 m^2 增长到2019年的153亿 m^2。全国实有公共建筑面积中江苏省、浙江省、河南省三省占较大比例,且三省均呈现逐年上升趋势。

4)民用建筑实有建筑面积

民用建筑包含城镇实有居住建筑面积、乡村实有居住建筑面积及实有公共建筑面积。将上述计算数据结果相加得到全国及各省份的民用建筑实有建筑面积,结果数据见图4-4。

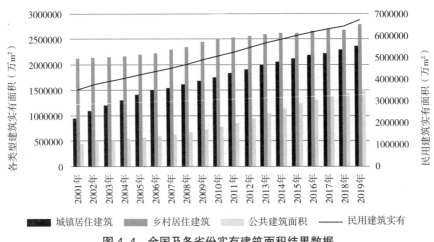

图 4-4 全国及各省份实有建筑面积结果数据

由图4-4可以看到,全国及各省份的实有建筑面积呈上升趋势,由2001年的67亿 m^2 增长到2019年的638亿 m^2。而在2005年与2006年发生突增,其原因在于:在城镇实有居住建筑面积及城镇实有公共建筑面积的计算当中,由于住房和城乡建设部官网2001年至2005年仅公布了中国城市建设统计年鉴,缺少了中国城乡建设统计年鉴,因此这五年内的本年建制镇居住建筑实有建筑面积数据无法得到,同样2001年到2005年的乡村住宅数据同样无法获取。

4.1.2 未来发展趋势

在新型城镇化的背景下,中国建筑业和房地产业将持续高速发展,建筑存量将快速增加。《中国能源中长期(2030、2050)发展战略研究》中提出要合理约束人均住宅建筑面积,在2030年使住房条件接近发达国家目前的水平,同时提出要抑制盲目追求美国式别墅的居住模式,把人均居住面积控制在40m^2左右,预计在2030年前虽然每年新增建筑竣工面积仍然保持一定水平,但不会显著超过目前的建筑规模[1]。我国三步走战略提出到21世纪中叶基本实现现代化,人均国民生产总值达到中等发达国家水平,人民过上比较富裕的生活。十九届五中全会将这一目标提前,2035年人均GDP达到中等发达国家水平。因此我国在2030年居民生活水平也将达到中等发达国家水平,在进行建筑面积设置时,可以参考现有的欧洲发达国家面积指数。根据住房和城乡建设部标准定额司(2016)所发布的《基于能耗总量控制的建筑节能标准及实施机制研究》,目前与我国居住模式相似的发达国家德国人均住面积为43m^2、芬兰为39.9m^2,法国为40m^2[2]。

根据国家整体经济发展所处阶段,近十五年来,我国整体的城镇化率还稳步增长,达到75%以后才能保持稳定。其中"十四五"时期,我国还将处于快速城镇化阶段,城镇化率将达到60%~66%,"十五五"时期城镇化率将达到66%~70%,"十六五"时期城镇化率将达到70%~73%,2036~2050年城镇化率将稳定在73%~75%。

根据住房和城乡建设部科技与产业化发展中心编写的《建筑领域碳达峰碳中和实施路径研究》一书中,对建筑规模的发展情景设立了低情景、中等情景和高情景。在低情景下,建筑面积峰值为789亿m^2,达峰时间为2034年,之后逐步下降到2060年的665亿m^2;在中等情景下,建筑面积峰值为844亿m^2,达峰时间为2038年,之后逐步下降到2060年的754亿m^2;在高情景下,建筑面积峰值为916亿m^2,达峰时间为2041年,之后逐步下降到2060年的828亿m^2。

4.2 民用建筑建材消耗量及能耗测算

建材作为建筑最主要构成,是建筑的基础,建材用量的多少既影响建筑总量投资也直接影响到建筑领域碳排放总量测算。我国城镇化的飞速发展导致对建材、钢铁等产品的极旺盛需求，目前我国建材产品的 90%，钢铁产品的 70% 都用于房屋建造和基础设施建造，其中用于房屋建造约占一半以上。建筑材料生产过程中会产生大量碳排放，《中国建筑能耗研究报告（2020 年）》中显示：2018 年全国建筑全过程能耗总量为 21.47 亿 tce，占全国能源消费总量比重为 46.5%；全国建筑全过程碳排放总量为 49.3 亿 t，占全国碳排放的比重为 51.3%。其中建材生产阶段能耗为 11 亿 tce，碳排放量为 27.2 亿 t，占全国能源消费总量的 23.8%[3]。因此对建筑建材消耗量、建材生产能耗和碳排放进行相关核算十分必要。

4.2.1　建材消耗量测算

我国建筑业将主要建筑材料界定为钢材、木材、水泥、玻璃、铝材和建筑卫生陶瓷。根据《中国建筑业统计年鉴》中的全国建筑业企业建筑材料消耗量相关数据，发现近五年水泥消耗量最大，然后依次为玻璃、钢材、木材和铝材，且这五类建材的总体消耗量呈不断上升趋势。通过比较建材消耗量和建材能耗情况，钢材是影响民用建筑建造能耗最主要的材料，水泥基材料（具体产品包括混凝土及其构件、砂浆、砌块等，所用原材料包括水泥、砂石骨料、矿物掺合料）位列第二，建筑卫生陶瓷和玻璃位列第三。考虑到铝材在民用建筑领域内的整体消耗量较少，本书未将铝材列入研究范围，同时，考虑到木材虽在《中国建筑业统计年鉴》中作为主要建筑材料，但其在整个民用建筑建造能耗中的占比较小，也未列入研究范畴[4]。因此本书最终确定民用建筑用材数据采集指标为钢材、水泥、平板玻璃和建筑卫生陶瓷四类。

由于现有统计资料中，民用建筑建材消耗量没有进行单独统计，数据不可直接获取。因此，本书利用《中国统计年鉴》中可获得各类建筑材料的产量，然后采用投入产出法对建筑领域建材用量进行测算，最后再利用民用建筑与工业建筑的关系，将建材数量细分到民用建筑领域。即：第一步，考虑到建材的生产量和进出口量，在去除建材运输等损耗后，可以计算出建材的表观消费量。第二步，表观消费量减去工业领域用量后得到建筑领域的建材消耗量，利用投入产出表得到的计算关系，计算出房屋建筑领域的建材消耗量。第三步，根据民用建筑与工业建筑的面积比例得到民用建筑建材消耗量。具体思路如下：

在上述测算基础上，将全国民用建筑建材消耗量分配到各省民用建筑建材消耗量。本测算方法需要用到的基础数据有各类建筑材料的生产量、进出口量、投入产出系数和面积等（图 4-5）。

第4章 民用建筑建材消耗量及碳排放

图 4-5 基于投入产出法的建筑用材数据测算示意图

（1）建材消耗量计算模型

1）水泥消耗量测算

水泥表观消费量 = 水泥产量 + 水泥进口量 − 水泥出口量 − 水泥损耗量

建筑工程水泥用量 = 水泥表观消费量 − 特种水泥产量

房屋建筑领域水泥用量 = 建筑工程水泥用量 × 投入产出系数

根据中国建筑材料联合会的跟踪、监测及相关调研，水泥在库存和运输过程中的损耗占水泥产量的 2%~3%，综合各种因素，计算过程中按 2.5% 损耗量进行计算。从水泥产品最终消费领域看，我国水泥产品绝大部分最终用于建筑工程，此外，还有部分特种水泥用于油井、海工、矿山等领域。根据国家统计局数据及中国建筑材料联合会跟踪监测，2000 年以来，特种水泥产量占全国水泥产量的比重持续保持在 5% 左右。

除直接应用于建筑工程中，水泥产品还通过混凝土、水泥制品等终端产品应用于建筑工程中。受限于我国现有统计体系，难以从供给侧或需求侧直接统计出水泥直接消费量及通过水泥制品间接消费的水泥数量。本书根据投入产出表进行计算水泥产品在房屋建筑、土木工程、其他建筑业中的消费比例。

根据国民经济核算需要，《中国投入产出表》每隔 2~3 年进行修订并公布，在间隔年份，水泥产品在建筑业中的消费比例可根据当年建筑业产值构成、水泥及水泥制品产品结构、价格等因素变化进行综合测算。2000~2019 年水泥消费量在建筑业中的消费比例关系如表 4-2 所示。

利用竣工面积，将房屋建筑中的民用建筑和厂房仓库类建筑进一步分离出来。2000~2019 年民用建筑及厂房仓库用水泥消耗量如表 4-3 所示。

2）玻璃消耗量测算

平板玻璃消耗量测算分为平板玻璃表观消费量计算和建筑领域平板玻璃消耗量两

建筑业中水泥产品消费构成   表 4-2

年度	房屋建筑	土木工程	建筑安装和建筑装饰及其他建筑业
2001	79.30%	11.82%	8.88%
2002	77.15%	13.35%	9.50%
2003	74.56%	19.55%	5.88%
2004	72.34%	20.07%	7.59%
2005	72.44%	21.25%	6.32%
2006	72.98%	20.91%	6.11%
2007	72.95%	20.85%	6.20%
2008	72.17%	21.59%	6.24%
2009	70.59%	23.59%	5.83%
2010	71.28%	22.90%	5.83%
2011	73.71%	20.70%	5.59%
2012	75.49%	19.43%	5.08%
2013	75.49%	19.35%	5.16%
2014	75.63%	19.34%	5.02%
2015	73.30%	21.52%	5.17%
2016	70.97%	23.71%	5.32%
2017	68.64%	25.89%	5.47%
2018	67.83%	27.08%	5.09%
2019	66.75%	27.83%	5.42%

注：本表由《中国投入产出表》数据整理得来。

民用建筑及厂房仓库用水泥使用量   表 4-3

单位：万 t

年度	民用建筑消耗量	厂房仓库消耗量
2001	36971	11150
2002	39970	11460
2003	46987	12184
2004	50937	13725
2005	57946	11995
2006	67409	13347
2007	74030	15317
2008	77219	15630
2009	89553	16953
2010	103009	19757
2011	119343	22706

续表

年度	民用建筑消耗量	厂房仓库消耗量
2012	131425	22130
2013	145012	23778
2014	149357	23405
2015	137585	20806
2016	137356	19593
2017	127767	18425
2018	122457	18469
2019	129009	18916

部分内容。其中：

平板玻璃表观消费量 = 平板玻璃产量 + 建筑技术玻璃进口量 –

建筑技术玻璃出口量 – 损耗量

根据中国建筑材料联合会监测和调研，平板玻璃产品综合损耗率约占产量的15%。

平板玻璃产品主要应用于建筑和工业这两个领域。其中，工业领域应用相对比较集中，主要用于车辆、显示屏幕基板、光伏、家具等领域，根据《光伏真空玻璃》GB/T 34337—2017、《汽车安全玻璃》GB 9656—2003等玻璃产品和玻璃应用产品标准以及实际调查研究综合可测算出工业领域消费的平板玻璃数量，再根据玻璃表观消费量即可计算出建筑用平板玻璃产量。民用建筑及工业生产用平板玻璃消耗量如表4-4所示。

3）建筑卫生陶瓷消耗量测算

建筑卫生陶瓷产品主要应用于民用建筑，其他领域应用很少，因此陶瓷砖和卫生陶瓷的表观消费量与民用建筑消耗量极为接近。其损耗主要存在于运输搬运等过程中，根据中国建筑材料联合会的监测、调研等，陶瓷砖综合损耗率约为产量的1%。陶瓷砖及卫生陶瓷在民用建筑消耗量如表4-5所示。

4）钢材消耗量测算（表4-6）

钢材表观消费量 = 钢材产量 + 钢材进口量 – 钢材出口量

房屋建筑领域钢材消耗量 = 钢材表观消费量 × 投入产出系数

5）分省建筑材料消耗量测算方法

由于投入产出表的统计是在全国范围内进行的，并无分省的相关投入产出比例，因此无法利用投入产出分析得到各省民用建筑用材量，故而考虑选择用面积指标进行分摊。

民用建筑及工业生产用平板玻璃使用量　　　　　　　　　　表 4-4

单位：亿 m^2

年度	民用建筑消耗量	工业生产消耗量
2001	8.57	0.86
2002	9.32	0.97
2003	10.10	1.07
2004	11.96	1.30
2005	14.79	1.61
2006	16.48	1.92
2007	19.18	2.28
2008	20.47	2.43
2009	20.67	3.39
2010	23.56	4.46
2011	27.22	5.21
2012	23.05	6.08
2013	25.35	6.83
2014	24.83	8.30
2015	19.11	9.25
2016	19.30	10.81
2017	18.68	12.30
2018	18.95	12.63
2019	18.00	14.72

民用建筑用陶瓷砖及卫生陶瓷使用量　　　　　　　　　　表 4-5

年度	民用建筑卫生陶瓷消耗量（万件）	民用建筑陶瓷砖消耗量（万 m^2）
2001	4475	180154
2002	4051	178783
2003	4291	222131
2004	4496	294777
2005	4486	374422
2006	5122	427251
2007	7355	519742
2008	8403	552693
2009	10491	603244
2010	11111	730313
2011	11684	822152
2012	10418	815933
2013	11073	916917

续表

年度	民用建筑卫生陶瓷消耗量（万件）	民用建筑陶瓷砖消耗量（万 m²）
2014	9885	966901
2015	12475	1012408
2016	13933	1060931
2017	14160	1047035
2018	12842	870343
2019	12415	926879

民用建筑钢材消耗量测算结果　　　　表 4-6

年度	建筑业表观消费量（万 t）	钢材投入产出系数（%）	房屋建筑领域钢材消费量（万 t）	民用建筑钢材消耗量（万 t）
2001	4679.44	65.66	3072.52	2710.27
2002	5917.78	62.91	3722.88	3215.45
2003	7748.41	62.02	4805.56	4031.39
2004	9916.03	59.34	5884.17	4838.97
2005	14751.29	59.45	8769.64	7138.58
2006	19285.02	60.15	11599.94	9443.98
2007	23999.58	60.01	14402.15	11646.42
2008	25057.29	59.19	14831.41	12056.45
2009	29810.70	57.69	17197.79	14305.56
2010	34282.97	58.44	20034.97	16623.41
2011	37587.78	61.23	23015.00	19297.59
2012	39936.58	64.54	25775.07	21906.93
2013	45169.87	64.07	28940.33	24895.47
2014	47011.25	64.44	30294.05	26188.67
2015	45785.87	64.15	29371.64	25513.12
2016	46752.51	63.82	29837.45	26112.32
2017	51216.98	64.29	32927.40	28777.48
2018	55770.18	61.75	34438.08	29966.20
2019	57415.77	62.07	35637.97	31080.29

基础建筑规模数据类型包含建筑施工面积、建筑竣工面积两种类型，在进行分摊计算时需利用到相应的比例。由于不同材料使用在施工项目的不同阶段，水泥和钢材在项目的施工阶段都已投入使用，因此这两类材料分摊按照施工面积进行，而玻璃和陶瓷则大多在项目竣工阶段使用较多，这两类材料则按照竣工面积比例计算各省的建筑材料消耗量。

根据《中国固定资产投资统计年鉴》中各省房地产开发竣工面积（可细分为居住建筑和公共建筑）计算得到各省竣工面积占全国的比例，测算得到全国各省市民用建筑建材消耗量数据。

（2）民用建筑建材消耗量结果

汇总上述建材测算的结果，房屋建筑领域建材消耗量的结果如表4-7所示。

房屋建筑领域建材使消耗用量　　　　　　　表4-7

年度	房屋建筑水泥消耗量（万t）	房屋建筑平板玻璃消耗量（万m²）	房屋建筑陶瓷砖消耗量（万m²）	房屋建筑卫生陶瓷消耗量（万件）	房屋建筑钢材消耗量（万t）
2001	48121	85673	180154	4475	3073
2002	51430	93199	178783	4051	3723
2003	59171	100959	222131	4291	4806
2004	64662	119624	294777	4496	5884
2005	69941	147879	374422	4486	8770
2006	80756	164754	427251	5122	11600
2007	89347	191820	519742	7355	14402
2008	92849	204664	552693	8403	14831
2009	106506	206691	603244	10491	17198
2010	122766	235648	730313	11111	20035
2011	142049	272232	822152	11684	23015
2012	153554	230492	815933	10418	25775
2013	168790	253490	916917	11073	28940
2014	172762	248304	966901	9885	30294
2015	158391	191091	1012408	12475	29372
2016	156949	193016	1060931	13933	29837
2017	146192	186795	1047035	14160	32927
2018	140925	189482	870343	12842	34438
2019	147925	179995	926879	12415	35638

4.2.2　分类建材消耗量分析

（1）水泥消耗量

如图4-6所示，全国民用建筑水泥使用量自2001年成逐渐上升趋势，2014年达到最大值149357万t，2014年后有所下降，但下降趋势渐缓，2019年又开始出现上升趋势。其中山东省占比最大，其次为广东省、江苏省，山东省和广东省整体除2015年到2016年有短暂的下降，基本上呈逐年上升趋势，江苏省自2001年呈逐渐上升趋势，2015年后开始下降，但2019年又开始上升。

第4章 民用建筑建材消耗量及碳排放

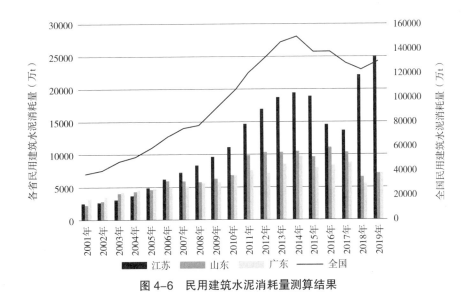

图4-6 民用建筑水泥消耗量测算结果

（2）平板玻璃消耗量

如图4-7所示，全国民用建筑平板玻璃消耗量自2001年呈逐渐上升趋势，2011年达到最大值272232万 m^2，2011年到2014年整体变化不大，2014年后有所下降，2015年到2019年大致呈持平状态。其中江苏省占比最大，其次为山东省、浙江省，江苏省和浙江省的消耗量趋势大致相同，2011年前呈逐年上升趋势，2011年到2016年有短暂的下降，2016年后又开始出现上升趋势，山东省2011年前呈逐年上升趋势，2011年后开始下降。

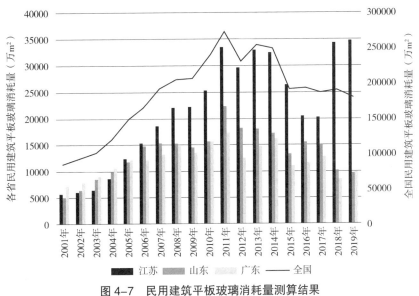

图4-7 民用建筑平板玻璃消耗量测算结果

（3）建筑卫生陶瓷消耗量

如图 4-8 所示，全国民用建筑陶瓷砖消耗量自 2001 年呈逐渐上升趋势，2016 年达到最大值 1060931 万 m^2，2016 年后有所下降，2019 年又开始出现上升趋势。其中山东省占比最大，其次为广东省、江苏省，山东省除 2015 年到 2016 年有短暂的下降，整体呈逐渐上升趋势，江苏省和广东省使用量趋势大致相同，除 2018 年有短暂的下降，整体呈逐渐上升趋势。

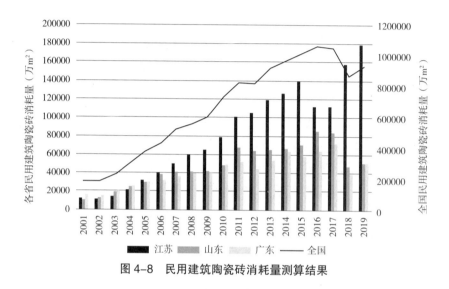

图 4-8 民用建筑陶瓷砖消耗量测算结果

图 4-9 所示为民用建筑卫生陶瓷消耗量的变化趋势，自 2001 年开始逐年增长，但是 2011~2014 年间消耗量有所下滑，之后又呈现出上升趋势。在省份层面，江苏省每年的消耗量最多，山东省和广东省每年的消耗量差距不大，与全国总趋势保持一致。

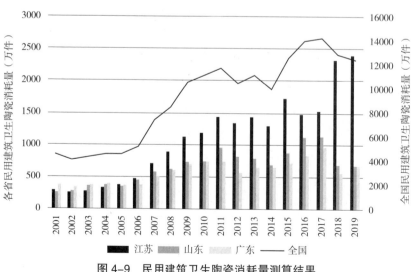

图 4-9 民用建筑卫生陶瓷消耗量测算结果

(4)钢材消耗量

如图 4-10 所示,民用建筑钢材消耗量除 2015 年后较前一年下降外,整体呈逐年上升趋势,2019 年达到最大值 31080 万 t。其中江苏省占比最大,其次为山东省、浙江省,江苏省和浙江省的消耗量趋势大致相同,2014 年前呈逐年上升趋势,2014 年到 2016 年逐渐下降,2016 后又开始上升,山东省 2014 年前呈逐年上升趋势,2019 年后开始下降。

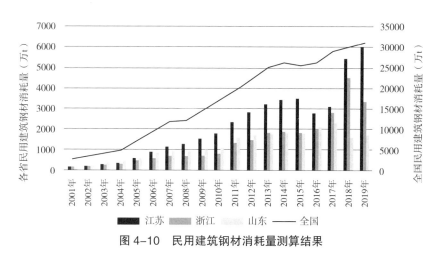

图 4-10 民用建筑钢材消耗量测算结果

4.2.3 建材生产能耗测算

(1)研究边界及能耗计算方法

1)研究边界

广义建筑能耗指建筑在全生命周期产生的能源消耗,包括建筑物化生产阶段能耗、建筑运行阶段能耗和建筑拆除阶段能耗。本书所研究内容是为了解建材行业的具体情况,仅涉及建筑物化生产阶段。民用建筑建材生产能耗指在民用建筑物化生产阶段消耗的建筑材料本身在其工业生产过程中产生的能源消耗。

2)能耗计算方法

由于没有直接采集民用建筑建材生产能耗数据的渠道和方法,只能利用已有的渠道推算出民用建筑建材生产能耗数据。民用建筑建材生产能耗数据采集最直接的方式是利用民用建筑建材消耗量与单位产品生产时的综合能耗限定值的乘积表示。

$$E_p = \sum_i M_i E_i \tag{4-7}$$

式中 M_i——第 i 类建筑材料的消耗量;

E_i——第 i 类建筑材料的单位产品综合能耗。

钢铁水泥单位产品综合能耗 表 4-8

单位：kgce/t

年份	钢铁综合能耗	水泥
2001	750	114
2002	731	114
2003	726	114
2004	694	114
2005	694	109
2006	640.25	109
2007	628.22	109
2008	626.92	98
2009	615.4	98
2010	605	98
2011	600	98
2012	603.67	98
2013	591.72	98
2014	584.3	93
2015	573.73	93
2016	585.33	93
2017	570.51	93
2018	555.24	93
2019	553.66	93

其中，单位产品生产综合能耗可以从相应产品生产的能源消耗限额中查找，但是民用建筑材料生产量数据不易获得。

由于单位产品综合能耗数据的来源不同，水泥单位产品综合能耗根据 2000 年以来《水泥单位产品能源消耗限额标准》GB 16780 历次版本综合核定。钢材根据前往冶金工业规划研究院调研数据确定（表 4-8）。

（2）能耗测算结果

1）总体能耗分析

通过建材能耗的计算结果可以发现，自 2004 年以来，建材生产能耗持续增长，其中 2008~2014 年属于高速增长阶段，2015 年以后由于节能减排政策的各项出台，民用建筑建材生产的总能耗在逐渐下降，但总耗能依旧巨大。

各类建材的生产能耗中钢材依旧保持首位，水泥次之。这两类建材不仅用量大且能耗高，因此对这两类建材进行严格控制，对提高能效、实现碳达峰有重要意义。平板玻璃和陶瓷砖的能耗相对较小，但由于用量比较多，总能耗也能达到约 5000 万 tce。可见这四类建筑材料整体上有巨大的碳减排、节能潜力，研究价值高（图 4-11）。

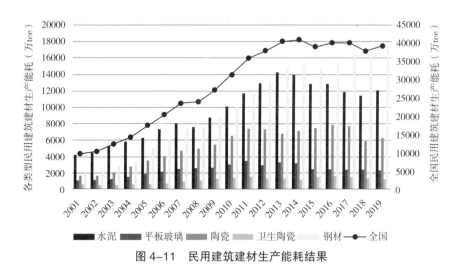

图 4-11　民用建筑建材生产能耗结果

近三年来，各省市的建材生产能耗如图 4-12 所示，高耗能区域地理分布明显集中在建设需求量较大、经济较为发达的东部沿海地区和中部地区，而西北地区则耗能较小。

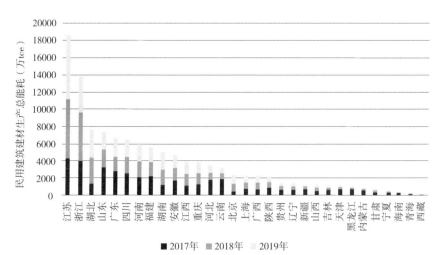

图 4-12　近三年各省市建材生产能耗情况

2）各省市能耗分析

根据得到的各分省建筑能耗，选取 2017~2019 三年的数据进行分析，同时对三年建材生产能耗总和进行分析，其中江苏、山东、广东、浙江、河南、四川、安徽、重庆、湖南基本每年都保持在前列，对建材生产能耗的贡献约占到全国的 60%，可以看出来，东部沿海地区建设需求较大，每年的建材生产能耗都保持在前3名，西北地区的建设量较小，因此每年的建材生产能耗排在末端（图4-13）。

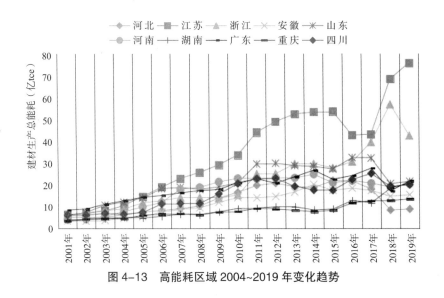

图4-13 高能耗区域2004~2019年变化趋势

4.3 民用建筑建材碳排放预测

4.3.1 碳排放核算方法及结果

（1）碳排放核算方法及研究边界

二氧化碳排放量测算采用碳排放因子法。《中国建筑节能年度发展研究报告2019》中民用建筑的建造碳排放指民用建筑在建材生产、建材运输以及建筑施工三个阶段的能源消耗所导致的二氧化碳排放。基于用能信息指标中测算得到的建材生产能耗总量、建材运输能耗总量、建筑施工能耗总量、建筑运行能耗及对应的建筑常用能源碳排放因子得到各项碳排放量的核算方式，具体为：

建材生产碳排放总量 = 建材消耗量 × 建材碳排放因子

建筑施工碳排放总量 = 建筑施工各能源消耗量 × 能源碳排放因子

其中，能源碳排放因子以《建筑碳排放计算标准》GB/T 51366—2019为准。

建材运输碳排放的计算需要大量的数据基础，运输距离复杂多变且难以确定，计算起来比较困难，对比建材生产能耗与碳排放，建材运输碳排放的总量较小。建筑施工碳排放指建筑在施工阶段由于各类机械运行而产生的碳排放，与建材无关。基于此，为简便起见本书仅考虑建材生产阶段产生的碳排放。

(2)碳排放测算结果

根据上述计算方法,可以得出民用建筑建材生产阶段碳排放总量及水泥、平板玻璃、陶瓷、钢材各分类建筑材料的碳排放量。其中,江苏省、山东省、广东省、浙江省是碳排放量排名靠前的4个省。

水泥的碳排放总体呈现上升趋势,在2014年最高达到10.98亿t。其中江苏省的碳排放一直保持高位,但是2018年与2019年被江苏省反超(图4-14)。

平板玻璃的用量大,属于主要建筑材料之一,其能耗与碳排放排在所有建筑材料中的第四位。虽然与水泥的碳排放不在一个量级上,但是总碳排放也达到1000万t以上,不容忽视。江苏省同样是其消耗大省,常年稳居第一位,但是2018年与2019年被山东省反超,这与其省域经济的发展紧密相关(图4-15)。

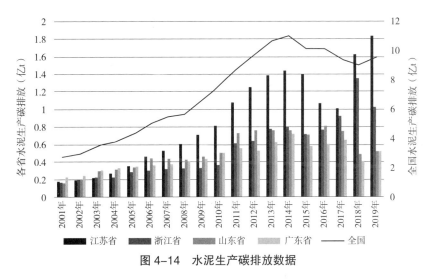

图4-14 水泥生产碳排放数据

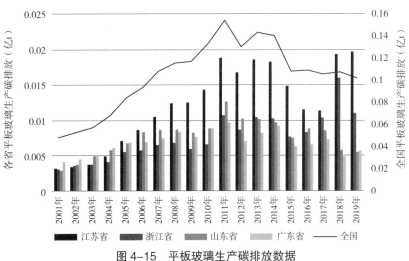

图4-15 平板玻璃生产碳排放数据

建筑卫生陶瓷的碳排放一直保持增长，属于主要的建筑材料之一。陶瓷砖的碳排放一直在稳定增长，其碳排放总量最高能够达到 1.76 亿 t（图 4-16），卫生陶瓷的碳排放量也超过 3000 万 t（图 4-17）。其中江苏省的建筑卫生陶瓷碳排放量居全国首位。

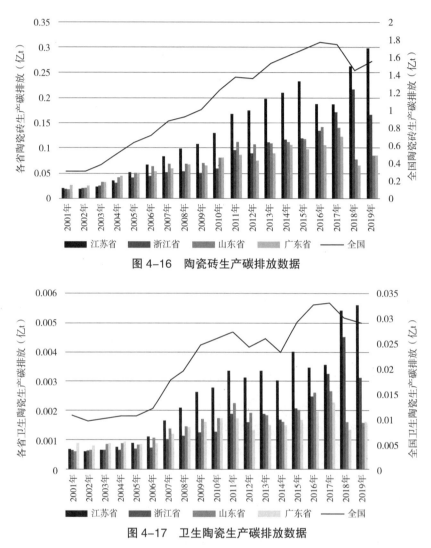

图 4-16　陶瓷砖生产碳排放数据

图 4-17　卫生陶瓷生产碳排放数据

建筑用钢是建筑材料中第二大碳排放源，其排放量一直保持增长趋势，排放量能达到 6.37 亿 t。江苏省属于用钢大省，碳排放量一直保持在全国的第一位，能达到 6000 万 t（图 4-18）。

建材生产碳排放量从 2001 年到 2014 年持续增长，2015 年起逐渐保持稳定。四类主要建筑材料中，水泥产生的碳排放量最多可达到 10.78 亿 t，其次是建筑用钢的碳排放量能达到 6 亿 t，陶瓷和平板玻璃的碳排放量相较水泥和钢材较少，但是仍分别超过 1 亿 t 和 1000 万 t，且保持逐年增长的态势，因此属于主要建筑材料（图 4-19）。

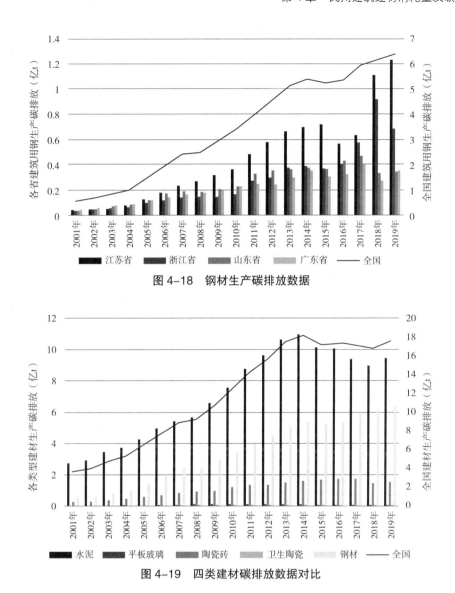

图 4-18 钢材生产碳排放数据

图 4-19 四类建材碳排放数据对比

在民用建筑建材生产碳排放分省比较中，江苏省、山东省、广东省排名前三。这三个省份的碳排放量能够达到全国的25%以上，属于建材消耗大省。江苏省建材生产碳排放量有所起伏，但总体保持上涨趋势。山东省建材生产碳排放量稳定增长，近几年甚至赶超江苏省成为建材生产碳排放量第一大省。广东省建材生产碳排放总量也在逐步增长（图 4-20）。

4.3.2 碳排放影响因素分析

（1）影响因素选取

近些年来，不少学者对建筑碳排放的研究较多，搜集整理了曾获、蔡伟光等近40

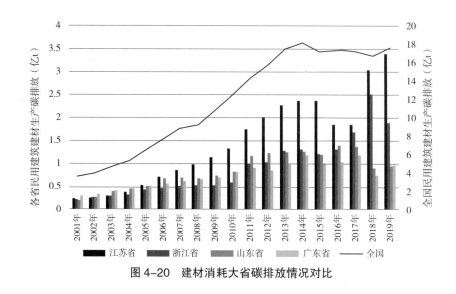

图 4-20 建材消耗大省碳排放情况对比

位学者对碳排放影响因素、建筑碳排放影响因素及建筑能耗影响因素的相关研究成果，将其选取的影响因素频率汇总如图 4-21 所示。图中汇总了对建筑能耗、建筑碳排放的影响因素，其中频率较高的为经济发展、城镇化率、人口、能源结构等，但因较多学者研究的为对建筑整体碳排放的影响，很少聚焦于对建材生产碳排放的影响。因此，本研究在选取影响因素时仅做参考。

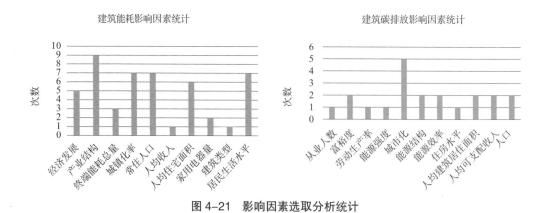

图 4-21 影响因素选取分析统计

根据上述文献统计结合建材碳排放的独特性，选取人口、建筑规模、人均 GDP、工业增加值、碳排放强度 5 个对建材碳排放较为关键的影响因素进行分析。

1）人均 GDP

我国的人均 GDP 从 2001 年的 8717 元增长到了 2019 年的 70328 元，增长了 8 倍之多，其增长趋势如图 4-22 所示。经济的增长促进了社会各行各业的发展，经济增长带来了更多的社会资产投资，消耗更多的能耗产生了更多的碳排放，同时人民的生活

第 4 章 民用建筑建材消耗量及碳排放

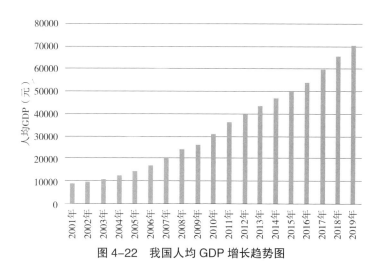

图 4-22 我国人均 GDP 增长趋势图

水平也不断提高，生活能源的消耗量增大，从而产生了更多的碳排放。高璐（2020）通过单位根检验、协整检验、格兰杰因果关系检验等方法验证了陕西省工业碳排放与经济增长的长期均衡关系[5]，杜强（2017）运用 Tapio 弹性脱钩模型对碳排放与行业的经济发展的关系进行了定量分析[6]，赵爱文（2012）[7]、陈雅（2016）[8]、王凯（2018）[9]等诸多学者对不同行业的经济发展与碳排放的关系进行了相关研究，均发现经济增长是导致碳排放增加的影响因素，但随着时间的变化，经济增长与碳排放的脱钩关系却在不同行业有着不同的差异。因此，本书选取人均 GDP 作为影响民用建筑碳排放的经济因素之一。

2）建筑规模

如前文所述，我国建筑规模增长迅速。建筑面积的增长需要消耗大量的建筑材料投入才能保证每年的竣工面积与施工面积。建筑规模从 2001 年的 351 亿 m^2 发展到现在的 667 亿 m^2。因此本书选取建筑规模作为建材碳排放的影响因素之一。

3）人口

我国人口总量从 2001 年的 12.76 亿增长到了 2019 年的 14.1 亿，17 年间增加了 1.34 亿人，如图 4-23 所示，人口的增加必然会带来能源的消耗，进而产生更多的碳排放。IPCC 第四次报告也证明了人类活动的影响已成为变暖的原因之一。人口对能源及碳排放存在多方面的影响：一是人口总量的增加势必带来能源需求量的增加，导致碳排放量的增加，王峰（2017）通过空间杜宾面板模型验证了人口规模对碳排放的显著影响效应[10]；二是人口年龄结构，田成诗（2015）基于扩展的随机 STIRPAT 模型考察了人口年龄结构对碳排放的影响，结果发现 30~44 岁人口对碳排放的影响最大[11]；

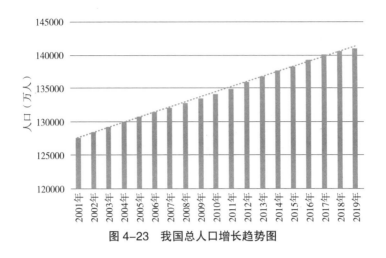

图4-23 我国总人口增长趋势图

三是家庭规模,胡振(2020)基于2016年"中国家庭追踪调查"(CFPS)数据验证了常住人口家庭规模与年龄结构对城市家庭用电的影响[12]。王馨珠(2019)[13]、杨艳芬(2016)[14]等人研究均发现人口对民用建筑的碳排放起到正向的影响,因此本书选用总人口作为影响因素之一。

4)房屋工程建筑总产值

自2006年以来,我国固定资产投资保持增长,全国房屋建筑工程施工项目持续增加,施工面积一直呈上升趋势。建筑业与建材之间的关系密不可分,同属于同一个大产业链。我国将近80%的建材产品生产后用于建筑业,其中用于房屋建筑的占到35%以上,因此建材生产碳排放与房屋工程建筑产值存在相关关系。因此,本书考虑将房屋工程建筑总产值纳入其中。

5)碳排放强度

城镇化率的飞快提升会导致大量的民用建筑建设,大量提升我国现有建筑面积,因此,城镇化率会导致建材使用的增加,对建材碳排放量的增长有促进作用。因此,本书将城镇化率作为建材碳排放的影响因素之一进行分析。

(2)STIRPAT模型构建与拟合

根据IPAT理论及所选取的城镇居住建筑碳排放影响因素,本书将STIRPAT模型中的人口数量代表人口因素,将富裕程度分解为人均GDP和房屋工程建筑产值两个因素,用碳排放强度来表征技术因素,最后补充了一个其他因素建筑面积。据此公式可拓展为:

$$\mathrm{Ln}I = a + b(\ln P) + c(\ln A1) + d(\ln A2) + e(\ln T) + f(\ln M) + \ln g \quad (4-8)$$

其中I代表建材生产碳排放量,P代表人口数量,$A1$代表人均GDP,$A2$代表房屋工程建筑产值,T代表单位GDP建材碳排放强度,M代表民用建筑面积。a为常数项,

g 为残差，b、c、d、e、f 为各因素的弹性系数，表示当 P、$A1$、$A2$、T、M 每变化 1% 时，分别引起 I 的 $b\%$、$c\%$、$d\%$、$e\%$ 和 $f\%$ 变化（表 4-9）。

建材碳排放各影响因素面板数据　　表 4-9

年份	建材碳排放量（万 t）	人口（万人）	人均 GDP（元）	房屋工程建筑总产值（亿元）	碳排放强度（t/万元）	民用建筑实有面积（亿 m²）
2001	36314.96	127627	8717	10086.01	0.3276	351.25
2002	39565.14	128453	9506	11657.01	0.3251	371.92
2003	47165.45	129227	10666	14316.85	0.3432	386.61
2004	53043.27	129988	12487	17221.16	0.3278	402.11
2005	64392.95	130756	14368	20540.35	0.3438	418.32
2006	77063.73	131448	16738	24997.76	0.3512	433.63
2007	88188.50	132129	20494	30660.94	0.3265	447.88
2008	92018.02	132802	24100	36720.74	0.2882	464.32
2009	106595.48	133450	26180	44308.67	0.3059	487.31
2010	123529.20	134091	30808	56117.76	0.2997	504.70
2011	142764.88	134916	36277	71075.95	0.2926	522.30
2012	156625.07	135922	39771	87133.84	0.2908	543.11
2013	174563.56	136726	43497	102285.92	0.2944	563.07
2014	181182.35	137646	46912	113880.09	0.2815	581.01
2015	171639.27	138326	49922	115958.22	0.2492	598.42
2016	173551.43	139232	53783	123537.4	0.2325	614.85
2017	171706.10	140011	59592	135703.53	0.2064	627.78
2018	167285.09	140541	65534	148829.53	0.1820	643.83
2019	175261.82	141008	70328	154197.59	0.1777	667.30

注：人口、人均 GDP、房屋工程建筑产值数据来源《中国统计年鉴》。

从影响因素的选取中可以看出几个自变量之间存在较强的共线性，用简单的回归会影响最终的碳排放预测结果，因此在进行 STIRPAT 模型多元线性回归之前，首先诊断其共线性情况。本书采用方差膨胀系数（VIF）对上述模型中的因素变量进行相关性度量，以判断是否存在多重共线性。VIF 计算公式：

$$VIF_j = (1-R^2)^{-1} \tag{4-9}$$

式中，VIF_j 代表影响因素 j 的方差膨胀因子，R 代表所得到 STIRPAT 多元线性回归模型的决定系数。在能源经济环境领域普遍认为，若 $VIF_j \geq 10$，即 $(1-R^2)^{-1} \geq 10$，经计算可得 $R^2 \geq 0.9$，则视当前影响因素间存在很强的多重共线性，当存在上述计算结果，根据前文分析将不能再使用 OLS 完成下一步计算。

本书为检验影响因素参数之间的多重共线性，基于 SPSS25.0 软件对模型进行 VIF

计算，得出的计算结果如表4-10所示。根据 VIF 检验可知，五个影响因素的 VIF 值均大于10，分别为95.135（人口）、332.313（人均GDP）、445.658（房屋工程建筑产值）、11.082（碳排放强度）和290.591（建筑面积）。因此，各影响因素之间具有严重的多重共线性不能使用OLS进行回归拟合。

建材碳达峰影响因素分析模型多重共线性检验　　表4-10

	未标准化系数		标准化系数	t	显著性	共线性统计	
	B	标准错误	Beta			容差	VIF
常量	3.337	3.880		0.860	0.405		
P	−0.132	0.351	−0.007	−0.375	0.713	0.011	95.135
$A1$	0.939	0.030	1.158	31.308	0.000	0.003	332.313
$A2$	0.042	0.026	0.070	1.626	0.128	0.002	445.658
T	0.962	0.018	0.359	53.130	0.000	0.090	11.082
M	0.152	0.097	0.054	1.559	0.143	0.003	290.591

基于上文分析，本书拟采用改良的最小二乘估计法进行后续的回归拟合计算，通过岭回归的计算方法来消除影响因素间多重共线性带来的影响。岭回归通过放弃自变量的部分信息，进行有偏回归估计，虽然使得计算结果精度稍微降低，但可有效消除共线性带来的影响，因此可以得到更贴近现实的可靠计算结果。回归后得到拟合岭迹图，如图4-24所示。

据图可以看出，当 $K=0.20$ 时，各自变量的回归系数趋于稳定，对应的标准化回归方程为：

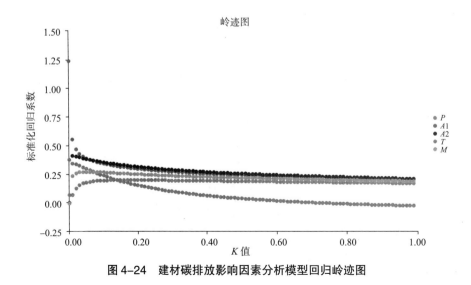

图4-24　建材碳排放影响因素分析模型回归岭迹图

$$\text{Ln}I=-37.045+3.366\ln P+0.274\ln A1+0.2101\ln A2+0.626\ln T+0.735\ln M \quad (4\text{-}10)$$

其中，拟合系数见表4-11，调整后 R^2 为0.963，拟合效果很好。

对模拟的方程进行方差检验，可知 $F=69.049$，$sig<0.05$，故在显著性水平0.05的水平下通过方差检验（表4-12）。

模型汇总　　　　　　　　　　　　　　　　　　表4-11

样本量	R^2	调整 R^2	模型误差
14	0.988	0.984	0.059

方差分析　　　　　　　　　　　　　　　　　　表4-12

	平方和	df	均方	F	p值
回归	5.553	5	1.111	219.891	0.000
残差	0.066	13	0.005		
总计	5.619	18			

回归分析结果　　　　　　　　　　　　　　　　表4-13

	非标准化系数		标准化系数	t	p	R^2	调整 R^2	F
	B	标准误	Beta					
常数	−37.045	3.728	−	−9.936	0.000**	0.988	0.984	$F(5, 13)$ =219.891, $p=0.000$
P	3.366	0.312	0.191	10.803	0.000**			
$A1$	0.274	0.016	0.337	17.423	0.000**			
$A2$	0.210	0.011	0.35	18.789	0.000**			
T	0.626	0.103	0.234	6.079	0.000**			
M	0.735	0.039	0.262	18.622	0.000**			

注：** 代表1%显著性水平。

对模型预测的准确率进行分析，计算预测因变量与实际因变量之间的误差（表4-14、图4-25）。

由上述分析可见，除个别年份外，误差基本控制在10%以内，方程的拟合效果可以用来预测未来建材碳排放量的变化趋势。

4.3.3 情景设置与碳排放预测

（1）碳排放情景假设

设定三种建材生产碳排放未来的发展情景模式，即低速、基准、高速发展模式。低速发展模式即社会经济发展较慢，人口增长缓慢，技术进步速度较慢，城镇化速度

建材碳排放量预测值与实际值的误差   表 4-14

年份	建材碳排放量（万t）	方程拟合数据（万t）	误差（%）
2001	38566.65	36314.96	6.20
2002	43183.73	39565.14	9.15
2003	50546.5	47165.45	7.17
2004	55961.26	53043.27	5.50
2005	65290.06	64392.95	1.39
2006	75149.54	77063.73	−2.48
2007	82549.63	88188.50	−6.39
2008	86593.16	92018.02	−5.90
2009	100725.8	106595.48	−5.51
2010	113964.3	123529.20	−7.74
2011	129152.1	142764.88	−9.54
2012	145310.7	156625.07	−7.22
2013	162571.5	174563.56	−6.87
2014	172782.7	181182.35	−4.64
2015	169816.9	171639.27	−1.06
2016	175392.8	173551.43	1.06
2017	176661.9	171706.10	2.89
2018	176301.9	167285.09	5.39
2019	185199.8	175261.82	5.67

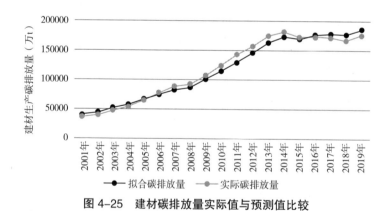

图 4-25 建材碳排放量实际值与预测值比较

较慢；基准发展模式下，上述指标增速或者调整速度都保持正常；高速发展模式下，各指标的发展速度都比较快。

指定基准年为 2019 年，预测 2020~2040 年的各参数值及碳排放量。结合前文因素，低速发展模式下，假定人口规模、人均 GDP、工业增加值、建筑面积等以低速发展，碳排放强度和能耗强度以低速下降；基准发展模式下，假定人口规模、人均 GDP、工业增加值、建筑面积等正常发展，碳排放强度和能耗强度下降速度正常；高速发展模式下，假定人口规模、人均 GDP、工业增加值、建筑面积等以高速发展，碳排放强度和能耗强度下降速度较快。情景假设时尽量结合政府的五年规划为发展阶段，分别为 2020~2025 年、2026~2030 年、2031~2035 年、2036~2040 年。结合不同情景发展，设定自变量的变化如下：

1）人口

截至 2019 年末，中国人口数量为 141008 万人，自 2016 年实施全面二胎政策后，新生儿童数量相比于以往有所增加。2016 年国务院颁布了《国家人口发展规划（2016~2030 年）》（以下简称《规划》），指出我国总和生育率目前长期保持在 1.5 左右，远低于 2.1 的正常更替水平，虽然在实施全面二胎政策后，生育率会呈现出短期增长趋势，但从较长的时间尺度来看，受生育成本提高、生育观念改变等因素影响，生育率预计依旧在正常更替水平下。陈友华[15]在其研究中表明，总体而言，"全面二孩"政策效果不彰，2018 年我国出生人口下降 200 万人，2019 年出生人口为 1465 万人，比 2018 年再降 58 万人，而 2020 年出生人口只有 1200 万人，比 2019 年减少 265 万人，降幅高达 18%，妇女总和生育率低至 1.3。2021 年 5 月 31 日，中共中央政治局会议听取"十四五"时期积极应对人口老龄化重大举措汇报，审议《关于优化生育政策促进人口长期均衡发展的决定》，党中央做出"三孩"生育政策。陈友华等通过出生率等影响因素的计算，发现受育龄妇女规模下降、生育率低迷、婚育年龄延后、二孩家庭基数较低、孩次递进比边际递减、生育意愿与生育行为趋同等多种因素的制约，"三孩"生育政策对我国出生人口与生育水平的预期影响将十分有限，无法对人口发展趋势产生根本性影响。因此《规划》指出中国人口总量将在 2030 年前后达到顶峰，之后便进入人口数量衰退阶段，人口总量在 2020 年达到 14.2 亿，在 2030 年峰值达到 14.5 亿。联合国经济和社会事务部人口司也对我国人口未来的发展趋势进行了研究，在其最新的《世界人口展望》中指出我国在 2030 年人口总数将达到 14.412 亿，2050 年跌至 13.645 亿人。而根据中国人口与发展研究中心发布《中国人口展望（2018）》所研究的结论，我国将在 2030 年迎来人口最多的时刻，人口数量将达到 14.4 亿，2050 年降至 13.7 亿左右。

本书根据上述相关机构的预测，采用"十三五"规划目标和中国人口与发展研究中心的研究作为基准情景，即中国人口在 2021~2030 年人口增长率保持在 2.09‰，在 2031~2040 年人口增长率保持在 -2.83‰。相对应的参照情景分为低速发展情景和高速发展情景，分别以基准情景增长率上下浮动 0.5‰，最终人口发展参数设定如表 4-15、图 4-26 所示。

人口因素发展情景设定　　　　　　　　　表 4-15

年份	2020~2030	2031~2060
低速发展情景	1.59‰	−3.33‰
基准发展情景	2.09‰	−2.83‰
高速发展情景	2.59‰	−2.33‰

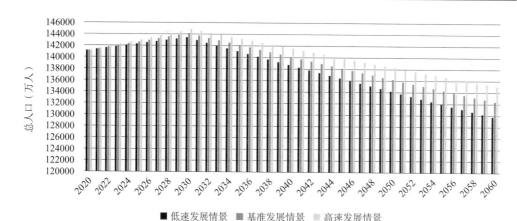

图 4-26　三种情景下人口发展变化趋势

2）人均 GDP

人均 GDP 的增长随着基数越大其增速越缓慢[16]。低速发展模式下，人均 GDP 增速较低，假设第一阶段人均 GDP 的年均增速为近五年的最低增速 7.32% 的一半，即 3.66%；第二阶段的年均增速为第一阶段年均增速的 50%，即为 1.83%；第三、第四阶段的年均增速为第二阶段年均增速的 50%，即 0.92%。

基准发展模式下，人均 GDP 增速适中，假设第一阶段人均 GDP 年均增速取近五年平均增速 8.96% 的一半，即 4.48%；第二阶段增速为第一阶段年均增速的 50%，即 2.24%；第三、四阶段增速则为前两个阶段年均增速的 50%，即 1.12%。

高速发展模式下，人均 GDP 增长迅速，则假设第一阶段人均 GDP 年均增速为近五年的最高增速 10.80% 的一半，即 5.4%；第二阶段增速为第一阶段的 50%，即 2.7%；第三、四阶段的增速为第二阶段的 50%，即 1.35%。人均 GDP 的发展设定如表 4-16、图 4-27 所示。

人均 GDP 发展情景设定　　　　　　　　　表 4-16

年份	2020~2025	2026~2030	2031~2035	2036~2040	2041~2060
低速发展情景	3.66%	1.83%	0.92%	0.92%	0.92%
基准发展情景	4.48%	2.24%	1.12%	1.12%	1.12%
高速发展情景	5.4%	2.7%	1.35%	1.35%	1.35%

第4章 民用建筑建材消耗量及碳排放

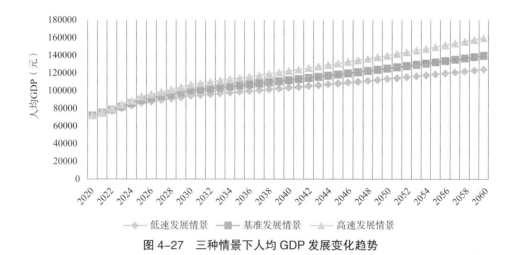

图 4-27 三种情景下人均 GDP 发展变化趋势

3）房屋工程建筑产值

房屋工程建筑产值的多少在很大程度上影响了使用建筑材料的多少，也会对建材碳排放量产生一定的影响。我国近些年来房屋工程建筑产值在持续增长，不过是增长率在逐渐减小。据此，设定未来房屋工程建筑总产值在基准发展情景下增长率为近五年增长率 6.3% 的一半，即 3.15%；在低速发展情景下，增长率为近五年来最低增长速度 1.82% 的一半，即 0.91%；在高速发展情景下，增长率为近五年来最高增长速度 9.85% 的一半，即 4.93%（表 4-17、图 4-28）。

房屋工程建筑产值发展情景设定　　　　　表 4-17

年份	2020~2040	2041~2050	2051~2060
低速发展情景	0.91%	0.455%	0.228%
基准发展情景	3.15%	1.575%	0.788%
高速发展情景	4.93%	2.465%	1.232%

4）碳排放强度

《新时代的中国能源发展》白皮书中指出中国 2019 年碳排放强度比 2005 年降低 48.1%，提前实现了 2015 年提出的碳排放强度下降 40%~45% 的目标。我国民用建筑建材生产碳排放强度 2019 年比 2006 年下降 49.42%。根据国家政策，"十四五"期间，单位国内生产总值能耗和二氧化碳排放分别降低 13.5%、18%。到 2030 年，中国单位国内生产总值碳排放将比 2005 年下降 65% 以上。

因此，设定民用建筑建材生产碳排放的未来发展趋势按照国家宏观要求进行，其低速发展情景下满足下降 65% 的发展目标，需保证每年 –3.3% 的增速发展。基准情景下，

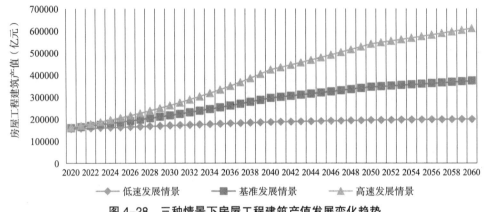

图 4-28 三种情景下房屋工程建筑产值发展变化趋势

则按照近五年增速平均值 -8.73% 的一半，即 -4.36%。高速发展情景下，则按照近五年最低负增速 -11.81% 的一半，即 -5.9% 计算。考虑到社会发展到一定程度后，碳排放强度不再会发生巨大的变化，而是保持一定值不变，所以 2050 年后的碳排放强度不发生较大变化。因此，碳排放强度的发展设定如表 4-18、图 4-29 所示。

碳排放强度发展情景设定　　　　表 4-18

年份	2020~2040	2041~2050	2051~2060
低速发展情景	-3.3%	-1.65%	—
基准发展情景	-4.36%	-2.18%	—
高速发展情景	-5.9%	-2.95%	—

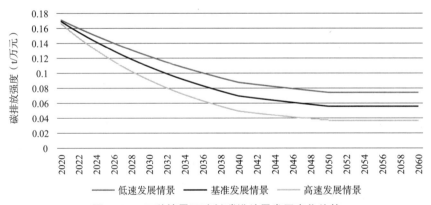

图 4-29 三种情景下建材碳排放量发展变化趋势

5）民用建筑面积

在新型城镇化背景下，中国建筑业和房地产业将持续高速增长，建筑存量势必会快速增加。2019 年，我国人口城镇化水平达到 60.6%，表明我国城镇化进程已进入中期阶段后半程。城镇化进程仍在持续推进中，民用建筑规模仍旧保持增长，但是会进行合理约束，预计在2030年前每年仍旧会保持一定量的增长，但是不会显著超过目前规模。根据住房和城乡建设部科技发展与促进中心、戚仁广等[17]的研究，低速发展情景下民用建筑规模在2034年实现达峰，峰值为789亿 m²；基准发展情景下民用建筑规模在2038年实现达峰，峰值为844亿 m²；在高速发展情景下民用建筑规模在2041年实现达峰，峰值为916亿 m²。达峰之后建筑面积总量有所下降，但是到一定程度后则保持平稳。根据其预测结果及国家整体发展规划，设定建筑规模的发展趋势如图4-30所示。

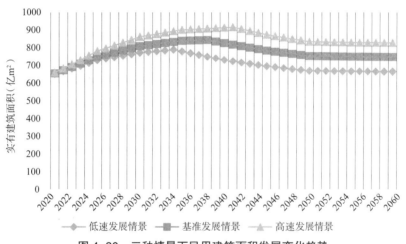

图 4-30　三种情景下民用建筑面积发展变化趋势

（2）预测结果分析

根据以上设定的三种发展情景模式下，结合STIRPAT模型拟合回归方程，得到不同发展模式下建材碳排放预测值如表4-19、图4-31所示。

根据上述预测结果可知，低速发展情景下民用建筑建材生产碳排放峰值出现时间为2025年，峰值量约为200607.93万t。基准发展情景下，民用建筑建材生产碳排放峰

三种模式下2020~2040年建材碳排放量预测值　　　　　　　　　表4-19

年份	低速发展情景（万t）	基准发展情景（万t）	高速发展情景（万t）
2020	192020.60	187719.96	187684.17
2021	193708.14	190266.81	190756.43
2022	195410.51	192848.21	193878.99
2023	197127.85	195464.63	197052.66
2024	198860.28	198116.55	200278.28
2025	200607.93	200804.45	203556.70

续表

年份	低速发展情景（万t）	基准发展情景（万t）	高速发展情景（万t）
2026	200372.24	201299.37	204074.52
2027	200136.83	201795.52	204593.66
2028	199901.69	202292.89	205114.12
2029	199666.83	202791.48	205635.91
2030	199432.24	203291.31	206159.02
2031	196439.39	200661.61	203178.06
2032	193491.44	198065.92	200240.21
2033	190587.74	195503.82	197344.83
2034	187727.61	192974.86	194491.32
2035	183207.40	190478.61	191679.07
2036	178796.04	187494.89	188289.51
2037	174490.90	184557.92	184959.89
2038	170289.41	181666.95	181689.15
2039	166189.10	177687.28	178476.25
2040	162187.51	173794.79	175320.16
2041	159637.98	171239.63	173850.74
2042	157128.53	168722.04	171105.22
2043	154658.53	166241.47	168403.06
2044	152227.36	163797.36	165743.58
2045	149834.40	161389.19	163126.09
2046	147655.40	159223.18	160767.34
2047	145508.08	157086.25	158442.71
2048	143391.99	154977.99	156151.68
2049	141306.68	152898.02	153893.78
2050	139251.69	150845.98	151668.53
2051	138749.34	150698.82	151875.49
2052	138248.80	150551.80	152082.74
2053	137750.07	150404.93	152290.26
2054	137253.14	150258.20	152498.07
2055	136758.00	150111.62	152706.16
2056	136285.71	149988.36	152953.95
2057	135815.06	149865.21	153202.14
2058	135346.03	149742.16	153450.73
2059	134878.62	149619.20	153699.72
2060	134412.82	149496.35	153949.12

第4章 民用建筑建材消耗量及碳排放

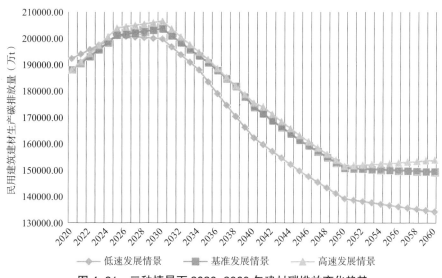

图 4-31 三种情景下 2020~2060 年建材碳排放变化趋势

值出现时间约为 2030 年，峰值量约为 203291.31 万 t。高速发展情景下，民用建筑建材生产碳排放峰值出现时间约为 2030 年，峰值量约为 206159.02 万 t。

1）峰值时间分析

根据预测结果可知，民用建筑建材生产碳排放的峰值出现时间在 2025~2030 年间，早于国家承诺的 2030 年碳达峰的时间。从影响因素的设置中可以看出，在低速发展情景下，人口增长缓慢，民用建筑面积发展较少，技术进步带来的建材生产碳排放强度降低也比较缓慢，但是反而达峰时间比较早。高速发展情景下，人口、建筑规模等的发展较快，技术进步带来的建材生产碳排放强度下降的较快，但是其峰值时间到达的较晚。这两种情景对比分析说明，建材生产碳排放与经济发展、民用建筑规模的发展有着较强的相关关系，由于对这些因素的轻约束，导致即使技术发展较快也不能抵消需求旺盛产生的碳排放反弹，因此，在高速发展情景下，碳排放峰值较大且达峰时间较晚。这也进一步表明民用建筑建材碳排放要实现达峰目标，离不开建筑行业与建筑材料工业两方面的共同努力，建筑业要制定合理的建筑规模扩张速度，建筑材料工业需要进一步实现技术创新，调整能源结构，尽可能降低甚至抵消能源反弹效应对碳达峰带来的影响。

2）峰值量分析

从峰值量来看，高速发展情景下，碳排放峰值最大，将近 21 亿 t，而基准情景和低速发展情景下峰值量达到 20 亿 t，但是三种情况的碳排放量增长速度已逐渐放缓，其碳排放抑制的措施初见成效。

4.4 小结

本章以民用建筑为对象，通过对不同类别的民用建筑规模测算，构建了基于投入产出法的民用建筑建材消耗量计算模型，并获得民用建筑水泥、玻璃、陶瓷、钢材消耗量，并对建材生产能耗及碳排放量等数据进行测算。在此基础上，综合考虑人口、人均GDP、建筑规模、房屋建筑生产总值、碳排放强度等影响因素，设置了低速发展、基准发展和高速发展3种模拟情景，利用STIRPAT模型对建材生产阶段2020~2060年的碳排放量进行预测。

通过分析发现，民用建筑规模对建材生产碳达峰的影响比较大，建筑规模直接影响着建材生产引起的碳达峰时间与峰值量。根据预测模型结果，低速发展情景下，民用建筑建材生产碳排放峰值出现时间为2025年，峰值量约为200607.93万t；基准发展情景下，民用建筑建材生产碳排放峰值出现时间约为2030年，峰值量约为203291.31万t；高速发展情景下，民用建筑建材生产碳排放峰值出现时间约为2030年，峰值量约为206159.02万t。因此，建筑材料领域碳达峰碳中和的实现路径研究，需要综合考虑建筑行业及其上下游产业。

参考文献

[1] 中国能源中长期发展战略研究项目组.中国能源中长期（2030、2050）发展战略研究[M].北京：科学出版社，2011.

[2] 住房和城乡建设部标准定额研究所.中国民用建筑能耗总量控制策略：民用建筑节能顶层设计[M].北京：中国建筑工业出版社，2016.

[3] 中国建筑能耗研究报告2020[J].建筑节能（中英文），2021，49（02）：1–6.

[4] 肖忠明，杜勇，朱文尚，张金山，欧东，王秀兰.民用建筑用材指标的现状研究[J].中国建材科技，2020，29（01）：55–59.

[5] 高璐.陕西省工业碳排放与经济增长关系实证研究[D].西安：西安科技大学，2020.

[6] 杜强，冯新宇，孙强.市域建筑业碳排放与经济发展关系及影响因素研究——以西安市为例[J].环境工程，2017，35（02）：174–179.

[7] 赵爱文，李东.中国碳排放的EKC检验及影响因素分析[J].科学学与科学技术管理，2012，33（10）：107–115.

[8] 陈雅.长三角能源碳排放与区域经济增长关系研究[D].上海：华东师范大学，2016.

[9] 王凯，邵海琴，周婷婷，邓楚雄.基于EKC框架的旅游发展对区域碳排放的影响分析——基于1995–2015年中国省际面板数据[J].地理研究，2018，37（04）：742–750.

[10] 王锋，秦豫徽，刘娟，吴从新.多维度城镇化视角下的碳排放影响因素研究——基于中国省域数据的空间杜宾面板模型[J].中国人口·资源与环境，2017，27（09）：151-161.

[11] 田成诗，郝艳，李文静，曲本亮.中国人口年龄结构对碳排放的影响[J].资源科学，2015，37（12）：2309-2318.

[12] 胡振，龚薛.常住人口家庭规模与年龄结构对城市居民用电的影响[J].环境污染与防治，2020，42（10）：1252-1258.

[13] 王馨珠.住区碳排放影响要素及减碳策略研究[D].北京：北京工业大学，2019.

[14] 杨艳芳，李慧凤，郑海霞.北京市建筑碳排放影响因素研究[J].生态经济，2016，32（01）：72-75.

[15] 陈友华，孙永健."三孩"生育新政：缘起、预期效果与政策建议[J].人口与社会，2021，37（03）：1-12.

[16] 陈奕琼.基于STIRPAT模型的江苏省碳排放峰值预测[D].南京：南京林业大学，2017.

[17] 戚仁广，凡培红，丁洪涛.碳中和背景下我国建筑面积预测[J].建设科技，2021（11）：14-18.

第 5 章
典型产品需求量及碳排放量预测

我国仍处于大规模的经济建设时期，城市化、工业化进程的持续推进以及建筑业、房地产的发展将进一步拉动市场对建材的需求。本章对建材行业主要产品需求量和碳排放进行现状分析与未来变化预测分析。通过分析固定资产投资对建筑行业和建材行业的宏观指标的影响，也对主要建材产品在"十二五"和"十三五"期间的产量变化进行分析，并对主要建材产品的需求量变化趋势进行分析和数值预测以及碳排放发展趋势预测，从建材供应侧为建材工业碳减排指标设定及路径研究提供参考。由于水泥、平板玻璃和钢材在建材领域的使用量和碳排放较大，重点针对这三类产品进行相关预测分析。

5.1 需求量影响因素分析

全社会固定资产投资，以货币形式表现的在一定时期内全社会建造和购置固定资产的工作量以及与此有关费用的总称，是反映固定资产投资规模、结构和发展速度的综合性指标，按领域分可分为制造业投资、基础设施投资、房地产开发投资以及其他类型投资。其中房地产开发投资和基础设施建设投资共占到40%以上，两者的变化会直接影响到建材产品的需求量。

近年来，全社会固定资产投资变化如图5-1。

图5-1表明，自2011年至2018年全社会固定资产投资（绝对数）呈上升趋势，在2018年达到最大值645675亿元。统计资料显示，"十五"和"十一五"期间全社会固定

第 5 章 典型产品需求量及碳排放量预测

图 5-1 2011~2019 年全社会固定资产投资变化

资产投资（绝对数）的年增长率一直维持在 20% 以上，"十二五"期间也保持着 10% 以上的增长速度。但自 2015 年起年增长率逐渐降低，均在 10% 以下。由于 2017 年及之后国家统计局计算全社会固定资产投资的增长率的方法发生变化，因此 2017、2018 和 2019 三年的增长率与传统计算的年增长率有很大差异，特别是 2019 年，全社会固定资产投资在数值上呈现负增长，但《中国统计年鉴 2020》中给出的同比增长却是 5.1%。

2011~2019 年房地产开发投资和建筑业企业房屋建筑施工面积变化情况如图 5-2 所示。房地产开发投资呈现逐步上涨的趋势，具体表现出两个上升时期，第一个是"十二五"及

图 5-2 2011~2019 年房地产开发投资和建筑施工面积变化

注：数据来源《中国统计年鉴》

之前的时期，房地产开发投资快速增长，2010年年增长率达到了33.2%。自2011年开始，年增长率逐渐下降，在2015年达到最低。这是由于在2015年全球经济低迷，国内市场经济受影响。第二个上升期是在"十三五"时期，年增长率再次逐年增加。到了2019年，房地产开发投资（绝对数）达到了132194亿元，年增长率为10.0%，占到了全社会固定资产投资的23.6%。建筑业企业房屋建筑施工面积的增长与房地产开发投资的增长类似，以2015年为界点，也表现出两个上升期。这也说明了房地产开发投资会影响建筑业的发展。

表5-1中的数据进一步说明了建筑业受国家宏观经济的影响。2005~2012年我国城镇住宅和非住宅施工面积逐年递增，之后趋于稳定；2005~2013年我国乡村住宅施工面积呈递增趋势，之后逐年递减；2005~2010年我国乡村非住宅施工面积较大，从2011年开始锐减。这是因为房地产业的发展离不开整个大的宏观经济环境，2012年整个世界经济危机，无论是国际经济金融环境压力，还是国内的经济增长动力不足，都使得2012的经济进入一个下行的周期，建筑业发展也受到影响。同时，这会进一步影响建材行业的发展。例如，受投资额增速降低的影响，2015年水泥需求下游行业中房地产和基建整体表现乏力，导致水泥价格出现旺季不旺、淡季更淡的情况，同比下跌20%。而随着投资额的上涨，建筑业发展回暖，水泥价格也逐年上涨，2019年全国通用水泥平均出厂价格414.2元/t，相比于2015年的195元/t，上涨了112%。

2005~2017年全国建筑面积　　　　　　表5-1

年份	住宅施工面积（万 m^2）		非住宅施工面积（万 m^2）	
	城镇	乡村	城镇	乡村
2005	166143.44	73626.15	138760.91	52592.54
2006	187898.40	77666.91	157253.64	39858.10
2007	226159.65	89470.15	188782.10	44130.14
2008	269918.40	94435.98	219192.18	48714.43
2009	312039.66	119423.52	265317.61	57408.61
2010	376588.51	116175.06	329790.73	62619.13
2011	465729.72	109180.14	451334.00	9275.02
2012	516797.00	98193.59	544924.78	7323.05
2013	573119.89	100043.40	653925.72	9198.59
2014	594325.00	94716.18	657562.00	8956.47
2015	579855.62	89441.48	614139.39	8935.24
2016	577521.90	83140.16	594833.64	8899.55
2017	576134.16	76100.10	514719.66	8294.90

注：数据来源《中国统计年鉴》。

基于上述分析及第4章对未来建筑市场发展的预测，未来一段时期，我国建筑市场竣工面积还将保持在20亿 m² 以上到2025年达到峰值并平稳下降（图5-3）。2035年前后，全社会实有建筑面积达到最高峰（图5-4）。

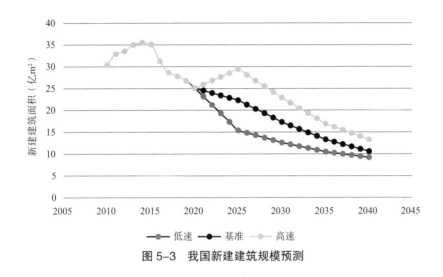

图 5-3　我国新建建筑规模预测

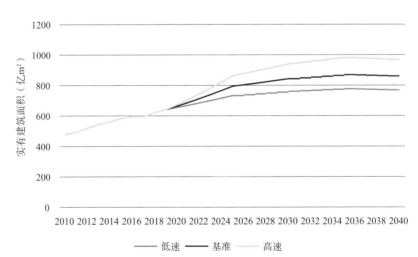

图 5-4　我国实有建筑规模预测

5.2　需求量预测

5.2.1　水泥

由于水泥的两大特性：①水泥性能决定它保存期短，不能长期积压；②水泥不适合远距离运输，且进出口比例很小，进口量不到1%，出口量不到3%。从而使得我国水泥生产量与水泥消耗量比例基本保持在98%左右。此外，使用、运输过程中水泥的损耗也相对变化不大，这些因素对水泥产量和消费量之间不构成大的波动。因此，水泥的消费量可以近似等于水泥产量。水泥产量的增长率和人均水泥消费量（以《中国统计年鉴》中人均水泥生产量作为人均水泥消费量）的变化情况基本保持一致，如图5-5所示，可以通过人均水泥消费量的发展情况来模拟预测水泥产量和需求量。

从发达国家的历史经验来看，人均水泥消费量的变化趋势，呈现出"S"形变化特征，如图5-6所示，我国情况也类似。

图 5-5　水泥产量与人均水泥消费量趋势图

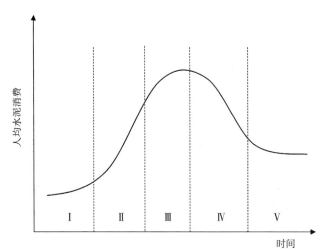

Ⅰ：低速发展阶段　　Ⅱ：高速发展阶段　　Ⅲ：趋于饱和阶段
Ⅳ：下降阶段　　　　Ⅴ：趋于稳定阶段

图 5-6　人均水泥消费量趋势图

我国水泥产量经历发生阶段（1949~1984年）共经历了35年，该阶段的变化速度较缓慢，呈现一个缓慢上升的趋势，年人均水泥消费量50~100kg；之后是快速发展阶段，该阶段每年经济增长率和水泥增长率都保持在10%以上，并加速增长，从目前的增长速率以及人均水泥累计消费量等数据可以看出，我国人均水泥消费量在2014年达到了峰值（达到了1827kg），之后会呈现一个波动的趋势，也就是第三阶段饱和阶段，变化速度变得缓慢并趋于稳定；再之后将会经历衰败期，人均水泥消费量变速下降，最后趋于稳定。

如何确定水泥产量峰值是预测水泥产量变化的关键。从发达国家的历史经验分析，当一个国家的人均累计消费量达到20~25t时，该国水泥消费量基本达到饱和，之后会呈现缓慢下降并趋于平稳的趋势，而欧美发达国家、日本及韩国、我国台湾的峰值分别出现在20t、23.5t、25.8t。截至2019年，我国人均水泥的累计消费量已经达到28t之多，图5-7为我国水泥产量与"S"形曲线拟合。

图5-7表明，水泥产量在2014年之后5年都没有超过2014年产量，基本确定在2014年我国水泥产量达到了饱和。通过对发达国家水泥产量发展趋势以及相关文献资料的研究，我国水泥产量的变化和S形曲线呈现很好的拟合度（$R^2=0.9964$）。分析其原因可能是国家棚户区改造、城市化进程，高铁建造等速度的加快，使得水泥产量猛然加快，使得市场需求过早地趋于了饱和，同时也导致产能过剩越来越严重。从图5-7的拟合图可以看出，峰值是在2015年，而实际上峰值出现在2014年，之后水泥产量呈现了一个稳定并缓慢下降趋势。

上述分析表明，2000~2014年，我国人均水泥消费量增速非常明显，2014年达到高点；

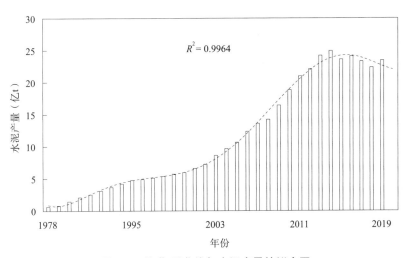

图5-7 "S"形曲线与水泥产量的拟合图

而水泥产量自2015年也呈现回落趋势，2014年我国水泥产量达到了饱和。通过对水泥产量和人均水泥消费量进行拟合呈现出较好的拟合度。通过以人均水泥消费量来衡量水泥产量，人口数据来源于《国家人口发展规划（2016~2030年）》，并参照国际上不同国家或地区的发展情况，建立了三种水泥发展情景，如图5-8所示。

（1）基准情景：即中位需求预估（简称"中"），最新统计资料显示，2020年水泥产量约为23.77亿t，人均水泥消费量达到1658kg。到2025年，进一步假设人均水泥消费量稳步下降到1244kg（相比2020年下降25%），并在2030稳定在750kg。

（2）低位需求预估：简称"低"，参照美国等水泥行业较发达国家的水泥消费长期趋势。假设我国2014年水泥产量峰值，对应人均水泥年消费量为1827kg。然后，在2025年稳步下降到1184kg（相比2020年下降30%）。之后，由于饱和效应，人均水泥消费量下降并逐渐稳定在600kg水平。

（3）高位需求预估：简称"高"，由于我国达到饱和时，人均水泥累计消费量同韩国、我国台湾地区情形相似。假设到2025年人均水泥消费量下降到1370kg（相比2014年峰值下降25%），2030年稳定在900kg。

通过上述假设和预测分析，可得到2025年、2030年和2035年我国水泥产量，见表5-2。

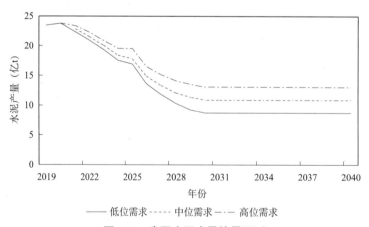

图5-8 我国水泥产量情景预测

我国水泥产量预测结果　　　　　　　　　　　　　表5-2

情景	单位	2025年	2030年	2035年
低位需求	亿t	16.9	8.7	8.7
中位需求	亿t	17.8	10.9	10.9
高位需求	亿t	19.6	13.1	13.1

5.2.2 平板玻璃

平板玻璃行业一直是我国重要的基础建材产业，平板玻璃因其良好的性能和功能，被广泛应用于建筑业、汽车制造业和家电等行业。20世纪70年代初我国建成第一条浮法玻璃生产线，玻璃工业开始快速发展，平板玻璃产量从1989年开始至今已连续28年稳居世界第一，产量约占全球总产量的60%。图5-9展示了我国自2011年至2019年平板玻璃产量的变化情况。从整体上看，平板玻璃产量虽有波动，但整体呈上升趋势，产量峰值还未到来。2014年，平板玻璃行业出现严重产能过剩，产能利用率由前期的90%左右下降到70%~80%区间，行业产能增幅也随之减小，并且房地产开发投资也在2015年达到波谷，导致平板玻璃下游需求乏力，产量放缓。同时，国家标准委员会在2013年发布并在2014年9月份正式实施了《平板玻璃单位产品能源消耗限额》GB 21340—2013，整改和淘汰超限额企业，化解平板玻璃行业产能过剩问题，由此出现2015年平板玻璃产量的负增长。2016年后产量恢复稳步增长的态势，2019年全年产量超过9.4亿重量箱。《玻璃和铸石单位产品能源消耗限额》GB 21340—2019在2020年5月1日正式实施，对平板玻璃的能耗限额进一步下调，这将导致新一轮平板玻璃企业的淘汰和更新，从而影响平板玻璃产量。

平板玻璃消费中建筑玻璃占比高达75%，主要包含玻璃幕墙、门窗和室内装潢玻璃等，汽车玻璃约占平板玻璃消费量的15%。建筑玻璃的需求发生在房地产销售后和房屋建筑竣工前的一段时间，因此建筑玻璃的需求量与房地产销售息息相关。汽车玻璃消费量由于近年来汽车产量的快速增加而增加，但由于占比较小，因此对平板玻璃的需求只能起到一定的拉动作用，而不能起到主导作用。同时，我国能源消费逐渐向非化石能源消费转型，其中太阳能发电快速发展，2019年太阳能发电量达到了2240亿 kWh，是2011年6亿 kWh的373倍。这一变化也带来了光伏玻璃需求量的增加，而且由于光伏组件的经济性和平均发电量更高，会进一步推动了光伏玻璃需求量的上升，但占比较小也无法起到主导作用。因此，分析平板玻璃的需求量应从建筑玻璃需求量入手。

图5-10中显示平板玻璃产量年变化与商品销售面积年变化有很好的相关性。如2016年，由于供给侧改革，从供给端看平板玻璃产量增速应该下降，但由于商品房销售面积的年增长率在2016年出现大幅度上涨，达到了22.50%，增加了平板玻璃的需求量，从而推动了平板玻璃产量的增加。但是，从2017年和2018年的数据来看，商品房销售面积的增速是逐渐下滑的，而平板玻璃产量的增速却呈上升态势，在2019年才大幅下降。这表明平板玻璃的产量和需求量逐渐拉开，平板玻璃产能过剩问题未得

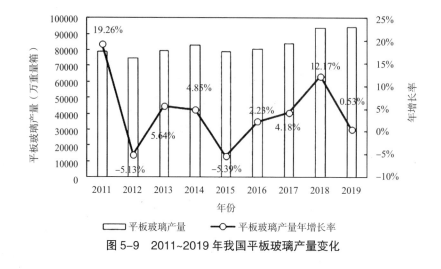

图 5-9 2011~2019 年我国平板玻璃产量变化

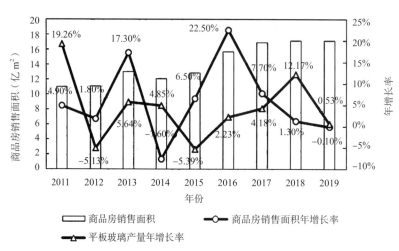

图 5-10 2011~2019 年我国商品房销售面积和平板玻璃产量变化
（平板玻璃产量数据来源《中国统计年鉴》；商品房销售面积数据来源
《国民经济和社会发展统计公报》）

到根本解决，总体供大于求的局面没有改变。但是，随着绿色建材的大面积推广，建筑节能玻璃也将大量使用，目前我国超过 80% 建筑使用的是非节能玻璃，未来建筑节能玻璃替代空间巨大。

算法 1：

根据房地产开发投资与平板玻璃产量统计数据，以 2006~2019 年数据进行变化趋势拟合，相关性系数达到 $R^2=0.9079$，如图 5-11 所示，可见平板玻璃产量变化趋势和房地产开发投资变化趋势基本一致。因此，可以通过房地产开发投资变化来预测未来平板玻璃产量的变化趋势。

假设未来平板玻璃产量变化与房地产变化趋势基本一致，未来房地产开发投资的增速在 [5%，10%] 范围内变化，取中间值 7.5%。通过计算，平板玻璃产量与房地产开发投资之间的弹性系数为 0.406，则未来平板玻璃产量的年增长率约为 3.045%。预测结果如图 5-12 所示，则 2025 年平板玻璃产量可达到 109875 万重量箱，2030 年可达到 127654 万重量箱。

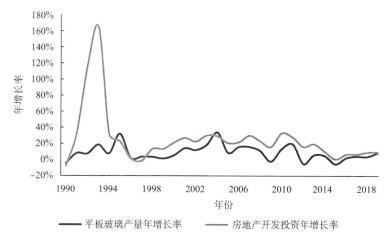

图 5-11　1990~2019 年房地产开发投资和平板玻璃产量变化趋势

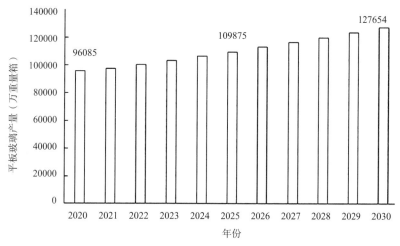

图 5-12　2020~2030 年平板玻璃产量预测值

（数据来源《中国统计年鉴》）

算法 2：

根据"新建 + 翻新建筑面积"预测建筑玻璃产量。

2010~2019 年我国每年新建建筑面积、每年翻新建筑面积、每年建筑玻璃产量如表 5-3 所示。

建筑玻璃需求拟合曲线用数据表　　　　　表 5-3

项目	2010	2011	2012	2013	2014	2015	2016	2017	2018	2019
新建面积（亿 m^2）	30.43	33.41	34.08	35.52	36.04	35.59	31.70	29.07	21.92	21.32
翻新面积（亿 m^2）	1.00	2.00	2.00	2.00	3.00	3.00	4.00	7.00	8.00	10.00
新建+翻新（亿 m^2）-实际	31.43	35.41	36.08	37.52	39.04	38.59	35.70	36.07	29.92	31.32
建筑玻璃产量（亿重量箱）	5.013	6.111	6.687	7.668	8.109	7.92	8.01	8.19	8.199	8.28
建筑玻璃面积（亿 m^2）	41.78	51.79	57.65	67.26	72.40	72.00	75.57	80.29	85.41	92.00
平均玻璃厚度（mm）	6	5.9	5.8	5.7	5.6	5.5	5.3	5.1	4.8	4.5
单位建筑面积玻璃用量可比系数(建筑+家居+家具+设备)	1	1	1	1	1.1	1.1	1.2	1.2	1.4	1.4
新建+翻新（亿 m^2）-可比面积	31.43	35.41	36.08	37.52	42.94	42.45	42.83	43.28	41.88	43.85

根据 2010~2019 年"新建+翻新建筑面积（亿 m^2）-可比面积"与"建筑玻璃面积（亿 m^2）"做散点图，得到二者呈线性关系，$y=3.4063x-65.669$，$R^2=0.8943$。其中，x 轴为"新建+翻新建筑面积（亿 m^2）-可比面积"，y 轴为"建筑玻璃面积（亿 m^2）"。如图 5-13 所示。

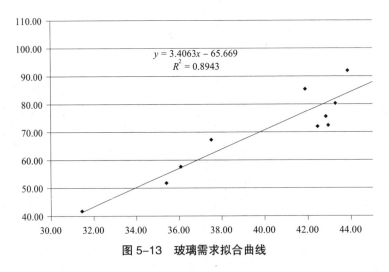

图 5-13　玻璃需求拟合曲线

预测 2020~2040 年的"新建+翻新建筑面积（亿 m^2）"和"玻璃减薄系数"，可推算出 2020~2040 年的建筑玻璃产量（亿重量箱）变化趋势，如图 5-14 所示。

5.2.3　陶瓷

（1）建筑陶瓷

随着国民经济持续发展、人民生活水平不断提高，人们更加注重住房装饰装修，追求舒适的生活环境。居民在注重建筑陶瓷砖产品质量的同时，更加关注产品档次、

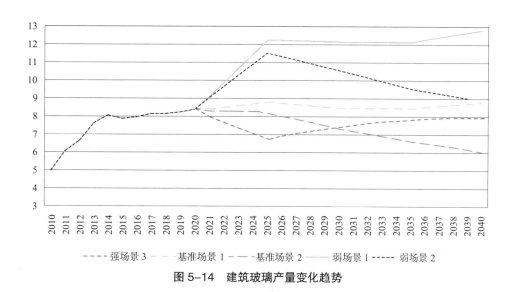

图 5-14 建筑玻璃产量变化趋势

产品服务甚至产品理念，消费者开始看重产品品牌及服务。尤其是供大于求、消费理念升级的情况下，品牌产品将是消费者决策的最主要因素。

陶瓷砖产品开发将朝着绿色化、功能化、时尚化方向发展。薄型砖、薄板、超薄陶瓷大板、利废型新产品等绿色化产品，防静电瓷砖、自洁型瓷砖、蓄热、蓄光型建筑陶瓷、健康保健型瓷砖等功能产品，仿石、仿木类瓷砖仿生产品，将成为未来瓷砖产品的主流方向。

根据建筑陶瓷产业发展及消费特点，结合未来城镇化水平、新建建筑和既有建筑存量等因素，采用消费定额法和人均消费量法对建筑陶瓷需求量进行预测。在低速、基准和高速三种情景下，建筑陶瓷 2025 年、2030 年、2035 年和 2040 年产量预测详见表 5-4。

建筑陶瓷国内需求量预测　　表 5-4
单位：亿 m^2

项目	2025 年	2030 年	2035 年	2040 年
低速	64	63	63	54
基准	73	73	71	60
高速	84	84	82	67

受国际政治环境的影响，我国陶瓷产品出口近年来受到了很大抑制，出口量自 2015 年之后呈单边下调的趋势，按照我国近年建筑陶瓷国内外市场消费结构，并考虑到"一带一路"沿线国家市场消费需求，预计未来我国建筑陶瓷出口量约 7 亿 m^2，整体市场需求预测详见表 5-5。

建筑陶瓷整体需求量预测　　　　　　　　　　　　　　　表 5-5

单位：亿 m²

项目	2025 年	2030 年	2035 年	2040 年
低速	71	70	70	61
基准	80	80	78	67
高速	91	91	89	74

（2）卫生陶瓷

建筑卫生陶瓷产品需求总体将处于微增长的平台期。我国建筑卫生陶瓷消费需求与建筑业、房地产业以及居住条件改善有着密切关系。建筑业及相关产业迎来新的发展周期。我国正处于"新四化"、城镇化的关键时期，城镇基础设施建设、房地产建设持续推进，带动城镇全社会房屋和基础设施建设保持较大规模，为建筑陶瓷、卫生洁具行业的发展提供持续稳定的市场空间。

根据卫生陶瓷产业发展及消费特点，结合未来城镇化水平、新建建筑和既有建筑存量等因素，采用消费定额法和人均消费量法对建筑陶瓷需求量进行预测。在低速、基准和高速三种情景下，建筑卫生陶瓷 2025 年、2030 年、2035 年和 2040 年产量预测详见表 5-6。

卫生陶瓷国内需求量预测　　　　　　　　　　　　　　　表 5-6

单位：亿件

项目	2025 年	2030 年	2035 年	2040 年
低速	1.28	1.29	1.29	1.17
基准	1.44	1.47	1.47	1.31
高速	1.62	1.67	1.67	1.47

按照我国近年卫生陶瓷国内外市场消费结构，并考虑到"一带一路"沿线国家市场消费增长，预计未来我国卫生陶瓷出口量约 1 亿件，整体市场需求预测详见表 5-7。

卫生陶瓷整体需求量预测　　　　　　　　　　　　　　　表 5-7

单位：亿件

项目	2025 年	2030 年	2035 年	2040 年
低速	2.28	2.29	2.29	2.17
基准	2.44	2.47	2.47	2.31
高速	2.62	2.67	2.67	2.47

5.2.4 钢材

短期内,我国仍将延续"十三五"期间的政策导向,如供给侧结构性改革、六保六稳、扩大内需、双循环发展格局等;中长期来看,随着我国转变经济发展方式、调整产业结构的深入推进,第三产业比重将继续上升,第二产业的比重下降,投资对经济增长的拉动作用减弱,消费将继续拉动经济增长,因此钢材消费强度将呈下降趋势。综合判断,我国粗钢产量将于"十四五"期间达峰,并将持续保持在高水平。系统分析,英国、法国、美国、德国、日本、韩国等典型发达国家人均粗钢消费量均在达到峰值后进入下降阶段,我国也将遵循相同的发展规律。考虑到2025年之后我国将基本上步入工业化后期,结合我国人均粗钢消费量水平、产业结构、出口结构,工业化进程和城镇化进程以及"碳达峰、碳中和"约束目标,同时考虑到我国将于2035年基本实现社会主义现代化,长期来看,我国钢材需求量将呈现缓慢下降态势。

钢材消费预测有消费系数法和下游行业消费法两种。

消费系数法:根据宏观经济发展预测结果,2021年GDP增速8.5%,2022~2025年平均增速为5.5%,2026~2030年GDP年均增速5.0%,2031~2035年GDP年均增速为4.2%。据此测算2021、2025、2030和2035年的钢材需求量,具体数值见表5-8。

GDP 预测钢材需求量

表 5-8

单位:万 t

情景	2025 年	2030 年	2035 年
GDP 增速(%)*	5.5	5.0	4.2
消费系数年均增幅 −5%	101489	96077	88991

注:*2021 年 GDP 增速 8.5%,2022~2025 年 GDP 平均增速为 5.5%,2026~2030 年 GDP 年均增速为 5.0%,2031~2035 年 GDP 年均增速为 4.2%。

下游行业消费法:重点考虑建筑、机械、汽车、能源、家电和造船行业等。据此测算2021、2025、2030和2035年的钢材需求量,具体数值见表5-9。

采用消费系数法和下游行业消费法对我国钢材消费量进行预测,并考虑到不同方法的特点及各自的局限性,对这两种方法所得的结果进行加权计算,预测2025年、2030年和2035年我国钢材需求量分别为9.98亿t、9.50亿t和8.83亿t(表5-10)。

2021~2035年我国钢材需求预测见表5-11。展望2040年,我国钢材需求量约为8.5亿t。

2025年、2030年及2035年各行业钢材需求预测　　　　　　　　表5-9

序号	行业	2025年（万t）	2030年（万t）	2035年（万t）
1	建筑	56100	53000	49000
2	机械	17000	16900	16500
3	汽车	5900	5800	5600
4	能源	3700	3600	3400
5	家电	1600	1600	1500
6	造船	1300	1400	1350
7	其他	13000	12000	10500
8	合计	98600	94300	87850

2025年、2030年和2035年我国钢材需求预测　　　　　　　　表5-10

年份	消费系数法（万t）	下游行业消费法（万t）	权重1	权重2	综合（万t）
2025	101489	98600	0.4	0.6	99756
2030	96077	94300	0.4	0.6	95011
2035	88991	87850	0.4	0.6	88306

2021~2035年钢材需求量预测　　　　　　　　表5-11
单位：万t

年份	钢材需求量
2021	102000
2022	103100
2023	102200
2024	101000
2025	99800
2026	98800
2027	97800
2028	96800
2029	95800
2030	95000
2031	93600
2032	92200
2033	90800
2034	89400
2035	88300

5.3 碳排放量预测

5.3.1 水泥

水泥行业碳排放与能源消耗和原料消耗具有直接关系，通常水泥生产过程中二氧化碳的排放主要来自三个方面，即：①燃料燃烧排放；②碳酸盐分解产生的过程排放；③电力消耗所产生的排放。前面两者属于直接排放，电力消耗属于间接排放。

水泥行业能源消耗量计算公式：

$$E_n = Q_n \times e_n \tag{5-1}$$

式中　E_n——第 n 年水泥行业的能耗总量（kgce）；

　　　Q_n——第 n 年的水泥产量（t）；

　　　e_n——第 n 年水泥综合能耗（kgce/t）。

水泥行业 CO_2 排放计算公式：

$$C_n = Q_n \times F_g \times \beta + Q_n \times F_r \times \beta \times e_m + Q_n \times F_d \times e_d \tag{5-2}$$

式中　F_g、F_r、F_d——分别代表过程、燃料、电力的碳排放因子；

　　　e_m——吨水泥熟料综合能耗（kgce/tcl）；

　　　β——熟料产量占水泥产量的比例（%）；

　　　e_d——吨水泥综合电耗（kWh/t）。

根据上述的能耗和碳排放公式，定义当前技术水平（2019 年）为基准情景，然后通过逐步实施能耗标准、节能减排技术和绿色产品等因素，促进水泥企业采用各种节能减排技术达到最佳技术水平（表 5-12）。

情景 1：当前技术情景，参照 2019 年技术水平，即所有技术参数设定为 2019 的技术水平（假设 2019 年技术水平与 2020 年一致）。未来的能耗及排放随水泥产量的变化而变化。

情景 2：理想情景，所有技术水平都在 2040 年之前逐步达到了最佳技术水平。

通过情景计算与分析预测，不同水泥产量、技术背景下我国 2019 年到 2040 年能耗及 CO_2 排放量趋势，如图 5-15 所示。由图 5-15 分析，较高的水泥产量通常对应较高的能源消耗和排放，说明未来水泥行业的能耗及排放将受到水泥产量的直接影响。2019~2030 年，能源消耗及排放显著下降，2030~2040 年缓慢下降。在 2030 年之前，由于我国水泥工业产量达到饱和，呈现下降趋势，同时单位产品能耗、碳捕捉技术、替代原燃料应用等具有较高的发展潜力，这就使得在 2030 年之前，呈现较快下降趋势；2030 年之后，技术发展达到瓶颈，水泥产量趋于稳定，将使得 2030 年之后，呈现缓慢

我国水泥工业当前技术水平与最佳技术水平 表5-12

技术参数；单位；参数因子	当前技术水平（2019）	年份			最佳技术水平（2040）
		2020	2025	2030	
水泥综合能耗：kgce/t；e_n	85[1]	85[1]	80	75	60
水泥熟料综合能耗：kgce/tcl；e_m	106[2]	106[2]	100	95	85
水泥综合电耗：kWh/t；e_d	88[3]	88[3]	83	80	70
燃料排放因子：$kgCO_2$/kgce；F_r	2.58[4]	2.58[4]	2.52	2.49	2.45
过程排放因子：$kgCO_2$/tcl；F_g	515[4]	515[4]	505	498	478
电力排放因子：$kgCO_2$/kWh；F_d	0.635[5]	0.635[5]	0.529	0.506	0.459
熟料水泥比：%；β	56[4]	56[4]	54	53	50

[1] 数据来源于：《绿色制造工程实施指南（2016~2020年）》；
[2] 数据来源于：工信部发文《"十三五"时期工业节能监察取得积极成效》；
[3] 数据来源于：高长明. 水泥工业碳中和的模拟推演与研讨 [J]. 中国水泥，2021，4（04）：16-21；
[4] 数据来源于：李承洋. 水泥单位产品能耗标准实施效果评价方法学研究 [D]. 北京：北京工业大学；
[5] 数据来源于：《中国汽车低碳行动计划研究报告》。

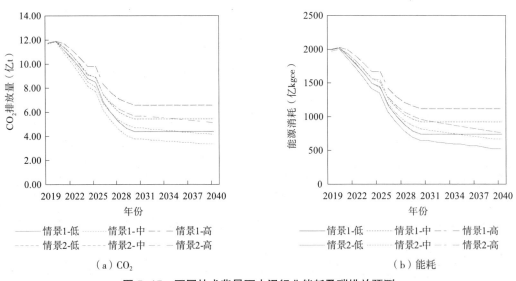

（a）CO_2　　　　　　　　　　（b）能耗

图5-15 不同技术背景下水泥行业能耗及碳排放预测

下降趋势。

表5-13给出了不同技术情景下CO_2的累积排放量。在基准情景下的三种CO_2排放源中，过程排放、燃料排放以及电力排放分别占碳排放总量的58.0%、30.8%和11.2%；当到达理想情景时，三种排放占比分别为63.7%、27.7%、8.6%。图5-16为基准情景与理想情景的水泥工业累积能源消耗量，计算表明理想情景下可累积带来2.31亿~3.29亿tce的节约量。

不同技术情景下CO_2的累积排放量   表 5-13

情景	CO_2累计排放量/亿t			
	总排放	过程排放	燃料排放	电力排放
情景 1- 低	141.8	82.2	43.7	15.9
情景 2- 低	127.6	81.3	35.3	11.0
情景 1- 中	158.7	92.0	48.9	17.8
情景 2- 中	141.8	90.3	39.3	12.2
情景 1- 高	177.0	102.7	54.5	19.8
情景 2- 高	157.2	100.2	43.5	13.5

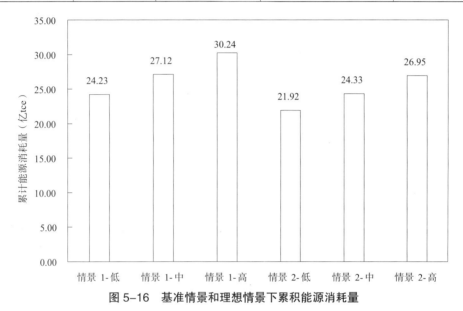

图 5-16 基准情景和理想情景下累积能源消耗量

5.3.2 平板玻璃

根据对 2020 年平板玻璃行业燃料结构、产能产量、技术水平等实际情况，调研得出的平板玻璃碳排放强度 0.0325~0.041tCO₂/ 重量箱之间，平均为 0.034tCO₂/ 重量箱，即 340tCO₂/ 万重量箱。结合未来建筑规模发展及其对平板玻璃的需求，特别是考虑为达到新建筑和既有建筑碳中和目标，我国提高建筑节能标准。对门窗的保温性能和气密性能更高的要求，将会相应地提高门窗的节能要求。如在寒冷地区三玻两腔中空玻璃，可以大幅度提高建筑节能水平，由此也将带来平板玻璃需求的增长。基于上述情况，在不同的增长情景下，平板玻璃生产碳排放期变化趋势如图 5-17 所示。

平板玻璃担当着建筑领域实现碳中和的重任，从产量来讲，不能在 2030 年达峰，从现有技术看，常规节能措施的减碳潜力低于产量增长造成的碳排放，在 2030 年前不能实现达峰。这是与其他行业明显不同的。

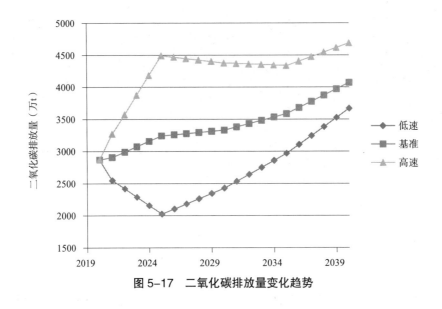

图 5-17 二氧化碳排放量变化趋势

5.3.3 陶瓷

建筑陶瓷方面，根据前文的分析，定义当前技术水平（2019 年）为基准情景，在低速、基准和高速三种情景下，我国建筑陶瓷的碳排放量详见图 5-18，其中，碳排放在 2025 年可能达到未来的最高值，但无论是哪种情形，其排放量都不会超过 2014 年的最高点。

卫生陶瓷方面，根据前文的分析，定义当前技术水平（2019 年）为基准情景，在低速、基准和高速三种情景下，我国卫生陶瓷的碳排放量详见图 5-19，其中，2025~2035 年碳排放将达到最高值，且高速情景下可能超过前期碳排放量，2035 年才能达到峰值。

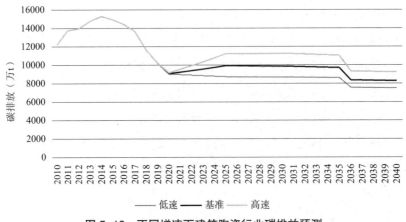

图 5-18 不同增速下建筑陶瓷行业碳排放预测

第 5 章 典型产品需求量及碳排放量预测

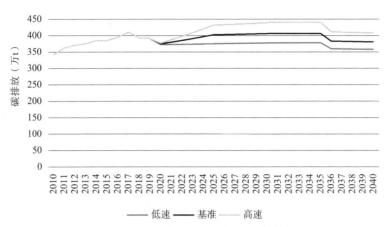

图 5-19 不同增速下卫生陶瓷行业碳排放预测

5.3.4 钢材

建筑行业是我国钢材消费数量最大的行业,按照钢材消费的主要领域进行划分,包括房屋建设、铁路、公路和港口码头、矿山、城市基础设施等领域。近年来,建筑行业钢材消费需求与社会经济发展、宏观经济环境密切相关,受政策导向、城镇化发展、固定资产投资,以及以"西部大开发""新基建""雄安新区"为代表的重大战略影响较大。2010~2020 年,我国建筑行业规模稳定增长,钢材消费量增加,建筑行业占钢材消费总量比例保持在 53%~58%。具体消费量变化情况如图 5-20 所示。

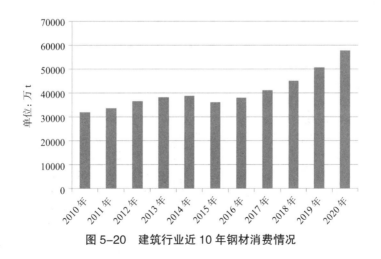

图 5-20 建筑行业近 10 年钢材消费情况

基于在保证产业的基础上钢铁产量,预计基准情景碳排放量(暂按 2020 年碳排放量 18 亿 t 考虑),在此基础上考虑三种情景,分别推动"5+2+1"项重点任务,并评估

2025年、2030年、2035年、2040年不同年份、不同情景下重点任务降碳潜力及预计行业碳排放量。

综合判断，2025年前钢铁行业力争率先实现碳达峰（碳排放峰值约18.5亿t），到2030年实现总体降碳20%左右，2035年实现总体降碳30%左右，到2040年实现总体降碳40%左右。

共推进8项重点任务（推动电炉短流程、长流程结构优化、能效提升、氢冶金、清洁能源发电、多产业协同、绿色物流强化碳排放管控），2025年、2030年、2035年、2040年的降碳潜力空间分别为0.8亿t、3.8亿t、6亿t、7.9亿t。

具体测算内容如表5-14和图5-21所示。

不同情景达峰目标测算　　　　　　　　　　表5-14

情景		2025年	2030年	2035年	2040年
情景一	预计碳排放量（10^8 tCO_2）	18.06	15.11	12.94	11.03
	与2020年相比降幅（%）	−0.33	16.06	28.11	38.72
	与预计达峰水平相比降幅（%）	2.38	18.32	30.05	40.38
情景二	预计碳排放量（10^8 tCO_2）	17.75	14.64	12.38	10.39
	与2020年相比降幅（%）	1.39	18.67	31.22	42.28
	与预计达峰水平相比降幅（%）	4.05	20.86	33.08	43.84
情景三	预计碳排放量（10^8 tCO_2）	17.21	14.2	12.01	10.08
	与2020年相比降幅（%）	4.39	21.11	33.28	44.00
	与预计达峰水平相比降幅（%）	6.97	23.24	35.08	45.51

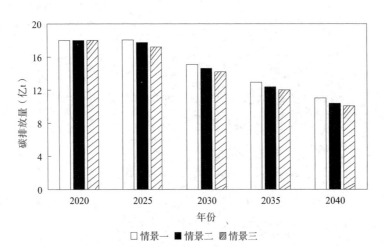

图5-21　钢铁行业不同情景下的碳排放测算

5.4 小结

建筑材料的市场需求与建筑市场规模息息相关，我国新建建筑竣工规模大概率已经进入下降区间，存量建筑的峰值也会在2025年前后出现。按照2019年各行业的工艺技术水平水泥和钢铁行业的峰值将相继于2022年和2025年前后出现，峰值的碳排放量分别为11.40亿tCO_2和18.06亿tCO_2。平板玻璃和建筑卫生陶瓷受存量建筑更新改造的需求影响，未来排放的最大值预计将在2030年前出现，但最大值不会超过前期碳排放量峰值。

第6章
基于全生命期的建材产品碳排放研究

生命周期分析方法，已经成为重要的环境管理工具，广泛应用于产品系统的环境影响评价，碳排放导致的温室效应成为目前全球关注的环境热点。本章基于生命周期分析方法，对建材产品生产制造过程碳排放的计算边界、计算方法进行了阐述，分别核算了典型建材产品和部品的碳排放系数，并以预制混凝土构件为具体案例详细开展了建材产品的碳足迹核算实践。

6.1 产品碳排放核算方法

建筑材料产品的整个生命周期，包括原料获取、材料制造、部品生产、使用、运输、废弃回收等主要阶段，每个阶段均会产生温室气体排放或碳排放（Greenhouse Gas，GHG），从而形成建材产品生命周期碳排放。温室气体，一般包括6类主要温室气体，即"京都协议书"中确定的二氧化碳（CO_2）、甲烷（CH_4）、笑气（N_2O）、氟烷（HFC_S）、氟化碳（PFC_S）和六氟化硫（SF_6）。碳足迹通常基于 ISO 14064、ISO 14067、GB/T 32150 等国内外标准的基本原则和方法进行核算。

建材产品碳足迹的计算范围，详见图 6-1，一般包括原材料生产或获取、原料运输和产品生产制造阶段，涉及相关原辅料、运输、能源生产和过程的碳排放因子，通常不包括产品使用和产品生命周期末期的碳排放。

原材料碳排放因子包括原料开采、原料运输和原料生产（过程化学反应和能源使用）的碳排放，运输碳排放因子指不同运输方式，如公路、铁路、水运等产生的碳排放，

第6章 基于全生命期的建材产品碳排放研究

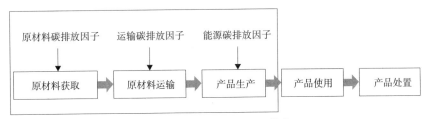

图 6-1 建材产品碳足迹核算范围

能源使用碳排放因子包含能源生产和能源消耗产生的碳排放，以下将就这几方面的碳排放进行详细阐述。

6.1.1 原料生产碳排放

建材产品涉及许多不可再生资源和原材料的消耗，如石灰、石膏、石英石、长石等，而它们的获取均来自地球上相关矿产的开采、提纯等原材料生产环节，生产过程中涉及化学反应和能源消耗产生的碳排放；同时，部分建材具有可回收再利用特性，需要考虑其回收利用过程。因此，原材料的生产的碳排放计算如下：

$$GHG_{mine}=(1-\alpha_i)\times\sum_{i=1}^{n}Q_iF_{GHG,i} \qquad (6-1)$$

式中 GHG_{mine}——原料生产过程的 GHG 排放总量；

Q_i——第 i 种原材料消耗量，kg；

α_i——第 i 种原材料的回收系数，典型原材料的回收系数见表 6-1；

$F_{GHG,i}$——第 i 种原材料生产的碳排放因子，见表 6-2。

典型主要建材的回收系数及建筑使用比例　　　表 6-1

材料	中型钢	钢筋	铝材	混凝土	砌块	砖	石膏板
回收系数，α	0.9	0.5	0.95	0.05	0.05	0.05	0
建筑使用比例，β	0.54	0.54	0.34	0.65	0.65	0.65	0
材料	废杂铜	废铅	废锌	玻璃	木材	PE	PVC
回收系数，α	0.636	0.5	0.5	0.11	0.15	0.225	0.225
建筑使用比例，β	—	—	—	0.65	—	—	—

原材料的碳排放因子　　　表 6-2

	材料名称	数值	单位	包含的生命周期阶段
预拌混凝土砂浆	水泥（42.5级普通硅酸盐水泥）	785	$kgCO_2eq/t$	原材料开采到制造
	砂石（天然砂）	0.106	$kgCO_2eq/t$	砂石开采
	机制砂（人工砂）	24.5	$kgCO_2eq/t$	开采到人工砂产品

续表

材料名称		数值	单位	包含的生命周期阶段
预拌混凝土砂浆	粉煤灰	34.5	kgCO$_2$eq/t	电厂分配
	铁矿粉	62.35	kgCO$_2$eq/t	高炉渣产生及处理加工
	水	0.148	kgCO$_2$eq/t	自来水
	外加剂（稠化粉）	720	kgCO$_2$eq/t	欧洲外加剂协会
	外加剂（纤维素醚）	720	kgCO$_2$eq/t	欧洲外加剂协会
建筑陶瓷砖	长石	21.1	kgCO$_2$eq/t	开采
	石英石	21.1	kgCO$_2$eq/t	开采
	黏土	3.1	kgCO$_2$eq/t	开采
	方解石	21.1	kgCO$_2$eq/t	开采
	白云石	21.1	kgCO$_2$eq/t	开采
卫生陶瓷	菱镁矿	16.99	kgCO$_2$eq/t	开采
	长石	16.99	kgCO$_2$eq/t	开采
	石英石	16.99	kgCO$_2$eq/t	开采
	高岭土	3.1	kgCO$_2$eq/t	开采
	石膏	3.1	kgCO$_2$eq/t	开采
节能玻璃	平板玻璃	921	kgCO$_2$eq/t	原料到大门
	隔热条 PA66	7945	kgCO$_2$eq/t	原料到大 Ecoinvent3
	胶条（三元乙丙）	2670	kgCO$_2$eq/t	原料到大 Ecoinvent3
	密封胶（硅酮）	2910	kgCO$_2$eq/t	原料到大 Ecoinvent3
保温材料	玄武岩	21.1	kgCO$_2$eq/t	开采
	焦炭	926	kgCO$_2$eq/t	原料到大门
	苯乙烯	6349	kgCO$_2$eq/t	原油到大门
	有机异氰酸酯	5547	kgCO$_2$eq/t	原料到大 Ecoinvent3
	发泡剂戊烷	1097	kgCO$_2$eq/t	原料到大 Ecoinvent3
	酚醛树脂	4154	kgCO$_2$eq/t	原料到大 Ecoinvent3
	添加剂（引发剂）	2805	kgCO$_2$eq/t	原料到大 Ecoinvent3
	添加剂（分散剂、阻燃剂等）	837.4	kgCO$_2$eq/t	原料到大 Ecoinvent3
砌块材料	页岩	3.1	kgCO$_2$eq/t	开采
	煤矸石	15.6	kgCO$_2$eq/t	原料开采分配
	粉煤灰	34.5	kgCO$_2$eq/t	电厂分配
	石灰	1430	kgCO$_2$eq/t	原料到大门
	水泥	785	kgCO$_2$eq/t	原料到大门
	铝粉膏	1080	kgCO$_2$eq/t	原料到大门
	水	0.148	kgCO$_2$eq/t	自来水
	天然河砂	3.984	kgCO$_2$eq/t	开采

6.1.2 产品生产碳排放

建材产品生产过程的碳排放,主要为能源消耗引起的碳排放(能源生产和燃料燃烧)和原辅料化学反应的过程碳排放。

(1)过程排放的碳排放

建材产品生产过程,使用到的原辅料,水泥生产用的石灰石、陶瓷原料含有的方解石、菱镁矿和白云石等碳酸盐(碳酸钙$CaCO_3$和碳酸镁$MgCO_3$)矿物,水泥和陶瓷等在高温生产过程中这些原料会发生分解,产生直接过程排放,对特定建材产品的生产需要核算这部分碳排放。

(2)能源生产的碳排放

能源生产的碳排放计算模型如下:

$$GHG_{ener}=\Sigma_{i=1}^{n}E_iF_{GHG,i} \tag{6-2}$$

式中 GHG_{ener}——能源生产过程的碳排放因子,$kgCO_2eq$;

E_i——第i类能源的消耗量;

$F_{GHG,i}$——第i类能源的碳排放因子,见表6-3。

(3)能源使用的碳排放

能源消耗引起的温室气体排放,是由于能源使用而带来的排放。能源消耗的GHG计算模型,首先针对化石能源使用产生的GHG计算,主要使用碳排放系数法;其次针对中国电力能源使用产生的GHG计算,其计算参数则基于中国电力生产的温室气体排放量及区域化特点进行计算。

1)化石能源使用的GHG计算

化石能源使用的碳排放系数方法如下:

碳排放系数 = 低位发热量(热值)× 单位热值含碳量 × 碳氧化率 ×(44/12)

其中煤的低位发热量(热值)来源于企业的测量数据,当数据缺失时,可采用国家能源统计年鉴推荐数据,常用能源碳排放参数系数计算结果见表6-4。

2)中国电力使用的碳排放因子

电力工业是国民经济和社会发展的基础产业,是现代社会的动力,电力产品是广泛使用的能源。电力生产生命周期清单数据是开展材料产业乃至所有工业产品LCA分析的基础性数据。电力清单分析结果不仅可应用于材料产业和一般工业产品的生命周期评价,其结果本身也能阐明电力工业的环境状况。目前,我国主要的发电方式有水力发电、火力发电(燃煤、燃气、燃油)、风力发电、光伏发电、核能发电等。

能源生产的碳排放因子　　　　　　　　　表 6-3

燃料品种		数值	单位	包含生命周期阶段
固体燃料	无烟煤	69.3	kgCO₂eq/t	开采（参照原煤）
	烟煤	69.3	kgCO₂eq/t	开采（参照原煤）
	褐煤	69.3	kgCO₂eq/t	开采（参照原煤）
	型煤	69.3	kgCO₂eq/t	开采（参照原煤）
	其他煤制品	69.3	kgCO₂eq/t	开采（参照原煤）
	焦炭	776	kgCO₂eq/t	原料开采到大门
	煤矸石	19.2	kgCO₂eq/t	开采（参照原煤）
	原煤	69.3	kgCO₂eq/t	开采
	洗精煤	69.3	kgCO₂eq/t	开采（参照原煤）
液体燃料	原油	208	kgCO₂eq/t	开采
	汽油	396	kgCO₂eq/t	原料开采到大门
	柴油	392	kgCO₂eq/t	原料开采到大门
	煤油	344	kgCO₂eq/t	原料开采到大门
	燃料油	385	kgCO₂eq/t	原料开采到大门
	液化天然气	914.2	kgCO₂eq/t	原料开采到大门
	液化石油气	679	kgCO₂eq/t	原料开采到大门
气体燃料	天然气	0.148	kgCO₂eq/m³	天然气开采到大门
	焦煤炉气	0.473	kgCO₂eq/m³	原煤开采到大门
	炼厂干气	621	kgCO₂eq/t	原料开采到大门
	其他煤气	0.469	kgCO₂eq/m³	原料开采到大门

常用化石燃料相关参数的推荐值　　　　　　　　　表 6-4

燃料品种		计量单位	低位发热量（GJ/t 或 GJ/10⁴Nm³）	单位热值含碳量（tC/GJ）	燃料碳氧化率
固体燃料	无烟煤	t	26.7③	2.74E-02②	98%（窑炉），95%（工业锅炉），91%（其他燃烧设备）
	烟煤	t	19.570④	2.61E-02②	
	褐煤	t	11.9②	2.80 E-02②	
	洗精煤	t	26.334①	2.54 E-02④	
	其他煤制品	t	17.460④	3.36 E-02④	
	石油焦	t	32.5②	2.75 E-02②	100%
	焦炭	t	28.435①	2.95 E-02②	98%
液体燃料	原油	t	41.816①	2.01 E-02②	99%
	汽油	t	43.070①	1.89 E-02②	99%
	柴油	t	42.652①	2.02 E-02②	99%

续表

燃料品种		计量单位	低位发热量 （GJ/t 或 GJ/10⁴Nm³）	单位热值含碳量 （tC/GJ）	燃料碳氧化率
液体燃料	煤油	t	43.070①	1.96 E−02②	99%
	燃料油	t	41.816①	2.11 E−02②	99%
	液化天然气	t	44.2②	1.72 E−02②	98%
	液化石油气	t	50.179①	1.72 E−02②	99.5%
	焦油	t	33.453	2.20 E−02②	99.5%
	其他石油制品	t	40.2②	2.00 E−02②	98%
气体燃料	天然气	10⁴Nm³	389.31①	1.53 E−02②	99.5%
	焦煤炉气	10⁴Nm³	179.81①	1.358 E−02②	99.5%
	高煤炉气	10⁴Nm³	33.000④	7.08 E−02②	99.5%
	转煤炉气	10⁴Nm³	84.000④	4.96 E−02②	99.5%
	其他煤气	10⁴Nm³	52.270①	1.22 E−02④	99.5%

① 数值取值来源为《中国能源统计年鉴2020》；
② 数值取值来源为《省级温室气体指南清单（试行）》；
③ 数值取值来源为《2006年IPCC国家温室气体清单指南》；
④ 数值取值来源为行业经验数值。

注：煤的低位发热量（热值）来源于企业的测量数据，当数据缺失时可采用本表的数值。

电力使用的碳排放系数取决于发电过程所使用的能源结构，包括水力、风力、火力、核能、太阳能等发电方式，并且地区差异较大。本研究基于生命周期分析方法，根据各省能源结构和跨区电网调度的特点，计算不同区域的电力生产碳排放因子。基础能源产品（电力、原煤、原油等）数据来源于国家能源统计年鉴、交通运输年鉴、电力年鉴等。我国2013~2019年常用发电方式发电量与构成情况见表6-5[1]。

由表6-5可知，2013~2019年我国电力生产结构仍然是以火电为主，水电、核电、风电、光伏等清洁能源生产为辅，其中煤电生产电力量最大，占电力总生产量从2013年的78.6%下降到2019年的68.9%；其次为水电生产电力量，占电力总生产量从2013年的16.6%上升到2019年的17.8%；风电生产电力量占电力总生产量从2013年的2.6%上升到2019年的5.5%；核电生产电力量占电力总生产量从2013年的2.1%上升到2019年的4.8%；光伏生产电力量占电力总生产量从2013年的0.2%上升到2019年的3.1%，上升比例最快；随着中国近几年清洁能源发电的发展，2019年核电、风电生产电力量虽然相比水电、风电电力量仍然较小，但产量相比于2013年增加幅度很大。我国的电力消耗量呈逐年增长趋势，尽管中国非化石能源发展迅速，核电风电发电量增长幅度较快，但截至目前我国最主要的发电方式仍是消耗煤炭等能源的火力发电方式，风电、核电、光伏、水电等清洁能源增长趋势明显，从 2013 年的 21.4% 上升到 2019 年的 31.1% 左右。

3）火力发电清单计算

利用《中国能源统计年鉴 2018》计算 2017 年的火电清单，2017 年火力发电实物消耗量如表 6-6 所示，结合全国电网的能源平衡表，综合计算得到单位售电的碳排放为 0.971kgCO$_2$eq。

4）水力发电清单计算

水力发电，不同于其他几种发电类型的发电方法，由于大规模的蓄水，导致水力发电站方圆几十到几百平方公里土地被淹没，随之生态系统发生了很大的转变，以小浪底水电站为例，被淹没的是山林地，当地的土地类型由林地转变为了河床，会造成间接的环境影响。基于刘宇博士关于中国土地转换和占用温室气体排放因子的研究成果[2]，选用的土地转换和占用温室气体排放因子分别是：森林转换为裸地和森林占用成为荒漠（被淹没的河床固碳能力与裸地和荒漠相似），其温室气体排放因子为

我国 2013~2019 年不同发电方式发电量对比（亿 kWh） 表 6-5

项目	2013 年	2014 年	2015 年	2016 年	2017 年	2018 年	2019 年
水电	9203	10640	11300	11930	11900	12320	13020
火电	42470	42690	42840	44370	46630	49250	50470
核电	1116	1325	1708	2133	2480	2950	3487
风电	1412	1561	1858	2371	2950	3685	4053
光伏	84	235	395	665	1178	1769	2237
总量	54320	56480	58150	61420	64950	69950	73230

2017 年火力发电实物消耗量 表 6-6

项目	电力	煤合计	原煤	焦炭	其他洗煤	煤矸石	焦炉煤气	高炉煤气	转炉煤气
单位	kWh	t	t	t	t	t	cu.m	cu.m	cu.m
总量	4.44×10^{12}	1.83×10^9	1.80×10^9	5.12×10^4	3.03×10^7	2.80×10^7	1.93×10^{10}	1.70×10^{11}	1.49×10^{10}
项目	油品合计	原油	汽油	柴油	燃料油	石油焦	炼厂干气	石油制品	天然气
单位	t	t	t	t	t	t	t	t	cu.m
总量	2.85×10^6	1.31×10^5	200	2.92×10^5	3.11×10^5	1.52×10^6	5.64×10^5	2.94×10^4	3.32×10^{10}

92.1kgCO$_2$/m^2 和 1.72kgCO$_2$/（m^2·a），计算得到水电站在 50 年的寿命内由于土地淹没造成的间接碳排放为 4.95×10^{10}kg；同时，水电站在使用过程中由于水库底沉积物的分解和腐烂生物分解，释放的主要气体包括 CO_2 和 CH_4 等直接碳排放为 1.97×10^9kg。考虑土地占用的环境影响，水电 CO_2 排放因子是 211gCO$_2$/kWh，比没有考虑土地占用的排放因子（17.4gCO$_2$/kWh）增大了 12 倍，可见土地占用产生的间接碳排放占水电站整个生命周期碳排放的 92%，这也反映出了水力发电碳排放的结构特点，土地占用造成的碳排放为主，但是水电单位售电排放因子大约为火电的 1/5，比火电还是有很大的环境效益。

水力发电是指利用水的流量和落差产生的动能推动水轮发电机发电。水力发电对环境的冲击较小，发电启动快且便于调节，还能控洪防洪、改善航运，近年来得到了广泛的应用。新中国成立初期，我国缺少大型水电站，且水电建设主要集中在较为发达、用电较多的东部地区。20 世纪 50 年代末，我国开始着手建设大型水电站，但都集中在黄河干流地区，水资源丰富的西南地区仍未得到大规模开发。改革开放以来，国家提出"西电东送"战略，西南地区丰富的水力资源逐步得到了开发利用。其中三峡工程就是西电东送战略的重要一环。三峡工程是当今世界上最大的水利工程，在防洪、发电、航运等多个方面为人类创造了巨大的效益。三峡工程坝址地处长江干流西陵峡河段、湖北省宜昌市三斗坪镇，控制流域面积约 100 万 km^2。三峡电站总装机容量为 2250 万 kW，自 2010 年末完成 175m 蓄水后的多年平均发电量为 890 亿 kWh，占据了全国水力发电总量的近 10%，我国主要水电站发电量见图 6-2[3]。

水电清单以三峡电站为基础进行核算，碳足迹约为 0.353kgCO$_2$eq，包括基础设施建设、电站设备和运行维护等过程。

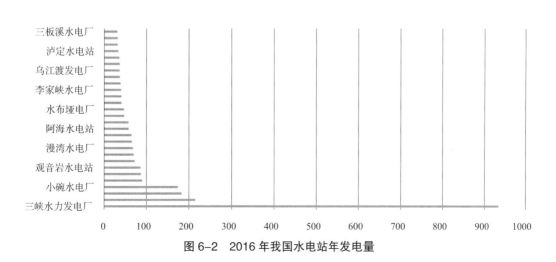

图 6-2　2016 年我国水电站年发电量

5）风力发电清单计算

风力发电作为一种清洁能源技术已成为世界各国能源革命的主力[4]。到 2019 年底，我国风电装机容量为 20915 万 kW，同比 2018 年增长 13.5%，发电量 4053 亿 kWh，同比 2018 年增长 10.8%；国家先后规划建设了七大风电基地，即河北、蒙东、蒙西、吉林、江苏沿海、酒泉、新疆风电基地。选取一个各部件都完全在中国生产的维斯塔斯 V90—3MW 陆上风机进行生命周期分析（忽略回收处理过程）。将风力发电机的生命周期划分为如下四个主要阶段：原材料的制造过程、风力发电机的制造过程、风力发电机的运输过程、风力发电机的安装运营及维护过程。针对所定义的系统边界收集到风机最主要的原材料和能源输入包括：电、钢、玻璃纤维、环氧树脂、铸铁、玻璃纤维增强聚酯、铜、钢筋混凝土和柴油等。通过数据收集与整合计算得出单位风电 CO_2 排放因子为 $6.36 \times 10^{-3} kgCO_2/kWh$。单位风电的 CO_2 排放因子是火电的 1/100，水电的 1/40，其显示了巨大优势，碳排放主要集中在风机的制造过程。

6）核电清单计算

2019 年我国核电的装机总量为 4874 万 kW，同比 2018 年增长 9.1%，发电量 3487 亿 kWh，同比 2018 年增长 18.2%；广东省核电占本省所有发电方式的比例约为 15%，是我国核电占比最高的省份之一。选取位于我国广东省深圳市大鹏新区大鹏半岛的某核电站为研究对象，该核电站是我国大陆第一座大型商用核电站，也是内地首座使用国外技术和资金建设的核电站，具有一定代表性。系统边界包括了包括基础设施建设、电站设备和运行维护等过程。通过数据收集与整合计算得出单位风电 CO_2 排放因子为 $1.37 \times 10^{-2} kgCO_2/kWh$。

7）全国电力平均

根据 2018 年能源统计年鉴，各种发电方式的发电量组成，风电、核电、火电、风电和水电的比例分别是 4.73%、3.87%、71% 和 18.6%，综合计算得到 2017 年我国电力碳排放因子为 $0.635 kgCO_2/kWh$。各省电力生产碳排放因子见表 6-7。

我国区域电力生产碳排放因子　　　　表 6-7

区域名称	数值	单位
中国电力（平均）	0.63	$kgCO_2eq/kWh$
电力 – 北京	0.89	$kgCO_2eq/kWh$
电力 – 浙江	0.72	$kgCO_2eq/kWh$
电力 – 新疆	0.77	$kgCO_2eq/kWh$
电力 – 西藏	0.13	$kgCO_2eq/kWh$

续表

区域名称	数值	单位
电力 – 四川	0.21	kgCO$_2$eq/kWh
电力 – 陕西	0.84	kgCO$_2$eq/kWh
电力 – 山西	0.88	kgCO$_2$eq/kWh
电力 – 青海	0.25	kgCO$_2$eq/kWh
电力 – 宁夏	0.84	kgCO$_2$eq/kWh
电力 – 内蒙古	0.81	kgCO$_2$eq/kWh
电力 – 辽宁	0.76	kgCO$_2$eq/kWh
电力 – 江西	0.78	kgCO$_2$eq/kWh
电力 – 江苏	0.86	kgCO$_2$eq/kWh
电力 – 吉林	0.74	kgCO$_2$eq/kWh
电力 – 湖南	0.56	kgCO$_2$eq/kWh
电力 – 湖北	0.40	kgCO$_2$eq/kWh
电力 – 黑龙江	0.82	kgCO$_2$eq/kWh
电力 – 河南	0.88	kgCO$_2$eq/kWh
电力 – 河北	0.84	kgCO$_2$eq/kWh
电力 – 海南	0.76	kgCO$_2$eq/kWh
电力 – 广西	0.48	kgCO$_2$eq/kWh
电力 – 广东	0.69	kgCO$_2$eq/kWh
电力 – 甘肃	0.58	kgCO$_2$eq/kWh
电力 – 福建	0.57	kgCO$_2$eq/kWh
电力 – 安徽	0.89	kgCO$_2$eq/kWh
电力 – 浙江	0.72	kgCO$_2$eq/kWh

6.1.3 运输碳排放计算

基于生命周期分析，运输碳排放核算的核算范围主要包括运输过程的燃料消耗引起的碳排放（含燃烧和能源生产、燃料燃烧或使用）[5]，不包括运输车辆和基础设施建设的碳排放，计算公式如下：

$$GHG_{\text{tran}} = \sum_{j=1}^{m} \sum_{i=1}^{n} Q_{i,j} D_{i,j} F_{\text{GHG},j} \tag{6-3}$$

式中 GHG_{tran}——各类材料及产品运输总碳排放量，kgCO$_2$eq；

$Q_{i,j}$——第 j 种运输方式运输的第 i 种材料的运输总量，kgCO$_2$eq；

$D_{i,j}$——第 i 种材料的第 j 种运输方式的运输距离，km；

$F_{\text{GHG},j}$——不同运输模式的碳排放因子。

常用运输方式的碳排放因子如表 6-8 所示。

基于生命周期分析的各类运输方式的碳排放因子　　　　表6-8

运输方式	碳排放因子	
	数值	单位
公路货运－汽油	0.131	$kgCO_2eq/tkm$
高速货运－柴油	0.098	$kgCO_2eq/tkm$
城市货运	0.121	$kgCO_2eq/tkm$
乡村货运	0.155	$kgCO_2eq/tkm$
水路运输	0.028	$kgCO_2eq/tkm$
铁路综合运输	7.61E-03	$kgCO_2eq/tkm$
铁路运输－内燃	9.41E-03	$kgCO_2eq/tkm$
铁路运输－电力	6.50E-03	$kgCO_2eq/tkm$

交通运输是国民经济和社会发展的基础性、支撑性行业，在整个经济活动中发挥着重要的纽带作用。由于交通运输特殊的生产特点，决定了其在提供服务的同时，也必然伴随着大量的能源消耗和环境污染物排放。

随着我国经济社会快速发展对交通运输需求的不断增加，以及机动化水平的快速提高，交通运输领域的能源消费呈现快速增长态势。根据统计年鉴估算，我国交通运输、仓储和邮政业的能源消耗分别占到了全国能源消耗的7.43%、7.47%、7.55%和7.77%，考虑到仓储业和邮政业能源消耗相对有限，估计交通运输的能源消耗占到了全国能源消耗总量的7%左右，而且有增加的趋势。

根据2010年公布的《中华人民共和国气候变化初始国家信息通报》，2010年我国按照二氧化碳当量估算的温室气体的总排放量（净排放）水平为105.44亿t/a，其中二氧化碳87.07亿t/a，按CO_2当量占82.6%；甲烷和氧化亚氮按CO_2当量折算分别占10.7%和5.2%；含氟气体占1.5%。2010年交通运输行业共排放二氧化碳65313.5万t/a，占全国二氧化碳排放量的7.51%。如果按照3种温室气体折合二氧化碳当量计算，交通运输行业二氧化碳排放占全国二氧化碳当量排放水平的6.30%。交通运输业除排放二氧化碳外，还排放一氧化碳（CO）、氮氧化物（NO_X）、总碳氢（THC）、二氧化硫（SO_2）、非甲烷碳氢化物（NMVOC）、甲烷（CH_4）、氧化亚氮（N_2O）、颗粒物等其他有害物质。

交通运输主要包括铁路网络、道路（公路）网络、内河及海运航运、管道运输以及航空运输，不同运输方式的能源消耗结构和运行维护存在很大的不同，因此产生环境负荷也存在显著差异。

铁路运输的清单：

我国铁路货物运输有两种方式：电力机车和内燃机车。电力机车在使用阶段主要消耗电力，根据电力清单可以进行运输阶段的清单计算；内燃机车的燃料主要为柴油，其清单计算包括柴油燃烧产生的排放和柴油生产引起的环境负荷。再根据不同年度的内燃机车与电力机车的货物周转量的比例，计算出全车铁路运输的清单。铁路运输清单计算过程中，基础设施的建设（如铁路建设、车站建设、变电站建设等）、铁路运行维护和机车运行维护等没有包含在清单中。2017年铁路运输内燃机车比例为42.8%，电力机车比例约为57.2%，根据各自燃油消耗和电力消耗，计算得到铁路运输的碳排放为$7.61 \times 10^{-3} kgCO_2 eq/tkm$。

内河水路航运的清单：

水路货运方式主要有机动货船运输、推船与驳船组成船队进行运输。根据交通运输统计年鉴，截至2017年底，长江水系全社会水路旅客、货物运输量分别达1.95亿人（次）和47.14亿t，港口货物吞吐量和集装箱吞吐量分别达到82.55亿t和1.17亿集装箱；长江干线货物通过量达到25.0亿t，干线港口货物吞吐量和集装箱吞吐量分别达到27.98亿t和1781.4万集装箱，亿吨大港达到14个。

内河水路航运的清单计算系统边界包括船舶使用和燃油生产两个生命阶段，相关基础设施的建设与维护以及船舶的制造、维护、报废等过程均不作考虑。同时考虑到货运过程造成的环境影响的类型及原因也非常复杂，而在这一阶段船舶主机对资源消耗、环境污染的贡献最大，船舶使用阶段的评价，仅限于船舶主机的燃油消耗与排放。典型船舶和船队的燃料假设均为柴油。典型货船和典型船队的耗油率根据功率相近的柴油机耗油率确定，船舶排放的大气污染物CO_2、CO、$NMVOC$、NO_x、NH_3、CH_4、N_2O和PM，其排放因子计算方法则通过修正欧洲环境署（EEA）公布的《排放清单指南2017》的非控制状态下柴油机排放因子计算方法得到，内河水运的碳排放为$0.028 kgCO_2 eq/tkm$。

公路运输的清单：

公路运输的清单系统边界包括货车使用和燃油生产两个阶段。由于使用阶段在货车生命周期过程中占据着非常重要的地位，且使用成本在货车生命周期总成本中占有很大部分，其具体表现为燃料油的消耗及产生的环境排放。而消耗的燃料则追溯到燃料油的生产环节。而对货车生产、交通基础设施的建设、维护、报废等过程以及所有的运输和销售活动均未作考虑，一方面原因是这类数据难以获得，另一方面原因在于产生的影响较小。

根据我国货车车型的分类标准，确定轻型货车的最大装载量为2t，重型货车为

10t。机动车的负载状况会对机动车排放因子造成影响,结合各排放因子的计算模型,确定轻型货车和重型货车的负载率均为50%。在我国轻型货车中汽油型占据较大比例,而重型货车几乎全部为柴油车,其城市货运和公路货运的碳排放分别为0.121kgCO$_2$eq/tkm 和 0.131kgCO$_2$eq/tkm。

不同运输方式的环境负荷差异:

交通运输在经济活动中发挥着重要的纽带作用,不仅消耗大量能源并产生大量的温室气体,其排放的氮氧化物、二氧化硫、一氧化碳和挥发性有机物等污染物也会对环境造成很大程度的破坏。不同区域的运输方式也有一些差异,如在华东区域,存在大量的水路航运,其他区域主要以公路运输和大宗材料的铁路运输为主,不同的运输方式产生的环境负荷有着显著的差异,不难发现铁路运输和水路航运的环境负荷显著小于公路运输。

6.1.4 建材产品的碳足迹

结合上述原材料生产过程、化石能源使用及电力使用和交通运输过程的GHG计算模型,对生命周期各阶段的GHG进行累积核算,见式(6-4),计算得到建筑材料全生命周期GHG排放。

$$GHG_{manu}=GHG_{mine}+GHG_{ener}+GHG_{tran} \tag{6-4}$$

式中 GHG_{manu}——单位建材产品生产的碳排放量,kgCO$_2$eq;

GHG_{mine}——原材料生产过程的碳排放总量,kgCO$_2$eq;

GHG_{ener}——能源生产和能源使用引起的碳排放总量,kgCO$_2$eq;

GHG_{tran}——各类材料、产品及能源运输的碳排放总量,kgCO$_2$eq。

基于生命周期分析方法,系统边界包括从原材料开采、产品制造和运输过程,建材生产的基础设施(厂房、设备等)不包括在碳排放计算边界内,典型建材产品的碳排放,详见表6-9~表6-15[6]。

典型建材产品或部品碳排放　　　　表6-9

产品名称	单位	碳排放量	产品名称	单位	碳排放量
粘结砂浆	kgCO$_2$eq/m^3	334.464	浮法玻璃	kgCO$_2$eq/kg	0.921
岩棉板	kgCO$_2$eq/kg	1.951	C50 严寒	kgCO$_2$eq/m^3	311.935
水泥-全国	kgCO$_2$eq/kg	0.786	C50 夏热冬冷	kgCO$_2$eq/m^3	308.460
实心砖	kgCO$_2$eq/kg	0.160	C50 寒冷	kgCO$_2$eq/m^3	325.871
石材	kgCO$_2$eq/kg	0.109	C40 严寒	kgCO$_2$eq/m^3	255.761

续表

产品名称	单位	碳排放量	产品名称	单位	碳排放量
轻质混凝土	kgCO$_2$eq/m^3	249.863	C40 夏热冬冷	kgCO$_2$eq/m^3	289.693
抹面砂浆	kgCO$_2$eq/m^3	225.816	C40 寒冷	kgCO$_2$eq/m^3	312.842
空心砖	kgCO$_2$eq/kg	0.062	C30 严寒	kgCO$_2$eq/m^3	212.343
建筑陶瓷	kgCO$_2$eq/kg	0.355	C30 夏热冬冷	kgCO$_2$eq/m^3	241.426
加气混凝土砌块	kgCO$_2$eq/m^3	295.044	C30 寒冷	kgCO$_2$eq/m^3	250.354
灰砖	kgCO$_2$eq/kg	0.247	线材（钢）	kgCO$_2$eq/kg	2.45
型材（钢）	kgCO$_2$eq/kg	2.47	石灰	kgCO$_2$eq/kg	1.43

不同强度等级的预拌混凝土碳排放 表 6-10

强度等级	稠度	水泥等级	砂子种类	石子种类和最大粒径（mm）	材料用量（kg/m^3）				碳排放（kgCO$_2$eq/m^3）
					水泥	砂	石	水	
C15	75~90mm	32.5	细砂	碎石 16	309	752	1104	235	268.21
C15	16~20s	32.5	粗砂	卵石 10	227	821	1182	170	210.49
C20	75~90mm	32.5	细砂	碎石 16	373	672	1120	235	315.43
C20	16~20s	32.5	粗砂	卵石 10	274	743	1213	170	245.62
C25	75~90mm	32.5	细砂	碎石 16	452	591	1122	235	373.29
C25	16~20s	42.5	粗砂	卵石 10	258	809	1164	170	239.52
C30	75~90mm	32.5	细砂	碎石 16	511	571	1093	235	415.83
C30	16~20s	42.5	粗砂	卵石 10	293	736	1201	170	274.17
C35	75~90mm	42.5	细砂	碎石 16	435	597	1133	235	383.27
C35	16~20s	52.5	粗砂	卵石 10	283	740	1207	170	278.49
C40	75~90mm	42.5	细砂	碎石 16	480	581	1104	235	417.80
C40	16~20s	52.5	粗砂	卵石 10	309	672	1249	170	300.95
C45	75~90mm	52.5	细砂	碎石 16	452	591	1122	235	415.48
C45	16~20s	62.5	粗砂	卵石 10	293	736	1201	170	297.60
C50	75~90mm	52.5	细砂	碎石 16	511	571	1083	235	463.23
C50	16~20s	62.5	粗砂	卵石 10	447	570	1212	170	430.71
C55	75~90mm	52.5	细砂	碎石 16	547	510	1109	235	493.57
C55	16~20s	62.5	粗砂	卵石 10	347	659	1224	170	344.73
C60	75~90mm	52.5	细砂	碎石 16	588	497	1081	235	549.07
C60	16~20s	62.5	粗砂	卵石 10	378	593	1260	170	372.35

不同强度水泥砂浆碳排放　　　　　　　　　　　　　　　表 6-11

强度等级	水泥（kg/m³）	砂（kg/m³）	用水量（kg/m³）	碳排放（kgCO₂eq/m³）
M5	215	1400	300	186.80
M7.5	245	1400	300	210.48
M10	275	1400	300	234.16
M15	310	1400	300	261.78
M20	370	1400	300	309.14
M25	385	1400	300	320.97
M30	455	1400	300	376.22

不同强度水泥粉煤灰抹灰砂浆碳排放　　　　　　　　　　表 6-12

强度等级	水泥（kg/m³）	砂（kg/m³）	用水量（kg/m³）	碳排放（kgCO$_2$eq/m³）
M15	355	1400	275	297.30
M20	415	1400	275	344.65
M25	425	1400	275	352.54
M30	495	1400	275	407.79

不同强度水泥粉煤灰砂浆碳排放　　　　　　　　　　　　表 6-13

强度等级	水泥（kg/m³）	粉煤灰（kg/m³）	砂（kg/m³）	用水量（kg/m³）	碳排放（kgCO$_2$eq/m³）
M5	270	54	1400	295	236.88
M10	335	67	1400	295	289.79
M15	375	75	1400	295	322.34

不同强度水泥粉煤灰抹灰砂浆碳排放　　　　　　　　　　表 6-14

强度等级	水泥（kg/m³）	粉煤灰（kg/m³）	砂（kg/m³）	用水量（kg/m³）	碳排放（kgCO$_2$eq/m³）
M15	355	56	1400	300	201.61
M20	415	64	1400	300	226.76
M25	425	71	1400	300	250.82
M30	495	79	1400	300	275.48

不同强度水泥石灰抹灰砂浆碳排放　　　　　　　　　　　表 6-15

强度等级	水泥（kg/m³）	石灰膏（kg/m³）	砂（kg/m³）	用水量（kg/m³）	碳排放（kgCO$_2$eq/m³）
M2.5	215	160	1400	230	407.72
M5	255	120	1400	230	382.66
M7.5	305	70	1400	230	351.65
M10	355	20	1400	230	320.5

6.2 基于行业与LCA测算的建材产品碳排放比较分析

6.2.1 水泥产品碳排放比较分析

基于生命周期思想,按照《温室气体排放核算与报告要求 第8部分:水泥生产企业》GB/T 32151.8—2015要求仅核算二氧化碳的排放量。核算和报告的范围包括:化石燃料燃烧排放、过程排放、购入和输出的电力及热力产生的排放。水泥生产过程中,原材料碳酸盐分解产生的二氧化碳排放。LCA方法核算水泥二氧化碳排放因子为:0.78kg CO_2/kg 42.5级水泥,并根据水泥产量测算水泥行业二氧化碳排放(碳排放系数0.62kg CO_2/kg水泥),见表6-16。基于LCA方法测算的CO_2排放均大于行业测算的结果,约高25.8%,主要原因在于LCA方法的系统边界比GB/T 32151.8—2015划定的企业边界更广。

水泥行业二氧化碳排放测算的比较　　　　表6-16

年份	水泥产量（亿t）	行业测算碳排放（亿tCO_2）	LCA测算碳排放（亿tCO_2）
2011	20.99	11.93	16.37
2012	22.10	11.95	17.24
2013	24.19	12.40	18.87
2014	24.92	12.83	19.44
2015	23.59	12.22	18.40
2016	24.10	12.32	18.80
2017	23.31	12.05	18.18
2018	22.10	12.14	17.24
2019	23.44	12.99	18.28

6.2.2 玻璃产品碳排放比较分析

基于生命周期思想,按照《温室气体排放核算与报告要求 第7部分:平板玻璃生产企业》GB/T 32151.7—2015要求仅核算二氧化碳的排放量。核算和报告的范围包括:燃料燃烧排放、原料配料中碳粉氧化产生的排放、原料碳酸盐分解产生的排放、购入和输出的电力、热力产生的排放。计算时通过矿石质量、碳酸盐含量和排放因子计算出每一种碳酸盐分解产生的二氧化碳,并进行累加得到因碳酸盐分解产生的二氧化碳总量。LCA方法核算平板玻璃二氧化碳排放因子为:46.05kg CO_2/重量箱玻璃,并根据平板产量测算平板行业二氧化碳排放,按《玻璃和铸石单位产品能源消耗限额》

GB 21340—2019 进行推算，碳排放系数 40.23 kg CO_2/重量箱，见表 6-17。不难发现基于 LCA 方法测算的 CO_2 排放明显大于行业测算的结果，约高 27.8%，主要原因在于 LCA 方法的系统边界比 GB/T 32151.7—2015 划定的企业边界更广，其包括了原料开采、辅助材料生产等的碳排放。

平板玻璃行业二氧化碳排放测算的比较　　　　表 6-17

年份	平板玻璃产量（万重量箱）	行业测算碳排放（万t，能耗限额测算）	LCA 测算碳排放（万t）
2011	79107.55	2926.98	3642.90
2012	75050.5	2776.87	3456.06
2013	79285.8	2933.57	3651.11
2014	83128.16	3075.74	3828.05
2015	78651.63	2910.11	3621.91
2016	80408.45	2999.64	3702.81
2017	873765.8	3039.63	3396.92
2018	93963.26	3391.53	4327.01
2019	94461.20	3395.05	4349.48

6.2.3 陶瓷产品碳排放比较分析

基于生命周期思想，按照《温室气体排放核算与报告要求 第 9 部分：陶瓷生产企业》GB/T 32151.9—2015 要求仅核算二氧化碳的排放量。核算和报告范围包括：化石燃料燃烧产生的二氧化碳排放、陶瓷烧成过程的二氧化碳排放、购入和输出电力产生的二氧化碳排放。过程排放主要来自陶瓷烧成工序，采用碳平衡法计算二氧化碳排放量，主要考虑碳酸钙和碳酸镁两种成分。由碳素和/或腐殖酸燃烧氧化产生的二氧化碳不进行核算。LCA 方法核算二氧化碳排放因子为：11.5kg CO_2/m^2 建筑陶瓷，58.95kg CO_2/件卫生陶瓷，并根据建筑陶瓷产量测算行业二氧化碳排放变化，见表 6-18 和表 6-19。其中，行业碳排放测算根据《建筑卫生陶瓷单位产品能源消耗限额》GB 21252 进行推算，建筑陶瓷和卫生陶瓷的碳排放系数分别为 13.41 kg CO_2/m^2 建筑陶瓷和 31.68 kg CO_2/件卫生陶瓷。建筑陶瓷行业测算的碳排放高于 LCA 研究结果，可能的原因在于使用的标准比较老，能源消耗数据偏大；同时 LCA 测算采用的是最新的能源结构和最先进技术工艺，使得能源使用碳排放大幅降低，也成为误差产生的原因之一。对于卫生陶瓷，基于 LCA 方法测算的 CO_2 排放明显大于行业测算的结果，主要原因在于 LCA 方法的系统边界比 GB/T 32151.9—2015 划定的企业边界更广。

建筑陶瓷行业二氧化碳排放对比　　　　　　　　　　　　　　表6-18

年份	产量（亿m²）	行业测算碳排放（万t）	LCA测算碳排放（万t）
2011	87.01	13745	10006.15
2012	89.93	13944	10341.95
2013	96.90	14749	11143.50
2014	102.30	15285	11764.50
2015	101.79	14930	11705.85
2016	102.65	14438	11804.75
2017	101.46	13674	11667.90
2018	90.11	11623	10362.65
2019	82.25	10163	9458.75

卫生陶瓷行业二氧化碳排放对比　　　　　　　　　　　　　　表6-19

年份	产量（亿件）	行业测算碳排放（万t）	LCA测算碳排放（万t）
2011	1.92	362	903.35
2012	2.00	371	941.83
2013	2.06	375	972.49
2014	2.15	385	1014.36
2015	2.19	385	1030.59
2016	2.27	395	1071.15
2017	2.40	411	1132.69
2018	2.34	393	1103.03
2019	2.37	390	1117.69

6.2.4 建筑钢材产品碳排放比较分析

基于生命周期思想，按照《温室气体排放核算与报告要求 第5部分：钢铁生产企业》GB/T 32151.5—2015要求仅核算二氧化碳的排放量。钢铁生产企业温室气体核算和报告范围包括：化石燃料燃烧产生的二氧化碳排放、过程排放、企业购入和输出电力、热力产生的二氧化碳排放、固碳产品隐含的排放。过程排放是指钢铁生产企业在烧结、炼铁、炼钢等工序中由于其他外购含碳原料（如电极、生铁、铁合金、直接还原铁等）和熔剂的分解和氧化产生的二氧化碳排放。企业在钢铁生产过程中，输出的电力、热力主要是企业在满足自身生产所需的情况下，将富余的热力、电力输出的情况，这部分的排放应在总排放中扣除。钢铁生产过程中有少部分碳固化在生铁、粗钢等外销产品中，还有一小部分碳固化在以副产煤气为原料生产的甲醇等固碳产品中。LCA方法核算粗钢生产二氧化碳排放因子为：1.88kg CO_2/ 粗钢（BOF 流程），0.46kg CO_2/ 粗钢（EAF 流程），并根据产量测算行业二氧化碳排放变化见表 6-20，由于 LCA 系统边界包括了原料开采、运输等过程，测算的碳排放均大于行业测算的碳排放，范围在 10% 左右，这说明钢铁生产的碳排放主要来源于钢铁生产过程。

粗钢行业二氧化碳排放对比　　　　表 6-20

年份	粗钢产量（万 t）	行业测算碳排放（万 t）	LCA 测算碳排放（万 t）
2010	63874	106669.58	118166.9
2011	68497	114389.99	126719.45
2012	71716	119765.72	132674.6
2013	77904	130099.68	144122.4
2014	82270	137390.9	152199.5
2015	80383	134239.61	148708.55
2016	80837	134997.79	149548.45
2017	83173	138898.91	153870.05
2018	92830	155026.1	171735.5
2019	99634	166388.78	184322.9
2020	106477	177816.59	196982.45

6.3 预制混凝土构件碳排放计算案例

装配式建筑的发展对于促进建筑领域的可持续化发展、加快建筑业转型升级具有重要意义。对比传统现浇施工方式和预制装配施工方式的碳排放差异，根据发达国家的经验，其材料节约 20%；水资源节约超过 60%。其他资源和能源也有不同程度的节约，施工现场的建筑垃圾和废弃物也相应减少，其建筑废弃物回收可达一半以上。这些都可带来可观的碳减排效益，是我国建筑业绿色低碳可持续发展的重要方向。目前，我国装配式建筑主要以预制混凝土结构为主，使用的预制构件产品主要是叠合板、预制保温外墙板、预制楼梯等。基于生命周期评价理论，计算预制构件的碳排放，为装配建筑节能减排策略提供重要的数据支撑。

6.3.1 目标与范围的确定

为了考察预制混凝土构件全生命周期的碳排放量，结合目前混凝土预制构件的生产和应用情况，重点选取了叠合板、预制保温外墙板、预制楼梯三类产品进行实际案

第6章 基于全生命期的建材产品碳排放研究

例调研,采用建材产品全生命周期的碳排放计算方法,定量混凝土结构构件的碳排放。

建筑预制混凝土构件生命周期系统边界包括水泥的生产、预拌混凝土的生产和运输、棒材和线材的生产和运输、建筑施工等,直到混凝土结构构件制作完成,其生产流程如图6-3所示。

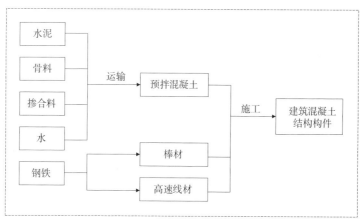

图6-3 预制混凝土构件生产流程图

根据对寒冷和夏热冬冷地区构件企业的调研数据,调研企业产品的原料与能源来源及运输情况见表6-21。

运输主要指预拌混凝土、棒材、水泥、骨料、粉煤灰等原辅材料及柴油、汽油、电力等能源的运输。调研中,水泥和粉煤灰使用粉料运输车、其他原辅材料使用重型卡车进行公路运输,柴油和汽油使用公路运输,电力由电力公司直接输送。

不同企业的构件产品原料与能源来源及运输情况表　　　　表6-21

企业	种类	名称	运输方式	运输距离(km)	备注
A企业	原辅料	预拌混凝土(m^3)	公路	1	C30
		棒材(钢)(t)	公路	150~200	损失率:0.5%
		水泥(t)	公路	100	P·O42.5
		粗骨料(t)	公路	15~20	
		细骨料(t)	公路	15~20	
		粉煤灰(t)	公路	175	
		矿粉(t)	公路	92	
		外加剂(t)	公路	60	聚羧酸
	能源	柴油(t)	公路	厂内	
		电力(kWh)	电力公司		

续表

企业	种类	名称	运输方式	运输距离（km）	备注
B企业	原辅料	预拌混凝土（m³）	自制		C30
		棒材（钢）(t)	公路	50~170	损失率：无
		线材（钢）(t)	公路	50~170	损失率：无
		铁丝（t）	公路	150	损失率：无
		水泥（t）	公路	70	强度等级：42.5
		粗骨料（t）	公路	70~100	
		细骨料（t）	公路	70~100	
		外加剂（t）	公路	70	减水剂
	能源	柴油（t）	公路	10	
		汽油（t）	公路	10	
		电力（kWh）	电力输送		

6.3.2 碳排放清单分析

预制混凝土构件的制作需要水泥、商品混凝土、棒材和线材等原料。

水泥是指粉状的水硬性无机胶凝材料，加水搅拌后成浆体，能在空气中硬化或者在水中更好地硬化，并能把砂、石等材料牢固地胶结在一起。水泥主要是从石灰石和黏土生产而来，硅酸盐水泥是最具代表性的水泥，是产量最多的一种，约占所有水泥产量的95%，我们通常所说的水泥主要就是指普通硅酸盐水泥，是以石灰石和黏土为主要原料，经破碎、配料、磨细制成生料，然后经过预分解窑和回转窑煅烧成熟料，再将熟料加适量石膏（有时还掺加混合材料或外加剂）磨细而成。水泥是商品混凝土的最重要原材料之一，也是决定混凝土性能和环境影响的最主要部分，普通硅酸盐水泥是商品混凝土中最常用的水泥，可以说大多数商品混凝土都是由普通硅酸盐水泥制备的。

混凝土的组成主要包括起骨架或填充作用的骨料、作为辅助材料的掺合料、改善混凝土性能的外加剂。商品混凝土的生产主要是由混凝土搅拌站来完成，混凝土搅拌站主要由搅拌主机、物料称量系统、物料输送系统、物料贮存系统和控制系统5大系统和其他附属设施组成。生产时先配好不大于搅拌机搅拌能力的原材料，再投到搅拌机中搅拌。

在预制构件中起抗拉作用的钢筋，通常指钢铁棒材和高速线材。钢铁棒材是小型棒材，一直是我国消费量最大的钢品种，并且一直以较高速度增长，近20年来，小型

第6章 基于全生命期的建材产品碳排放研究

棒材产量占钢材总产量的23.5%~27.7%。其生产工艺流程为：上料、坯加热、粗轧、精轧、外形尺寸测量、冷床冷却、定尺锯切、检查、堆垛、打捆、标记、入库等。高速线材一般是指直径为5~13mm热轧圆钢或相当于该断面的异型钢，因以盘卷状态交货，统称为线材或盘条，由于制造标准件的需要，许多冷拉坯料直接使用盘条，盘条比直条拉拔头少，连续性强，拉拔效率高，国外线材规格已扩大到 ϕ 50mm。常见线材多为圆断面，异形断面线材有椭圆形、方形及螺纹形等，但生产数量很少。线材在国民经济建设中使用十分广泛，是我国钢材产量中比重较大的一个品种。

预制构件的生产涉及原材料和资源能源的消耗，不同原辅材料及能源碳排放因子见表6-22。

根据调研中各企业提供的预制混凝土构件生产中各种原辅材料及能源的消耗数据，得到不同产品单位产品原燃料消耗清单，见表6-23。

建材产品的全生命周期碳排放量的构成包括原材料生产的碳排放、使用能源的能源生产碳排放、能源使用的碳排放、运输过程的碳排放的总和。根据产品原辅材料及能源的运输和消耗情况、碳排放因子情况，结合产品全生命周期的碳排放计算方法，得到不同企业单位产品碳排放量情况，见表6-24。

从表6-24中可以看到A企业1m³叠合板的碳排放量为843.63kg二氧化碳当量，而同样单位产品B企业的碳排放量为885.09kg二氧化碳当量，这样的碳排放量差异同样体现在预制楼梯产品上。A企业为夏热冬冷地区企业，B企业位于寒冷地区，不同

原材辅材料及能源碳排放因子表 表6-22

材料名称	数值	单位	包含的生命周期阶段
预拌混凝土	274.17	$kgCO_2eq/m^3$	原材料开采到制造大门
水泥（42.5级普通硅酸盐水泥）	785	$kgCO_2eq/t$	原材料开采到制造大门
砂石	0.106	$kgCO_2eq/t$	砂石开采
机制砂	24.5	$kgCO_2eq/t$	开采到人工砂产品
粉煤灰	34.5	$kgCO_2eq/t$	电厂分配
铁矿粉	62.35	$kgCO_2eq/t$	高炉渣产生及处理加工
水	0.148	$kgCO_2eq/t$	自来水
外加剂	720	$kgCO_2eq/t$	欧洲外加剂协会
棒材	2.47	$kgCO_2eq/kg$	原材料开采到制造大门
线材	2.45	$kgCO_2eq/kg$	原材料开采到制造大门
柴油（生产）	392	$kgCO_2eq/t$	原料开采到制造大门
电力（生产）	0.63	$kgCO_2eq/kWh$	中国各区域平均水平

不同企业的单位构件产品原辅料用料与能源消耗表　　　表 6-23

企业	单位产品	原材辅料消耗									水耗	能耗	
		预拌混凝土（m^3）	棒材（kg）	线材（kg）	铁丝（kg）	水泥（kg）	粗骨料（kg）	细骨料（kg）	粉煤灰（kg）	外加剂（kg）	新鲜水（m^3）	电力（kWh）	柴油（kg）
A企业	$1m^3$叠合板	1	120	0	0	340	1100	850	30	6	50	10	0.42
	$1m^3$预制楼梯	1	95	0	0	300	1100	890	30	5.5	45	13	0.44
B企业	$1m^3$叠合板	1	140	0	5	320	800	700	60	10	0.15	3	0
	$1m^3$预制保温外墙板	1	100	0	5	320	800	700	60	10	0.15	3	0
	$1m^3$预制剪力墙板	1	100	0	5	320	800	700	60	10	0.15	3	0
	$1m^3$预制楼梯	1	100	0	5	320	800	700	60	10	0.15	3	0

企业单位产品碳排放　　　表 6-24

企业	单位产品	碳排放量 / $kgCO_2eq$
A企业	$1m^3$叠合板	843.63
	$1m^3$预制楼梯	753.07
B企业	$1m^3$叠合板	885.09
	$1m^3$预制保温外墙板	788.12
	$1m^3$预制剪力墙板	788.12
	$1m^3$预制楼梯	788.12

建筑气候区对于预制构件部品的使用功能要求不同可能导致不同企业原材料使用量及配比的差别，最终影响了生产产品的碳排放量。同样，同一企业，不同产品原辅材料的用量不同，导致了不同产品碳排放量的差异。

6.3.3　碳排放分析

通过计算不同预制构件产品企业生产的单位产品碳排放量，得到了基于全生命周期的预制构件产品的碳排放量。其中，原辅材料及能源使用量越多、生产碳排放因子越高，其对应的碳排放量越大，而通过不同单位构件产品原辅料用料与能源消耗表可以看到，消耗量多的原辅材料及能源为混凝土、棒材、水泥、骨料、电力，对照本章节计算方法部分内容其对应的碳排放因子，可以得到，对单位产品碳排放量贡献大的分别为混凝土、水泥、棒材，对于混凝土来说，主要是使用的水泥贡献较多，还包括运输和骨料生产产生的排放，而钢铁的排放主要来自焦炭的燃烧和电力的使用。

6.4 小结

本章基于生命周期分析方法，针对水泥、平板玻璃、建筑卫生陶瓷、建筑钢材等典型建材产品生产，确定了建材产品碳排放核算的边界范围为从"摇篮到大门"，包括原料生产、运输、产品生产和能源生产等过程，并建立面向过程的碳核算方法模型。通过计算获得建材主要产品的碳排放系统，为建材行业碳达峰测算提供基础数据。同时，还基于不同行业碳排放方法与基于生命周期碳排放计算方法，对比分析了水泥、平板玻璃、建筑卫生陶瓷和建筑钢材的碳排放差异及其产生的原因。最后，针对目前装配式建筑，研究了预制混凝土构件生命周期碳排放计算方法，并分析了不同构件、不同企业生产的碳排放差异，为改进和降低装配式建筑碳排放提供技术途径。

参考文献

[1] 国家统计局. 中国能源统计年鉴 2020 [M]. 北京：中国统计出版社，2020.

[2] 刘宇. 材料生产的土地使用环境影响评价模型研究及其应用 [D]. 北京：北京工业大学，2012.

[3] 中国水力发电年鉴编委会. 中国水力发电年鉴 [M]. 北京：中国电力出版社，2020.

[4] 不同发电能源温室气体排放关键问题研究项目组. 中国不同发电能源的温室气体排放 [M]. 北京：中国原子能出版社，2015.

[5] 中华人民共和国交通运输部. 营运货车燃料消耗限值及测量方法. JT/T 719—2016[S]. 北京：人民交通出版社，2016.

[6] 北京工业大学. 材料生命周期分析基础数据库（SinaCenter）[EB/OL]. http：//cnmlca.bjut.edu.cn．

第 7 章
绿色建材发展及减碳潜力分析

7.1 我国绿色建材的发展现状

党的十八大以来，党中央、国务院高度重视生态文明建设，对贯彻绿色发展理念决心坚定。建材工业作为建筑业的基础，是我国城乡建设发展的重要保障，为治理生态环境、发展循环经济和改善人居生活条件提供有力支撑。新时代下，我国建材工业资源环境约束持续强化、节能减排工作日趋繁重，特别是"碳达峰、碳中和"目标提出后，行业绿色低碳发展的需求更加紧迫。大力发展绿色建材不仅有利于节能降耗、清洁生产，更是健全绿色建材市场体系，增加绿色建材产品供给，提升绿色建材产品质量，促进建材工业和建筑业转型升级的有效途径。

按照党中央、国务院对发展绿色建材的各项任务要求，近年来国家和地方陆续建立组织管理机制，逐步健全技术标准体系，扎实推进绿色建材评价认证实施，稳步促进绿色建材推广应用，工作成效显著。"十四五"时期绿色建材将迈入深化发展阶段，以"双碳"目标为指引，为实现建材工业转型升级和城乡建设领域高质量发展奠定基础。

7.1.1 组织管理建设

以 2013 年住房和城乡建设部、工业和信息化部联合成立绿色建材推广和应用协调组为起点，国家层面成立了绿色建材评价管理办公室，印发《绿色建材评价标识管理办法》《促进绿色建材生产和应用行动方案》《绿色建材评价标识管理办法实施细则》

和《绿色建材评价技术导则（试行）》等系列政策文件，明确了"绿色建材"的内涵、评价指标、发展目标和推广路径。

在两部门绿色建材推广和应用协调组的领导下，全国多个省、市、自治区组建了绿色建材推广应用协调组和日常管理机构，促进了绿色建材生产端至消费端的协调管理，初步构建了绿色建材全产业链组织管理体系。据统计，北京、天津、浙江、贵州、重庆、湖北、湖南、青海、宁夏、安徽等25省市已落实日常管理机构，为绿色建材发展提供了基本的组织保障。

在绿色建材评价标识工作基础上，根据国家市场监督管理总局、住房和城乡建设部、工业和信息化部《绿色建材产品认证实施方案》《关于加快推进绿色建材产品认证及生产应用的通知》等政策文件精神，组建了由国家市场监督管理总局、住房和城乡建设部、工业和信息化部有关司局负责同志组成的绿色建材产品标准、认证、标识推进工作组，并将绿色建材纳入绿色产品国推认证制度，实现了评价向认证的平稳过渡，奠定了坚实的认证制度保障。此外，为充分发挥行业协会、科研院所、企事业单位相关专家在绿色建材产品认证工作中的作用，成立了绿色建材产品认证技术委员会，为开展绿色建材产品认证技术协调，促进绿色建材生产、示范、应用，服务行业高质量发展提供政策咨询和技术支撑。

7.1.2 评价认证工作进展

自开展绿色建材评价标识工作以来，成立了中国建筑科学研究院、中国建材检验认证集团、北京国建联信认证中心、北京康居认证中心4家三星级绿色建材评价机构和93家一、二星级评价机构。全国一、二星级绿色建材评价机构分布如图7-1所示。

截至2021年5月1日，累计发放了预拌混凝土、砌体材料、保温材料、预拌砂浆、陶瓷砖、卫生陶瓷、建筑节能玻璃7类产品评价标识证书共2346个，其中，预拌混凝土和砌体材料两类产品获证产品占比达到71%。

随着绿色建材评价机构停止开展绿色建材评价业务，绿色建材产品分级认证工作

图7-1 一、二星级绿色建材评价机构分布

逐步推进，围护结构及混凝土、门窗幕墙及装饰装修、防水密封及建筑涂料、给水排水及水处理设备、暖通空调及太阳能利用与照明、其他设备6大类51种建材产品被纳入绿色建材产品分级认证目录，详见表7-1。

截至2021年8月底，共有30余家绿色建材产品认证机构获批，绿色建材产品认证技术委员会审查通过了20余家机构的超过700份认证实施细则，涉及43类建材产品，累计颁发200余张绿色建材认证证书。

绿色建材产品分级认证目录（第一批） 表7-1

序号	产品大类	产品种类
1	一、围护结构及混凝土类（8种）	预制构件
2		钢结构房屋用钢构件
3		现代木结构用材
4		砌体材料
5		保温系统材料
6		预拌混凝土
7		预拌砂浆
8		混凝土外加剂、减水剂
9	二、门窗幕墙及装饰装修类（16种）	建筑门窗及配件
10		建筑幕墙
11		建筑节能玻璃
12		建筑遮阳产品
13		门窗幕墙用型材
14		钢质户门
15		金属复合装饰材料
16		建筑陶瓷
17		卫生洁具
18		无机装饰板材
19		石膏装饰材料
20		石材
21		镁质装饰材料
22		吊顶系统
23		集成墙面
24		纸面石膏板

续表

序号	产品大类	产品种类
25	三、防水密封及建筑涂料类（7种）	建筑密封胶
26		防水卷材
27		防水涂料
28		墙面涂料
29		反射隔热涂料
30		空气净化材料
31		树脂地坪材料
32	四、给水排水及水处理设备类（9种）	水嘴
33		建筑用阀门
34		塑料管材管件
35		游泳池循环水处理设备
36		净水设备
37		软化设备
38		油脂分离器
39		中水处理设备
40		雨水处理设备
41	五、暖通空调及太阳能利用与照明类（8种）	空气源热泵
42		地源热泵系统
43		新风净化系统
44		建筑用蓄能装置
45		光伏组件
46		LED 照明产品
47		采光系统
48		太阳能光伏发电系统
49	其他设备类（3种）	设备隔振降噪装置
50		控制与计量设备
51		机械式停车设备

7.1.3 政策标准出台

（1）政策引导

2013年，国务院办公厅印发《绿色建筑行动方案》，首次提出大力发展绿色建材的重点任务。2014年，住房和城乡建设部、工业和信息化部联合印发《绿色建材评价标识管理办法》，正式明确了绿色建材的定义：在全生命周期内可减少对天然资源消耗和减轻对生态环境影响，具有"节能、减排、安全、便利和可循环"特征的建材产品。2015年，工业和信息化部、住房和城乡建设部联合印发《促进绿色建材生产和应用行动方案》，对加快绿色建材生产和应用，推动建材工业稳增长、调结构、转方式、惠民生，更好地服务于新型城镇化和绿色建筑发展提出重点要求。2019年，国家市场监督管理总局、住房和城乡建设部、工业和信息化部印发《绿色建材产品认证实施方案》，对绿色建材产品认证组织保障、组织实施、认证标识、推广应用及监督管理做出要求。2020年，三部门印发《关于加快推进绿色建材产品认证及生产应用的通知》，进一步明确了绿色建材产品认证的推进路径。国家层面出台的绿色建材相关政策详见表7-2。

国家层面的绿色建材相关政策汇总表 表7-2

序号	文件名称	相关内容
1	《绿色建筑行动方案》（国办发[2013]1号）	提出大力发展绿色建材，研究建立绿色建材认证制度，编制绿色建材产品目录，引导规范市场消费
2	《关于成立绿色建材推广和应用协调组的通知》（建办科[2013]30号）	职责：加强部门协作，落实有关产业发展规划，研究制定政策和措施，开展标准规范的制修订，制定推广应用行动计划，组织开展试点工作和示范项目，建立绿色建材公共服务平台，发布推广应用目录，加强政策宣传和技术人员培训，组织开展重点课题的研究、国际交流和合作
3	《绿色建材评价标识管理办法》（建科[2014]75号）	该办法明确"绿色建材"的含义，并从评价的总体概况、组织管理、申请和评价、监督检查等环节逐一说明
4	《促进绿色建材生产和应用行动方案》（工信部联原[2015]309号）	行动目标：到2018年，绿色建材生产比重明显提升，发展质量明显改善。与2015年相比，建材工业单位增加值能耗下降8%，氮氧化物和粉尘排放总量削减8%；新建建筑中绿色建材应用比例达到30%，绿色建筑应用比例达到50%，试点示范工程应用比例达到70%，既有建筑改造应用比例提高到80%
5	《绿色建材评价标识管理办法实施细则》和《绿色建材评价技术导则（试行）》（建科[2015]162号）	《细则》规定了评价标识工作的组织管理、专家委员会、评价机构的申请与发布、标识申请、评价及使用、监督管理等。《导则（试行）》制定了涵盖砌体材料、保温材料、预拌混凝土、建筑节能玻璃、陶瓷砖、卫生陶瓷和预拌砂浆七类建材产品的评价技术要求。评价指标体系分为控制项、评分项和加分项。绿色建材等级由评价总得分确定，低到高分为"★""★★"和"★★★"三个等级
6	《关于进一步加强城市规划建设管理工作的若干意见》（中发[2016]6号）	（十二）推广建筑节能技术 提高建筑节能标准，推广绿色建筑和建材。完善绿色节能建筑和建材评价体系

续表

序号	文件名称	相关内容
7	《关于建立统一的绿色产品标准、认证、标识体系的意见》（国办发[2016]86号）	按照统一目录、统一标准、统一评价、统一标识的方针，将现有环保、节能、节水、循环、低碳、再生、有机等产品整合为绿色产品。建立符合我国国情的绿色产品认证与标识体系，统一制定认证实施规则和认证标识，并发布认证标识使用管理办法
8	《关于推动绿色建材产品标准、认证、标识工作的指导意见》（国质检认联[2017]544号）	将现有绿色建材认证或评价制度统一纳入绿色产品标准、认证、标识体系管理。在全国范围内形成统一、科学、完备、有效的绿色建材产品标准、认证、标识体系，实现一类产品、一个标准、一个清单、一次认证、一个标识的整合目标。到2020年，绿色建材应用比例达到40%以上
9	《建筑业发展"十三五"规划》（建市[2017]98号）	主要任务中，提出加快推进绿色建筑、绿色建材评价标识制度。建立全国绿色建筑和绿色建材评价标识管理信息平台。选取典型地区和工程项目，开展绿色建材产业基地和工程应用试点示范。大力发展和使用绿色建材，充分利用可再生能源，提升绿色建筑品质
10	《建筑节能与绿色建筑发展"十三五"规划》（建科[2017]53号）	提出实施建筑全产业链绿色供给行动。完善绿色建材评价体系建设，有步骤、有计划推进绿色建材评价标识工作。建立绿色建材产品质量追溯系统，动态发布绿色建材产品目录，营造良好市场环境。开展绿色建材产业化示范，在政府投资建设的项目中优先使用绿色建材
11	《"十三五"装配式建筑行动方案》（建科[2017]77号）	重点任务中，提出积极推进绿色建材在装配式建筑中应用。编制装配式建筑绿色建材产品目录。推广绿色多功能复合材料,发展环保型木质复合、金属复合、优质化学建材及新型建筑陶瓷等绿色建材。到2020年，绿色建材在装配式建筑中的应用比例达到50%以上
12	《关于印发绿色建材产品认证实施方案的通知》（市监认证[2019]61号）	成立绿色建材产品标准、认证、标识推进工作组（以下简称推进工作组），由市场监管总局、住房和城乡建设部、工业和信息化部有关司局负责同志组成，负责协调指导全国绿色建材产品标准、认证、标识工作，审议绿色建材产品认证实施规则和认证机构技术能力要求，指导绿色建材产品认证采信工作。组建技术委员会，为绿色建材认证工作提供决策咨询和技术支持。各省、自治区、直辖市及新疆生产建设兵团市场监管局（厅、委）、住房和城乡建设厅（委、局）、工业和信息化主管部门成立本地绿色建材产品工作组，接受推进工作组指导，负责协调本地绿色建材产品认证推广应用工作
13	《关于加快推进绿色建材产品认证及生产应用的通知》（市监认证[2020]89号）	在前期绿色建材评价工作基础上，加快推进绿色建材产品认证工作，将建筑门窗及配件等51种产品纳入绿色建材产品认证实施范围，按照《绿色建材产品认证实施方案》要求实施分级认证。 获得批准的认证机构应依据《绿色建材产品分级认证实施通则》制定对应产品认证实施细则，并向认监委备案。获证产品应按照《绿色产品标识使用管理办法》（市场监管总局公告2019年第20号）和《绿色建材评价标识管理办法》（建科[2014]75号）要求加施"认证活动二"绿色产品标识，并标注分级结果。现有绿色建材评价机构自获得绿色建材产品认证资质之日起，应停止受理认证范围内相应产品的绿色建材评价申请。自2021年5月1日起,绿色建材评价机构停止开展全部绿色建材评价业务。组建绿色建材产品认证技术委员会，为绿色建材产品认证工作提供决策咨询和技术支持。秘书处设在中国建筑材料工业规划研究院，负责技术委员会日常工作。 工业和信息化主管部门建立绿色建材产品名录，培育绿色建材生产示范企业和示范基地。住房和城乡建设主管部门依托建筑节能与绿色建筑综合信息管理平台搭建绿色建材采信应用数据库，获证企业或认证机构提出入库申请。各级市场监管、住房和城乡建设、工业和信息化部门在各自职能范围内，加强对绿色建材产品认证及生产应用监管

在鼓励绿色推广应用方面，各地方积极响应国家号召，结合各地实际产业基础和经济发展情况，出台了绿色建材相关推广政策。近年来部分省市绿色建材鼓励和推广政策详见表7-3。

部分地区绿色建材鼓励和推广政策表　　　　表7-3

省市	政策文件	鼓励、推广政策
北京市	北京市住房城乡建设委 北京市经济信息化委《关于北京市绿色建材评价标识管理有关工作的通知》（京建发[2016]82号）	北京城市副中心等重点工程所使用的预拌混凝土、预拌砂浆须获得三星级标识
重庆市	《重庆市城乡建设委员会 重庆市经济和信息化委员会关于印发重庆市绿色建材评价标识管理办法的通知》（渝建发[2016]38号）	将绿色建材的推广应用纳入新建建筑节能（绿色建筑）行政管理体系一并实施，从初设审查、施工图备案、现场监管、能效测评、工程竣工验收等环节，加强对新建建筑应用绿色建材的监督管理，全面推动绿色建材工程应用
吉林省	吉林省住房和城乡建设厅 吉林省工业和信息化厅《关于开展2019年度绿色建材标识评价工作的通知》（吉建联发[2019]12号）	一、在吉林市的新建、改建、扩建的市政基础设施和房屋建筑工程，特别是沿"一江两岸"的工程项目上，符合下列条件之一的新建工程项目使用预拌砂浆。1.建筑面积1万m^2以上的单体工程；2.建筑面积5万m^2以上的住宅小区；3.使用国有资金建设的建筑工程；4.政府投资的工程项目。二、使用预拌砂浆的建设单位在当年申报优质工程、文明工地时予以优先考虑。三、对建设单位在工程施工中全部使用了预拌砂浆、预拌混凝土的，企业应按规定的程序进行申报，工程竣工后，经审核，将对其预缴的专项资金予以返还。四、对本地区已经投产的预拌砂浆生产企业依据《关于在全省加快推广使用预拌砂浆的通知》（吉建办[2012]27号）文件，对设施设备视情况给予部分资金补助。五、在工程建设中，建管、安全、质量监督机构应将预拌砂浆的使用情况纳入日常监管范围，并作为施工现场标准化管理评优的依据。六、做好宣传工作，让人们了解到应用预拌砂浆对保护环境所产生的作用和深远的社会效益，加大推广力度
辽宁省	辽宁省住房和城乡建设厅 辽宁省工业和信息化委员会《关于开展绿色建材评价标识和高性能混凝土推广应用工作的通知》（辽住建[2016]128号）	推广应用高性能混凝土
山东省	山东省市场监督管理局 山东省住房和城乡建设厅 山东省工业和信息化厅《关于推进实施全省绿色建材产品认证工作的意见》鲁市监认字[2020]64号	到2020年，基本形成城乡建设绿色发展机制、评价指标和技术标准体系；全面推行绿色建筑评价标准（新版），新增一批高质量评价标识项目，新建超低能耗建筑15万m^2；在绿色生态城区（镇）创建基础上，整合政策资源，合力打造一批绿色城乡发展示范；设区城市和县（市）装配式建筑占新建建筑比例分别达到25%、15%以上，济南市、青岛市达到30%以上

续表

省市	政策文件	鼓励、推广政策
安徽省	安徽省住房和城乡建设厅 安徽省经济和信息化委员会《关于加快推进绿色建材评价标识工作的通知》（建科[2017]238号）	做好绿色建材技术指导和推广应用工作；在绿色建筑、保障性安居工程、绿色生态城区、既有建筑节能改造、装配式建筑等各试点示范工程和推广项目中大力推广应用绿色建材，引导建筑业和消费者科学选用绿色建材
河南省	河南省工业和信息化委员会 河南省住房和城乡建设厅关于印发《河南省促进绿色建材发展和应用行动实施方案》的通知（豫工信联原[2016]135号）	鼓励企业研发、生产、推广应用绿色建材。鼓励新建、改建、扩建的建设项目优先使用获得评价标识的绿色建材。绿色建筑、绿色生态城区、政府投资和使用财政资金的其他建设项目，应使用获得评价标识的绿色建材
湖南省	湖南省住房城乡建设厅等六部门《关于大力推进建筑领域向高质量高品质绿色发展的若干意见》（湘建科[2018]218号）	到2020年，实现市州中心城市新建民用建筑100%达到绿色建筑标准（2019年达到70%，2020年达到100%），市州中心城市绿色装配式建筑占新建筑比例达到30%以上（2019年达到20%，2020年达到30%）
海南省	海南省人民政府办公厅《关于促进建材工业稳增长调结构增效益的实施意见》琼府办[2016]181号	到2020年，建材工业结构明显优化，绿色建材产品比重稳步提高，高端产品供给能力显著增强。综合利用各类废弃物总量提高20%，单位工业增加值能耗降低8%，氮氧化物和粉尘排放总量削减8%；玻璃深加工率达60%，新建建筑中绿色建材应用比例达到70%，新型墙体材料使用率达100%
四川省	省市场监管局 住房城乡建设厅 经济和信息化厅关于印发《四川省绿色建材产品认证实施方案》的通知（川市监发[2020]39号）	鼓励企业研发、生产、推广应用绿色建材。新建、改建、扩建的建设项目应优先使用获得绿色评价标识的建材。绿色建筑、绿色生态城区、保障性住房等政府投资或使用财政资金的建设项目、2万m²以上的公共建筑项目、15万m²以上的居住建筑项目，应当使用获得标识的绿色建材

（2）标准规范

2017~2021年，中国工程建设标准化协会先后立项了146项绿色建材评价标准，目前已发布实施51项。该系列标准建立了以产品大类、建材种类和产品实例为结构的开放式体系框架，填补了绿色建材标准体系的空白，推广应用效果良好，社会、经济效益显著。已发布的51项标准被纳入市场监管总局、住房和城乡建设部、工业和信息化部《绿色建材产品分级认证目录（第一批）》，并作为技术依据指导各地绿色建材产品检测、认证及生产应用。同时，该系列标准的部分指标要求纳入财政部、住房和城乡建设部《绿色建筑和绿色建材政府采购基本要求（试行）》，并在南京市等6个试点城市的近200个政府采购工程项目中实施，绿色建材采购额达240亿~400亿元，发挥了促进建筑品质提升的示范引领作用。

在地方层面，已有四川、湖南、青海等地发布了绿色建材评价相关地方标准。雄安新区也发布了《雄安新区绿色建材导则（试行）》，为新区工程建设中设计、选材、施工、管理和维护提供指导和依据。目前，该导则已在新区发布实施，并已在新区容东安置区等大规模开发建设项目中推广应用。

7.2 绿色建材与减碳潜力分析

7.2.1 与碳排放相关的指标

中国工程建设标准化协会《绿色建材评价系列标准》按照《绿色产品评价通则》GB/T 33761—2017建立了绿色建材的评价指标体系和方法，以产品生命周期理念为基础，形成了基本要求和评价指标要求两部分的指标体系。具体来说，基本要求主要涉及生产企业应满足的节能环保相关法律法规、工艺技术、管理体系及相关产品标准等方面的要求；评价指标主要包括资源、能源、环境和品质四类一级指标，在一级指标下设置可量化、可检测、可验证的二级指标。其中，资源属性侧重于原材料选取阶段，主要关注原料（零部件）使用的可持续性、无毒无害、可降解和资源节约；能源属性侧重生产和使用阶段，主要关注生产和使用过程中的能源消耗以及能源使用的清洁、可再生；环境属性侧重生产、使用及废弃阶段，主要关注产品生产、使用以及废弃后对生态环境造成的影响；品质属性侧重使用阶段，主要关注产品的健康安全性、高质量性能以及舒适性。这些指标中的部分具体指标都对建材产品碳排放产生了直接或间接的影响。

目前，已实施的51项绿色建材评价标准均已将碳足迹报告纳入评价指标体系，实现了绿色建材认证产品从原材料生产、原材料运输、生产过程、产品运输和产品使用全生命周期内的碳排放情况识别和计算。基于碳足迹报告，可以全面、客观地审视建材产品全生命周期过程中的能源与环境问题，为建材企业持续改善工艺、改进产品提供内在支撑。同时，碳足迹声明及认证作为一种有效的市场促进机制，可以为推动企业开展节能减碳提供积极有效的外部动力，对于日益严峻的国际贸易壁垒也具有重要作用。

此外，绿色建材评价标准的能源属性和资源属性中部分指标涉及生产能耗限额和固废掺加量要求，也为产品生产的碳排放和全生命周期减碳、降碳产生很大影响。例如《绿色建材评价 建筑陶瓷》中的能源属性，按照产品吸水率的不同提出了对单位产品综合能耗的不同分级要求；《绿色建材评价 砌体材料》中的资源属性，对煤矸石、粉煤灰等固体废弃物掺加量提出了不同分级要求。这些指标要求均在不同程度上影响了建材产品生产的碳排放量。在品质属性指标中，如保温系统材料、砌体材料、建筑门窗等很多与建筑围护结构相关的材料都提出了较相关行业标准更高的导热系数或传热系数要求。

7.2.2 减碳潜力分析

从建材生产能耗角度考虑，建筑卫生陶瓷、墙体材料和建筑玻璃三类产品行业能源消费总量分别排在水泥、石灰之后，是建材行业中能源消费较为集中的产品。从固废掺加量角度，墙体材料和预拌混凝土是我国建材行业固体废弃物消纳较为集中的行业。从提高建筑围护结构保温隔热性能的角度，保温系统材料、砌体材料、建筑门窗是决定最终建筑节能效果的关键因素。本书在绿色建材产品认证目录中选取了与上述产品关联度较大的建筑陶瓷、卫生陶瓷、砌体材料、预拌混凝土、节能玻璃、建筑门窗、铝合金型材和保温系统材料 8 类产品，分别对其产品生产和应用端的减碳潜力进行分析。

（1）绿色建材减碳的测算方法

绿色建材生产端减碳潜力计算重点从产品综合能耗降低和固废利用两个方面进行分析，应用端减碳潜力计算主要从绿色围护部品应用后对建筑节能的贡献度方面进行分析。

1）能耗降低的减碳测算方法

能耗降低的减碳测算主要考虑相应绿色建材评价标准中对应等级能耗要求与行业限定值之间的差异，并扣除其中电力消费，结合行业能源消费结构进行测算。

能耗降低的减碳量（$\Delta Q_{能}$）估算

$$\Delta Q_{能} = Q_{限定值} - Q_{三星级} = (E_{限定值} - E_{绿色}) \times a \times \Sigma(C_i \times f_i) \times M_{绿色} \quad (7-1)$$

式中　$\Delta Q_{能}$——能耗降低的减碳量，tCO_2；

$Q_{限定值}$——能耗限定值条件下燃料燃烧过程二氧化碳排放量，tCO_2；

$Q_{三星级}$——三星级标准下燃料燃烧过程二氧化碳排放量，tCO_2；

$E_{限定值}$——行业能耗限额标准能耗限定值，tce/单位产品；

$E_{绿色}$——三星级评价标准能耗限定值，tce/单位产品；

a——燃料在总能源消耗中的比重；

C_i——各燃料燃烧碳排放因子，tCO_2/t 或 tCO_2/km^3；

f_i——各燃料品种消耗比重；

$M_{绿色}$——三星级产品数量。

参考《建筑碳排放计算标准》GB/T 51366—2019，主要燃料燃烧碳排放因子详见表7-4。

燃料燃烧的碳排放因子　　　　　　表7-4

燃料类型	单位产品热值（kJ/kg 或 kJ/m³）	单位热值 CO_2 排放因子		单位产品 CO_2 排放因子（tCO_2/t 或 tCO_2/km³）
		(tCO_2/TJ)	(tCO_2/tce)	
煤炭	20934	98.56	2.88	2.06
焦炭	28470	100.60	2.94	2.86
原油	41868	72.23	2.21	3.02
汽油	43124	67.91	1.99	2.93
煤油	43124	70.43	2.07	3.04
柴油	42705	72.59	2.13	3.10
燃料油	41868	75.82	2.22	3.17
天然气	35588	55.54	1.63	1.98
石油焦	29307.6	98.82	2.90	2.90

2）固废利用的减碳测算方法

固废利用的碳排放计算主要考虑固废利用替代资源在开采过程中的碳排放与固废加工的碳排放的差值。

固废利用的减碳量（$\Delta Q_{固}$）估算

$$\Delta Q_{固} = Q_{天} - Q_{固} = \Sigma(C_{天i} \times M_{天i}) - \Sigma(C_{固i} \times M_{固i}) \qquad (7-2)$$

式中　$\Delta Q_{固}$——固废利用的减碳量，$kgCO_2$；

$Q_{天}$——天然资源开采过程二氧化碳排放量，$kgCO_2$；

$Q_{固}$——固废加工过程二氧化碳排放量，$kgCO_2$；

$C_{天i}$——各天然资源碳排放因子，$kgCO_2$/t；

$C_{固i}$——各固废资源碳排放因子，$kgCO_2$/t；

$M_{天i}$——各天然资源的使用量；

$M_{固i}$——各固废资源的使用量。

参考《建筑碳排放计算标准》GB/T 51366—2019，主要替代资源碳排放因子详见表7-5。

建筑材料碳排放因子　　　　　　表7-5

建筑材料类别	建筑材料碳排放因子
砂（f=1.6~3.0）	2.51$kgCO_2e$/t
碎石（d=10~30mm）	2.18$kgCO_2e$/t
页岩石	5.08$kgCO_2e$/t

3) 绿色围护材料应用的减碳测算方法

绿色围护材料应用的碳排放计算主要考虑应用绿色建材利用替代相应材料在建筑运维中每年可减少的碳排放量。

绿色围护材料应用的减碳量（$\Delta Q_\text{应}$）估算

$$\Delta Q_\text{应} = Q_\text{标} - Q_\text{绿} = (Q_\text{标冷} + Q_\text{标热}) - (Q_\text{绿冷} + Q_\text{绿热}) \tag{7-3}$$

式中 $\Delta Q_\text{应}$——应用减碳量，$kgCO_2$；

$Q_\text{标}$——标准状况下的碳排放量，$kgCO_2$；

$Q_\text{绿}$——应用绿色围护结构材料后的碳排放量，$kgCO_2$；

$Q_\text{标冷}$——标准状况下制冷时的碳排放，$kgCO_2$；

$Q_\text{标热}$——标准状况下供暖时的碳排放，$kgCO_2$；

$Q_\text{绿冷}$——应用绿色围护结构材料后制冷时的碳排放，$kgCO_2$；

$Q_\text{绿热}$——应用绿色围护结构材料后供暖时的碳排放，$kgCO_2$。

其中，采用空调制冷时的碳排放量为

$$Q_\text{冷} = K_\text{综} \cdot CDD26 / SEER \cdot 24 \cdot C_\text{电} \tag{7-4}$$

式中 $Q_\text{冷}$——制冷碳排放量，$kgCO_2$；

$K_\text{综}$——围护结构综合传热系数，$W/(m^2 \cdot K)$；

$CDD26$——空调度日数，$℃ \cdot d$；

$SEER$——空调制冷效率；

$C_\text{电}$——电力碳排放因子，$kgCO_2/kWh$。

其中，采用锅炉集中供暖时的碳排放量为

$$Q_\text{热} = K_\text{综} \cdot HDD18 / [\eta_\text{锅炉} \cdot (1-\varepsilon)] \cdot C_\text{燃料} \tag{7-5}$$

式中 $Q_\text{热}$——供暖时的碳排放，$kgCO_2$；

$K_\text{综}$——围护结构综合传热系数，$W/(m^2 \cdot K)$；

$HDD18$——供暖度日数，$℃ \cdot d$；

$\eta_\text{锅炉}$——锅炉热效率；

ε——供暖管损；

$C_\text{燃料}$——燃料碳排放因子，$kgCO_2/kg$。

其中，采用热泵热风机采暖时的碳排放量用下式进行估算：

$$Q_\text{热} = K_\text{综} \cdot HDD18 / \eta_\text{热风机} \cdot C_\text{电} \tag{7-6}$$

式中 $Q_\text{热}$——供暖时的碳排放，$kgCO_2$；

$K_\text{综}$——围护结构综合传热系数，$W/(m^2 \cdot K)$；

$HDD18$——供暖度日数，$℃ \cdot d$；

$\eta_{热风机}$——热风机热效率；

$C_{电}$——电力碳排放因子，$kgCO_2/kWh$。

（2）估算过程及结果

以我国相应建材产品 2020 年产量为基数，全部达到三星级标准要求，估算重点建材产品减碳效益。

1）能耗降低的减碳估算

能耗降低减碳效益估算详见表 7-6。

2）固废利用的减碳估算

固废利用减碳效益估算详见表 7-7。

能耗降低减碳效益估算表　　　　　　　　　　　　　　　　表 7-6

项目	建筑陶瓷	卫生陶瓷	烧结砖	预拌混凝土	节能玻璃	铝合金型材	岩棉制品
三星级综合能耗	≤ 6.4 kgce/m²	500 kgce/t	46 kgce/t	1.85 kgce/m³	11 kgce/重量箱	130 kgce/t（挤压） 150 kgce/t（阳极氧化） 160 kgce/t（电泳） 65 kgce/t（粉末喷涂） 110 kgce/t（氟碳漆）	400 kgce/t
产品能限定值	≤ 7.8 kgce/m²	720 kgce/t	53 kgce/t	2.9 kgce/m³	12 kgce/重量箱	145 kgce/t（挤压） 150 kgce/t（阳极氧化） 160 kgce/t（电泳） 65 kgce/t（粉末喷涂） 110 kgce/t（氟碳漆）	490 kgce/t
燃料应用占比	86.5%	84.5%	90%	100%	90%	95%	90%
综合排放因子	2.15tCO$_2$/tce	1.60tCO$_2$/tce	1.15tCO$_2$/tce	2.13 tCO$_2$/tce	2.29tCO$_2$/tce	1.97tCO$_2$/tce	2.38tCO$_2$/tce
2020 年产量	84.74 亿 m²	2.16 亿件	4500 亿块	28.99 亿 m³	5.67 亿重量箱	1390 万 t	340 万 t
减碳效益	2206 万 tCO$_2$	128 万 tCO$_2$	600 万 tCO$_2$	648 万 tCO$_2$	117 万 tCO$_2$	140 万 t	73 万 t

固废利用减碳效益估算表　　　　　　　　　　　　　　　　表 7-7

项目	烧结砖	加气混凝土	预拌混凝土
2020 年产量	4500 亿块	1.6 亿 m³	28.99 亿 m³
资源综合利用品种	煤矸石	粉煤灰	石子
掺加量要求	≥ 80%	≥ 70%	≥ 30%
固废利用率	4.0 亿 t	7680 万 t	31 亿 t
替代资源	页岩石	砂	碎石
排放因子	5.08kgCO$_2$e/t	2.51kgCO$_2$e/t	2.18kgCO$_2$e/t
减碳效益	203 万 tCO$_2$	14 万 tCO$_2$	676 万 tCO$_2$

3）绿色围护材料应用的减碳估算

考虑到不同建筑气候区建筑围护结构气候环境、节能措施和供暖制冷方式等方面均存在较大差异，绿色围护材料应用的减碳估算按《建筑气候区划标准》GB 50178—1993，将我国实有建筑分为严寒、寒冷、夏热冬冷、夏热冬暖和温和五类，并分别选取哈尔滨、石家庄、南京、广州和昆明作为典型城市，采用上述城市典型建筑节能做法和供暖制冷方式进行典型估算。

围护结构节能作为建筑节能的重要措施，其材料品质属性的优劣在实现建筑节能效果，进而支撑建筑运维节能碳减排的过程中可以发挥关键性作用。在已经发布并实施的"绿色建材系列标准"中，砌体材料、建筑门窗及配件和保温系统材料中都在品质属性中，对产品的导热系数或传热系数都做出了比现行标准更严格的规定。相关品质属性要求详见表7-8。

本部分估算对建筑及其运行过程做以下假设：

①建筑围护结构窗墙比为3∶7；

②建筑层数不低于4层；

③夏季制冷，根据《房间空气调节器能效限定值及能效等级》GB 21455—2019，选取能效等级2级的空调设备，空调制冷效率SEER分别取4.1（65%建筑节能）和5.1（75%建筑节能）；

④冬季北方地区供暖，根据《严寒和寒冷地区居住建筑节能设计标准》JGJ 26—2018，锅炉热效率取0.85，目前采用保温的热力管网的热损失占总输热量的5%~8%，本测算供暖管损按6%计算；

⑤冬季南方地区制热热泵热风机制热效率2.9；

⑥保温系统材料中岩棉制品与EPS使用比例为1∶1。

绿色建材相关品质属性与现行标准要求对照表 表7-8

产品类别	指标项目	分类	三星级要求	现行标准要求
砌体材料	保温性能（保温型）	—	不大于产品标准相应级别指标的95%	—
建筑门窗及配件	传热系数 [W/(m^2·K)]	严寒地区	≤ 1.2	≤ 1.6
		寒冷地区	≤ 1.5	≤ 2.0
		夏热冬冷地区	≤ 2.0	≤ 2.8
		夏热冬暖地区	≤ 2.4	≤ 3.0
		温和地区	—	≤ 3.0
保温系统材料	导热系数 [W/(m·K)]	岩棉制品（外墙板用）	≤ 0.038	≤ 0.040
		EPS	≤ 0.032	≤ 0.039

基于以上假设，严寒寒冷地区75%建筑节能和其他地区65%建筑节能要求下，不同气候区单位建筑面积绿色围护材料应用减碳效益估算详见表7-9。

根据2019年我国31个省市自治区实有建筑面积测算，假设绿色建材应用比例为40%的情况下，应用绿色墙体材料、保温材料减碳量详见表7-10，其中，严寒地区、寒冷地区和夏热冬冷地区主要考虑绿色保温材料应用，夏热冬暖地区和温和地区主要考虑自保温墙体材料应用。

不同气候区单位建筑面积绿色围护材料应用减碳效益估算表　　　表7-9

单位：$kgCO_2/m^2$

项目	典型城市	基准碳排放	应用绿色建材碳排放			减碳量			备注
			门窗	墙体	综合	门窗	墙体	综合	
严寒地区	哈尔滨	38.85	32.42	36.78	30.35	6.43	2.07	8.50	墙体保温以保温材料为主，冬季采用燃煤锅炉集中供暖、夏季采用空调制冷
寒冷地区	石家庄	23.62	19.74	22.33	18.46	3.87	1.28	5.16	墙体保温以保温材料为主，冬季采用燃煤锅炉集中供暖、夏季采用空调制冷
夏热冬冷	南京	17.14	14.97	15.64	13.46	2.18	1.50	3.68	墙体保温以保温材料为主，冬季采用热风机制热、夏季采用空调制冷
夏热冬暖	广州	3.85	3.55	3.74	3.43	0.30	0.12	0.42	墙体保温以墙体材料自保温为主，冬季采用热风机制热、夏季采用空调制冷
温和地区	昆明	4.06	3.62	3.94	3.50	0.44	0.12	0.55	墙体保温以墙体材料自保温为主，冬季不供暖、夏季采用空调制冷

不同气候区绿色墙体材料、保温材料应用减碳效益估算表　　　表7-10

项目	省份	实有建筑面积（亿m^2）		单位建筑面积减碳量（$kgCO_2/m^2$）	综合碳减排量（万tCO_2）		
		城镇	农村		城镇	农村	合计
严寒地区	黑龙江、吉林、辽宁、青海、新疆、西藏、甘肃、内蒙古	97.25	73.55	2.07	805	609	1414
寒冷地区	天津、山东、宁夏、北京、河北、山西、陕西、河南	58.07	27.27	1.28	297	140	437
夏热冬冷	上海、浙江、江西、湖北、湖南、江苏、安徽、四川、福建、重庆	158.87	124.96	1.50	953	750	1703
夏热冬暖	海南、广东、广西	34.54	27.45	0.12	16	13	30
温和地区	云南、贵州	14.96	25.64	0.12	7	12	20
合计		363.69	278.87	—	2128	1557	3685

第7章 绿色建材发展及减碳潜力分析

根据2019年我国31个省市自治区实有建筑面积测算，假设绿色建材应用比例为40%，应用绿色建筑门窗减碳量详见表7-11。

根据2019年我国31个省市自治区实有建筑面积测算，假设绿色建材应用比例为40%，应用绿色建材减碳总量详见表7-12。

不同气候区绿色建筑门窗应用减碳效益估算表　　　表7-11

项目	省份	实有建筑面积（亿m²）		单位建筑面积综合减碳量（kgCO₂/m²）	综合碳减排量（万tCO₂）		
		城镇	农村		城镇	农村	合计
严寒地区	黑龙江、吉林、辽宁、青海、新疆、西藏、甘肃、内蒙古	97.25	73.55	6.43	2501	1892	4393
寒冷地区	天津、山东、宁夏、北京、河北、山西、陕西、河南	58.07	27.27	3.87	899	422	1321
夏热冬冷	上海、浙江、江西、湖北、湖南、江苏、安徽、四川、福建、重庆	158.87	124.96	2.18	1385	1090	2475
夏热冬暖	海南、广东、广西	34.54	27.45	0.30	42	33	74
温和地区	云南、贵州	14.96	25.64	0.44	26	45	72
合计		363.69	278.87	—	5006	3586	8591

不同气候区绿色保温材料应用减碳效益估算表　　　表7-12

项目	省份	实有建筑面积（亿m²）		单位建筑面积综合减碳量（kgCO₂/m²）	综合碳减排量（万tCO₂）		
		城镇	农村		城镇	农村	合计
严寒地区	黑龙江、吉林、辽宁、青海、新疆、西藏、甘肃、内蒙古	97.25	73.55	8.50	3307	2501	5807
寒冷地区	天津、山东、宁夏、北京、河北、山西、陕西、河南	58.07	27.27	5.16	1199	563	1761
夏热冬冷	上海、浙江、江西、湖北、湖南、江苏、安徽、四川、福建、重庆	158.87	124.96	3.68	2338	1840	4178
夏热冬暖	海南、广东、广西	34.54	27.45	0.42	58	46	104
温和地区	云南、贵州	14.96	25.64	0.55	33	56	89
合计		363.69	278.87	—	7134	5141	12275

7.2.3 绿色建材减碳效益汇总

目前纳入认证目录的绿色建材产品已有 51 项，在建材产品品质中的比重达到 80%以上。通过前文的分析，在建筑陶瓷、卫生陶瓷、墙体材料、预拌混凝土、建筑节能玻璃、门窗幕墙用型材、保温材料和建筑门窗 8 种产品方面，按 2020 年产量规模下生产端直接减碳效益就达到 3912 万 tCO_2，通过固废综合利用，间接减碳效益达到 893 万 tCO_2。以 2019 年的实有建筑规模，若 40% 采用绿色建材，应用端的减碳效益更是达到 12326 万 tCO_2，详见表 7-13。

绿色建材减碳效益汇总表　　　　　表 7-13

单位：万 tCO_2

产品品种	生产端		应用端
	能耗降低	固废利用	品质提升
建筑陶瓷	2206	—	—
卫生洁具	128	—	—
墙体材料	600	217	50
预拌混凝土	648	676	—
建筑节能玻璃	117	—	—
铝合金型材	140	—	—
保温材料	73	—	3685
建筑门窗	—	—	8591
合计	3912	893	12326

此外，围绕"十四五"时期，我国建筑碳达峰路径中的提升建筑节能水平、提高建筑用能系统和设备能效水平、发展可再生能源建筑应用等主要任务，在保温系统材料、建筑门窗及配件、建筑遮阳产品、空气源热泵、地源热泵系统、建筑用蓄能装置、光伏组件、LED 照明产品、采光系统、太阳能光伏发电系统等产品中在导热系数、气密性能、综合遮阳系数、全年能源消耗率、热效率、光电转换效率、能效水平等品质属性方面提出了更高的标准要求，将会有力地支撑我国建筑节能、超低能耗建筑、建筑电气化等建筑碳达峰领域的工作高质量完成。

7.3 小结

自 2013 年住房和城乡建设部与工业和信息化部共同推进绿色建材评价工作以来，

我国绿色建材产品评价（认证）的组织架构、标准建设、认证制度和政策体系逐步健全和完善。特别是随着绿色建材产品分级认证工作的推进，纳入绿色建材产品认证范围的产品显著增加，绿色建材相关标准对产品碳足迹和低碳发展相关指标的设计也逐步明晰。推广绿色建材，在生产、建造和应用的诸多阶段，都会对我国的碳达峰和碳中和工作产生积极的促进作用。随着相关支撑政策的落地，绿色建材产品认证获证产品的快速增长，这一作用将会呈现明显的放大效应。

第 8 章
建筑材料领域碳减排路径研究

建材行业作为国民经济发展的支柱和基础之一,其资源能源依赖型的产业特征,决定了建材行业要坚持以节能减排为中心,探索实践低碳经济发展理念,走节约发展和绿色发展之路。在这一过程中,既需要推动传统建材工业绿色低碳改造,也需要积极探索支持碳达峰、碳中和的新模式、新路径和新机制。虽然近年来推进节能减排,技术进步、产业结构调整和能源结构优化等效果显现,但建材行业实现碳达峰、碳中和仍面临挑战,需要全行业攻坚克难,积极探索行业碳减排路径。

建材工业要实现低碳发展,要始终坚持以有利于产品、原料、能源消耗的减量化、减排化和高性能、多功能为原则,兼顾减排要求和经济适用性,大力研发应用各类减污降碳新工艺、新技术、新产品,大力开发固碳、负碳的建材产品,要加快部署推进具有颠覆性、迭代性的低碳前沿技术的研究、储备和应用,不断挖掘建筑材料工业减污降碳的技术潜力。本章主要从工艺减碳、能源降碳、技术补碳、利废换碳、智慧节碳五个方面阐述了建筑材料工业碳减排路径。

8.1 工艺减碳

目前,生产环节碳减排的做法主要有以下三种:一是工艺减碳,如原料替代技术、能源利用效率提升技术、绿色低碳技术等;二是能源减碳,如改变能源结构、使用光伏发电、光热等新能源供能、加大清洁能源使用比例,使用固体废弃物(如废轮胎、废油、生物质、城市生活垃圾等)替代化石燃料等;三是耦合CCUS等先进低碳技术。

8.1.1 水泥行业

针对水泥工业的碳排放主要来源，工艺减碳分别从低碳产品技术、原燃料替代技术和节能减排技术三个维度阐述。低碳产品技术主要包括低钙水泥使用、水泥替代胶凝材料应用、提高混合材应用量技术；原燃材料替代技术主要包括废弃物处置技术、工业废渣利用、生物质燃料使用；节能减排技术主要包括富氧/全氧燃烧技术、流化床煅烧技术、高效烧成技术、高压料床粉碎技术、熟料高效利用技术、节能设备与工艺等。

维度1：低碳产品技术

生产低氧化钙含量（或非氧化钙体系）、低烧成温度（或非烧成体系）及具备碳化矿化特征的新型低碳胶凝材料，部分替代现有的硅酸盐水泥，减少水泥生产的石灰石引入量和燃料使用量，实现碳排放的跨越式降低。通过材料性能及与技术相容性的研究，实现稀缺资源的高效利用，解决资源稀缺性与行业减碳目标体量之间的冲突。主要技术类型围绕硫铝酸钙、硅酸二钙或硫硅酸钙等低钙矿物为主的熟料，比如硫铝酸盐水泥、高贝利特硫铝酸盐水泥、硅酸二钙硫铝酸钙硫硅酸钙熟料体系，替代胶凝材料的利用等。

维度2：原燃材料替代技术

通过生物质燃料、生活垃圾、废旧轮胎、石油焦等替代燃料的使用，减少化石燃料的消耗，主要技术围绕替代燃料前处理技术、替代利用技术、产品和系统控制技术等，提高窑炉所需热量的替代率，大幅降低燃料燃烧的碳排放量。利用碳含量低的其他燃料，如天然气、煤气、油、可燃溶剂等，作为水泥生产中的主要燃料或者辅助燃料，运用多形态燃料混烧技术与装备满足烧成工艺需求，降低煤炭化石用量，减少碳排放。

维度3：节能减排技术

通过节能减排装备、工艺、技术，实现水泥生产效率的提高、能源资源消耗的降低、排放量的减少。主要包括通过变频技术、永磁技术、节能粉磨技术等实现能耗的降低，通过富氧/全氧燃烧、流化床等技术实现燃料消耗的减少，同时抑制CO_2的生成，熟料高效利用粉磨技术实现熟料用量的减少。

8.1.2 玻璃行业

针对平板玻璃工业的碳排放主要来源，工艺减碳分别从清洁生产和产品结构调整两个维度阐述。

维度1：清洁生产

1）合理规划设计厂区布局，集约化利用土地及建筑物，减少因平整土地和建筑物建设中的碳排放；实现厂内物流量最小化，减少非必要的物流导致的碳排放。

2）加大碎玻璃使用。引入的碎玻璃仅需经物理变化即可熔化为玻璃液，它能降低熔体的表面张力，提高料层的热辐射透过率，而且其润湿性好，易分布到配料中去。碎玻璃可以节省1.2倍的原材料。该方法减少熔化原材料所需的能量（即每使用10%的碎玻璃可减少能耗2%~3%），并且减少了二氧化碳的排放量（特别是工艺排放量）。碎玻璃主要来源于厂内回收、本厂玻璃再加工客户回收和社会建筑垃圾回收，前二者已经形成成熟的回收商业模式，而建筑垃圾回收环节的潜力尚待挖掘，建议国家建立完善建筑垃圾回收利用体系，建立建筑废玻璃回收利用体系。

3）改善玻璃配合料制备质量。确保配合料的制备质量，有助于改善玻璃的熔制质量，提高产品档次、产品合格率和延长玻璃熔窑寿命。

4）深入探索优化低碳能源结构，在充分挖掘节能潜力的前提下，发展电能替代和氢能替代等低碳能源取代高碳能源，加大绿电辅助电加热应用，探索生物质能、氢能在玻璃窑中的应用。

5）推广节能环保型玻璃熔窑。优化炉窑结构设计，综合采用先进适用的炉窑结构和耐火材料，整体提高窑炉保温水平，保障玻璃熔化质量，提高炉窑周期日熔化率。优化和配置计算机控制系统等措施，确保玻璃熔制过程中各类参数的稳定性和精确性，实现低空燃比燃烧，强化炉窑全保温，提高热效率。

6）对日熔化量小于250t的玻璃窑采用全氧燃烧技术，有利于加速熔化过程，提高生产力，同时提高玻璃熔化质量；有利于减少氮氧化物、粉尘排放；有利于提高产品质量，提高材料效率，但余热回收和制氧能耗带来的单位能耗增加和成本增加需要进一步解决。

7）提高玻璃熔窑余热利用率，利用高效余热锅炉等回收热量。

8）发展先进适用技术装备，加强新一代信息技术、数字技术、智能制造与平板玻璃制造的深度融合，提高能源利用率。

9）选用能效比高的电机、水泵、空压机锅炉等技术成熟的设备。

维度2：产品结构调整

使用节能玻璃、使玻璃减薄、使用三玻两腔和Low-E玻璃是全球玻璃行业碳减排的重要手段。

1）推进玻璃减薄政策

平板玻璃减薄具有十分显著的节能减排效果。按照全行业平板玻璃厚度整体减薄20%测算，即平均厚度由5mm降低到4mm，即可平衡2030年前玻璃需求增加造成的碳排放。建议国家有关部门尽快启动平板玻璃减薄工作，选择若干省份进行综合试点，共同稳妥推动从生产到市场多个环节鼓励减薄工作，开展相应的科研工作，在薄玻璃生产和加工的技术和设备方面进行重点投入。主要举措有：一，转变行业和企业发展模式，先从改变平板玻璃产品计价方式开始。目前平板玻璃企业产品销售以重量计价，而下游深加工玻璃厂和终端市场是以面积计价。改重量计价为以面积计价，可理顺生产和消费的市场扭曲，摆脱生产企业对重量的依赖，提高材料效率，在提高经济效益的同时，大幅度降低资源消耗。二，提高生产技术水平。玻璃减薄会增大生产技术难度，生产企业应从生产线设计、生产设备、生产操作和控制、产品检验等多方面提升水平，降低生产成本，提高总成品率。三，深加工玻璃企业和后续的门窗企业应为玻璃减薄而做相应调整，包括门窗型材规格调整，生产设备调整，中空玻璃规格推广"4+12+3"结构。四，加大科研力度，突破我国在薄玻璃钢化等方面技术设备瓶颈。

2）提高新建筑和既有建筑节能改造标准要求，普及推广高性能玻璃

为打破建筑的锁定效应，建议提高新建筑和既有建筑节能改造标准要求，采用Low-E中空玻璃窗和三玻两腔中空玻璃。如果全国每年新安装4亿 m^2 门窗均采用Low-E中空玻璃，与普通中空玻璃窗相比，每年可节能872万tce。Low-E玻璃1.5年的节能量相当于大亚湾核电站6台百万千瓦机组一年的发电量（405.19亿kWh）（以燃煤电厂折算），使用3.8年可抵三峡大坝一年发电量1006.6亿kWh（以燃煤电厂折算）。

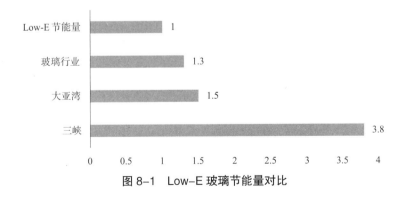

图 8-1　Low-E 玻璃节能量对比

8.1.3　陶瓷行业

针对陶瓷工业的碳排放主要来源，工艺减碳分别从原料工艺优化、生产设备节能

和产品结构调整三个维度开展。原料工艺主要包括：生产配方优化和干法制粉工艺应用；生产节能包括窑炉的结构优化、烧成技术的使用、烧嘴的选用、余热回收利用、窑炉烧成控制技术的应用、保温材料及涂层的使用和原材料制备过程的设备节能降耗。

维度1：原料工艺优化

推动配料制备工艺优化，挖掘节能降耗潜力。原料制备车间目前业内探讨的连续粉磨、干法制粉等工艺，都具有显著的节能效果；陶瓷砖一次烧成工艺或者"一次半烧"工艺，即900℃左右低温素烧，加高温釉烧工艺，比传统的两次烧成工艺节能；建筑卫生陶瓷的低温快烧工艺通过更低温的配方和控制技术参数，也能取得较好的节能效果。

维度2：生产设备节能

加快窑炉节能技术改造，推广使用节能装备。利用陶瓷烧成的辊道窑和窑车式隧道窑产生大量余热，冷却带回收余热得到的洁净热空气可直接用作助燃空气，提高窑炉燃烧效率，节约燃料消耗。另一方面，可用于坯体干燥、石膏模的干燥和喷雾干燥制粉；用大规格节能型设备对现有生产线进行改造。新型大吨球磨机的生产效率高，单位产品能耗低，降低原料加工设备的动力消耗；6000型、7000型大型喷雾干燥塔单位电耗节省10%左右；大吨位节能型压机吨位大，压力高，生产效率高，平均单位电耗低；窑炉改造重点体现在智能化控制水平提高、耐火、保温材料改进、烧嘴的改进上，以及整个窑系统和控制的优化，进一步降低单位产品热耗，实现节能，减少排放；探求更新的低碳节能技术。如余热发电技术以及热电联合生产，使能源得到更充分的利用，减少排放。

维度3：调整产品结构

加快推进陶瓷砖产品薄形化发展，减少瓷砖厚度，通过单位面积产品重量的降低，达到节约资源和能源的目的；加快推进卫生陶瓷产品的减量化发展，降低大体量、豪华型连体坐便器、大型立式小便器等产品在总量中所占比例，在满足生产工艺要求的前提下适度减薄坯体厚度，降低原料消耗，从而降低烧成本身的能源消耗，缩短烧成时间；调整产品品种结构，降低高能耗产品的比例，陶瓷砖产品减少大规格抛光砖的比例，鼓励发展仿古砖、釉面砖和陶瓷板等产品。

8.1.4 钢材行业

针对钢材的碳排放主要来源,工艺减碳分别从创新性低碳冶金技术、流程结构优化、节能技术三个维度阐述。创新性低碳冶金技术包括高炉富氢（或纯氢）冶炼、气基竖炉富氢（或纯氢）冶炼、氧气高炉、熔融还原等；流程结构优化包括高效节能电炉短流程炼钢；节能技术包括高参数煤气发电技术、炼钢蓄热式烘烤、加热炉黑体强化辐射、无头轧制、上升管余热回收、高炉冲渣水余热回收等。

维度1：工艺流程技术

针对革命性、创新性的冶金新流程、新工艺，保证钢铁工业的低碳发展和发展后劲。积极开拓、发展短流程工艺；加大废钢使用量及降低铁钢比，加大转炉废钢使用量、降低企业铁钢比（企业铁钢产量之比）也是调整生产结构、降低能耗与二氧化碳排放量的有效手段；积极研究非高炉炼铁技术，如直接还原炼铁、熔融还原炼铁、闪速冶炼技术、气基还原炼铁技术、电解炼铁等技术；开发近终形连铸及轧制技术，尽量缩小连铸坯的断面，使之更接近甚至直接成为最终产品的连铸过程，缩短生产线、节约了生产用能源，如薄板坯连铸连轧工艺等。

维度2：绿色低碳新技术

围绕焦炉荒煤气、熔融态冶金渣的余热回收技术、转炉煤气余热回收技术；开发低温余热回收技术，实现余热资源的充分利用；开发通用节能技术（如电动机、风机、水泵等），充分重视通用设备节能技术的推广应用；注重行业外绿色低碳技术在钢铁领域中的应用与发展等。

维度3：污染物协同治理技术

围绕前端减量、中间利用和末端处理多污染物协同治理技术、副产物再开发再利用技术、高炉煤气有机硫深度净化技术、半干法脱硫副产品资源化利用技术、焦炉烟气活性炭多污染物协同控制技术、烧结烟气选择性循环技术、含尘烟气余热回收及净化一体化技术等。

8.2 能源降碳

改变当前以煤炭、天然气等化石能源为主的能源结构，更多地转向风能、太阳能、核能和水力发电，同时发展氢能、生物质能源、光伏建筑一体化等方式是建材行业碳减排的中长期重要路径之一。预计到2030年，风电、太阳能发电量达12亿kWh以上，到2060年非化石能源发电量达11万亿kWh以上。可以看出，清洁能源的发展为建材工业碳中和提供了必要条件。

氢能具有"清洁、高效、安全、可持续"等特点，被誉为未来世界能源架构的核心。氢气来源广泛，可大规模生产，按照碳排放的高低，有"灰氢""低碳氢气""超低碳氢气"("蓝氢")和"绿氢"四大生产技术。目前主要的生产方式是从煤炭、石油或者天然气中提炼，制氢过程中排放二氧化碳，即所谓"灰氢"，以及通过工业副产氢提纯获得"低碳氢气"。当今，多国正开展"超低碳氢气"示范，在采用化石燃料制氢过程中，对二氧化碳进行捕集利用和封存（CCUS）或捕集和封存（CCS），而生产出"蓝氢"，据国际氢气委员会（Hydrogen Council）预计，蓝氢将在2030年前后成为主要的氢气来源。备受关注也是最有发展前景的制氢方式是采用可再生能源电力电解水制氢，即"绿氢"。根据国际氢气委员会2021年初最新的预测显示，到2040~2050年绿氢将占据主导地位。天然气掺氢清洁燃料（HCNG）是将氢气与天然气按一定比例混合而得到的代用气体燃料，是"浅氢燃料"的一种。该燃料充分利用了氢气和天然气两种燃料的优点，改变了天然气的燃烧特性，减少其燃烧量，将成为化石能源向氢能经济过渡、加速氢能产业发展的最可行方案。

维度1：水泥能源利用技术

通过光伏、光热、风电、氢能等新能源设施的建设利用，使用清洁能源进行熟料烧成、湿料烘干、产品制备等；通过能源回收利用技术，例如余热发电、余温烘干等，减少化石燃料的使用、减少净外购电力，达成低碳减排。绿色能源的发展及绿氢的应用是水泥生产碳中和的必要支撑。氢能的开发和利用——氢气燃烧可以实现传导、辐射和对流三种传热功能；绿电（含低谷弃电）水解制氢可以提供稳定的热能；氢气燃烧基本不改变现有水泥生产工艺及窑炉技术。经过测算，采用氢能烧成技术，CO_2降低约30%；窑尾废气CO_2浓度可提高至95%，为后续的CCUS提供了便利。

维度2：平板玻璃加大清洁能源使用比例

作为化石燃料的可替代能源包括电力、氢能、生物质油等。在能源上使用电力和化石燃料组合，电助熔技术已广泛应用于玻璃行业，合理的电能助熔可以降低窑顶温度20~50℃，节约燃气5%以上。根据国外经验，300t/d以下规模的玻璃窑可实现全电熔。液态和气态生物质能适合于玻璃厂采用。生物燃料中可以直接应用于平板玻璃熔化的是生物柴油，目前国内生物柴油产能为75万t，具有发展至千万吨的可能，另外，国内每年地沟油等废油脂约1000万t。

维度3：建筑卫生陶瓷能源利用技术

建筑卫生陶瓷行业采用清洁燃料就能实现明焰裸烧，可达到烧成热耗最低、产品质量最好。鼓励开发和推广使用以电能为动力的设备或工艺，如微波干燥、电加热系统等，减少一次性能源消耗。通过充分利用建筑卫生陶瓷的工厂房屋屋顶，铺设分布式光伏发电项目，可有效地使用光伏发电。目前行业中已有成功案例，以建设20MW

分布式光伏发电项目为例，年发电量约 2200 万 kWh，折算可年实现减排 13400 余吨二氧化碳（电力排放因子采用 2015 年全国电网平均排放因子 $0.6101tCO_2/MWh$）。

维度 4：钢材能源利用技术

围绕钢铁企业用煤生产工序，采取一切直接、间接的有效手段，降低高炉、烧结、球团、锅炉等用煤用焦总量；通过清洁能源替代，减少煤炭用量，利用技术手段，用电、天然气、可再生能源等清洁能源替代煤或焦炭、冶金燃气去完成工艺过程，如天然气替代喷吹煤、天然气替代煤炭用于蒸汽锅炉、冶金燃气去完成工艺过程；研究开发以一氧化碳、氢气为还原剂的高炉炼铁技术可以大幅降低碳排放；研究冶金燃气的深度加工，以天然气替代冶金燃气用于各类加热炉，充分利用冶金燃气用于化工工业，而原先用于各类加热炉的冶金由天然气承担，降低二氧化碳的排放；发展低碳冶炼技术，氢能冶金也将成为冶金行业实现高质量发展的重要选择。

8.3 技术补碳

二氧化碳捕集、利用与封存（Carbon Capture Utilization and Storage，缩写 CCUS）指的是将二氧化碳从工业过程、能源利用或者大气中分离出来，直接加以利用，或者注入地层，从而实现二氧化碳永久减排的过程。目前，CCUS 是实现化石能源低碳化利用的重要选择。

水泥行业 CCUS 2030 年的减排需求为 0.1~1.52 亿 t/年，2060 年减排需求为 1.9~2.1 亿 t/年。水泥行业石灰石分解产生的二氧化碳约占总排放量的 60%，因此 CCUS 是水泥行业脱碳的必要手段。

钢铁行业 CCUS 2030 年减排需求为 0.02~0.05 亿 t/年，2060 年减排需求为 0.9~1.1 亿 t/年。钢铁行业的二氧化碳除了进行利用与封存外，还可以直接用于炼钢过程。《中国二氧化碳捕集利用与封存（CCUS）年度报告（2021）——中国 CCUS 路径研究报告》显示，充分利用此项技术，能够减排 5%~10%。

维度 1：水泥 CCUS（碳捕集、碳利用、碳封存）技术

通过生产工艺流程的后端工序对产生的二氧化碳进行捕集、利用和封存，使水泥工业的碳足迹形成闭环控制。其中，采用化学吸收、吸附分离、钙循环燃烧等技术进行二氧化碳捕集，通过燃料再生、工业提纯等技术碳再利用，通过碳矿化、地下封存、驱油等方式实现碳封存。海螺水泥建设了世界首条万吨级以上水泥窑烟气二氧化碳捕集纯化项目年产 5 万 t 纯度为 99.9% 以上的工业级和纯度为 99.99% 以上的食品级二氧化碳，碳捕集效率非常高，但因二氧化碳应用技术与成本等问题，大规模商业化运转还有一定难度，而且目前全行业也没有找到最合适、最科学的碳减排路径。

维度 2：玻璃行业前沿颠覆性技术

玻璃行业探索使用天然气与氢气混烧技术，目前 100% 使用氢气在技术上非常具有挑战性。可在近期内，把氢气以较低的掺量混合到天然气管网中。该方法可以作为近期减少碳排放的有效措施，并且仅需对现有基础设施进行微小改造即可。氢气可以从 10% 占比开始，按体积逐渐增加到 20%~30%。"氢气＋天然气"混合燃料（氢气体积比高达 50%）基本可在现有熔炉的条件下运行。

8.4 利废换碳

煤矸石、粉煤灰、尾矿（共伴生矿）、冶金渣、工业副产石膏、建筑垃圾等大宗固体废弃物，其主要化学成分为硅、钙、铝等，可用来替代天然矿产资源生产各类建筑材料，对建筑材料领域实现碳减排目标具有显著支撑作用。

8.4.1 砂石骨料领域

近年来随着天然砂石限采以及机制砂生产应用技术的大规模推广，以尾矿、建筑垃圾等为代表的固废资源在砂石骨料领域的应用比例逐年上升。参照《建筑碳排放计算标准》GB/T 51366—2019 附录 D 建材碳排放因子中所列，生产 1t 砂 CO_2 排放量 2.51kg，生产 1t 碎石 CO_2 排放量 2.18 kg，因此加大尾矿制备机制砂、建筑垃圾制备再生骨料能够减少天然矿石开采，具有一定的减碳效益。

8.4.2 新型墙材领域

"十三五"以来，我国新型墙体材料资源综合利用水平不断提高，以煤矸石、粉煤灰、工业副产石膏等为主的固废在新型墙体材料领域利用显著增加。利用煤矸石生产煤矸石烧结砖能够减少天然页岩资源的开采使用，利用粉煤灰生产加气混凝土能够减少天然石英砂资源的开采使用，利用工业副产石膏生产石膏板能够减少天然石膏资源的开采使用。参照《建筑碳排放计算标准》GB/T 51366—2019 附录 D 建材碳排放因子中所列，利用煤矸石替代 1t 页岩石，可减少 5.08kg CO_2 排放，利用粉煤灰替代 1t 石英砂，可减少 2.51kg CO_2 排放，利用工业副产石膏替代 1t 天然石膏，可减少 32.8kg CO_2 排放。因此，推广新型墙体材料的使用是助力建材领域碳减排的重要路径之一。

8.4.3 其他胶凝材料领域

与国外发达国家相比，国内石膏基胶凝材料占比太低。生产1t水泥CO_2排放约610kg，生产1t建筑石膏粉CO_2排放约106kg，与水泥基胶凝材料相比，使用1t石膏基胶凝材料能够减少约504kgCO_2的排放。固废基胶凝材料是以高炉渣、钢渣等冶金渣和工业副产石膏配制成的具有胶凝性能的无机胶凝材料，可替代水泥基胶凝材料用于非结构性工程、矿井回填、低等级道路等风险等级较低领域。使用1t固废基胶凝材料能够减少约610kgCO_2的排放。因此加强石膏基胶凝材料和固废基胶凝材料的推广应用降碳潜力巨大。

8.5 智慧节碳

建材行业的智慧生产方案要围绕智能装备、智能生产、智能运维、智能运营、智能决策五方面的核心赋能，积极推动打造"数据、算力、算法、场景和全链路"的技术集群，实现系统层级的生产线智能决策、智能实时自主寻优控制。运用5G、大数据、人工智能等技术，加强传感器、分析仪等智能装备的创新应用，建设数字化、可视化、流程化、模块化的全流程生产管控系统，整合生产管理运营全流程（包含物流、巡检、设备、生产、能源、质量等流程），并且以生产管控系统为核心建立工业大数据仓库，与OA系统、ERP、销售、物流供应链等信息化系统进行必要的数据交互，实现生产线信息化系统互联互通，搭建专家知识库及异常工况规则库，实现工况智能识别，全局寻优，生产线实时优化控制，实现矿山开采、全厂生产运行、质量在线监测、商品溯源、节能减排、设备巡检、安全防护等生产环节的自动控制、可视化远程诊断、智能制造，实现生产过程控制智能化、设备运维智能化、生产管理智能化、供应链物流智能化等，以及科学研判市场、效益分析、智能决策，推动建材行业企业智能化发展。

加快智能制造数字转型将有力支撑建材行业的绿色低碳发展，通过全面构建人、机、物的互联，有效支持建材生产全要素、全产业链、全价值链信息的全面链接，大力提升生产管理效能，减少资源、能源消耗，推动行业碳减排工作迈上新台阶，助力实现碳中和目标。建材行业智能制造实现碳减排的技术途径大致包括能源管理系统、数字矿山技术、智慧物流系统、在线质量分析与控制技术、智能巡检和设备管理系统、专家优化系统等。

（1）能源管理系统是以帮助工业生产企业合理计划和利用能源，降低单位产品能源消耗，提高经济效益，降低CO_2排放量为目的的信息化管控系统。通过对生产企业使用的煤电油气等各类能耗数据进行采集，利用能源监控、能源统计、能耗成本分析、能源消费分析、能耗预测、能耗对比、设备管理、智能节能设备控制运用等多种手段，挖掘节能潜力，制定切实可行的节能策略，最终实现提高能源管理效率，减少能源消耗和碳排放。此系统适用于大多数建材生产企业，目前在水泥、玻璃、陶瓷等行业有较为广泛的应用。

（2）数字矿山技术是运用5G、人工智能、自动化、在线检测、三维可视化、北斗定位导航、优化配矿、GIS、大数据等技术手段，对矿山进行整体智能化手段覆盖，实现采矿、运输、配矿的全流程智能化升级。通过大数据中心对生产相关的数据、设备数据、安全环保数据等进行采集、存储、处理；通过数字采矿软件平台建立矿山三维地质模型，进行地质、储量计算，实现矿产资源的数字化、精细化管理；通过三维GIS平台实现矿山矿产资源、实时生产状态的展示和可视化管理；通过卡车调度系统实现车辆的智能调度，优化管理矿山设备和生产作业过程，提高设备使用效率，降低生产能耗；通过智能管控平台合理搭配矿石开采，高效利用资源，实现全流程的质量监控，保证矿山生产的质量和稳定，降低维护成本，降低人员劳动强度，减少生产人员，提高生产管理的准确度，最终实现矿山的绿色低碳、安全环保生产。此技术适用于建材行业大多数的矿山开采，目前在水泥矿山和砂石矿山的建设开采中有较为成熟的应用。

（3）智慧物流系统包括面向工厂的基于AGV的智能仓储系统和面向社会化物流的工业互联网平台。基于AGV的智能仓储系统，是以移动机器人作为承载平台，以智能仓储设计及管理优化算法为核心，通过多机器人协同及调度技术，结合仓储管理软件、自动化物流设备接口，共同实现智能化物流的现代仓储系统，能够实现机器人自动运输、自动拣配等功能，达到入库、装卸、搬运、堆码、储存、拣货、包装、出库、发货等全过程的高度自动化，进而降低人员劳动强度，减少生产人员，提高物流周转效率，保证物流供应的及时性、准确性。面向社会化物流的工业互联网平台运用5G、北斗定位导航、大数据等技术手段，实现发货、运输、收货、车辆等环节信息的互联互通，形成基于"互联网+物流"的物流网络生态圈，提高资源匹配效率，合理规划运输路径，引导承运车辆有序流动，降低单位物流成本，进而达到降低物流过程中的能源消耗和碳排放。此系统适用于建材大多数行业的物流，目前基于AGV的智能仓储系统在玻璃、建筑卫生陶瓷、玻纤等行业有较为成熟的应用，面向社会化物流的工业互联网平台在水泥、混凝土及制品、砂石等行业有试点示范。

（4）在线质量分析与控制技术是运用在线分析仪等设备对原燃材料的成分、质量进行在线检测，并实时调整以保证原燃材料的质量可靠和稳定，代替人工取样、制样、化验环节，解决取样频次少、代表性差、结果滞后等问题，为生产提供实时可靠的数据，达到高效利用资源，保证生产的质量和稳定，降低运行成本的效果。此技术适用于建材行业大多数的原燃材料质量分析，目前在水泥、混凝土及制品、砂石等行业有较为成熟的应用。

（5）智能巡检和设备管理系统是运用5G、最新的识别技术、移动终端技术、智能传感器等技术手段，对设备运行状态、生产现场等实现实时监测，能有效提高巡检的效率，保障设备运行和生产现场安全，同时通过大数据平台对传感器采集的设备运行、振动、环境等相关数据进行分析，实现设备的状态监测、故障诊断与分析，设备能效分析、全生命周期管理等，达到设备故障提前预知，开展设备故障预防性维护，潜在风险及时处理，减少停机时间，远程故障诊断分析，提高诊断效率和准确度，降低设备维保成本，有效提升设备产能，提高企业生产效率。此系统适用于大多数建材生产企业，目前在水泥、玻璃、陶瓷等行业有较为广泛的应用。

（6）专家优化系统主要是运用大数据、人工智能技术与生产工艺流程深度融合，用于实现对工业过程的控制、稳定及优化，通过搭建专家知识库及异常工况规则库，基于机器学习和模型分析，实现工况智能识别，全局寻优，生产线实时优化控制，减少干预和波动，从而提升生产线的工艺稳定性和质量稳定性，降低单位产品的能耗和生产成本。此系统适用于大多数建材生产企业，目前在水泥、玻璃、陶瓷等行业有较为成熟的应用。

8.6 小结

在对重点行业和主要建材产品发展现状和碳排放现状分析的基础上，以及根据未来国民经济社会对建材产品的预测需求，本章重点围绕工艺减碳、能源降碳、技术补碳、利废换碳和智慧节碳五个角度，研究提出建材工业碳减排的路径。期望通过我们的研究工作，为建材行业推进节能减排起到参考性、指导性作用，也为政府部门制定政策和企业发展决策提供重要的参考意见和建议，为建材工业碳减排明确目标指引方向。

第 9 章
建筑材料领域碳减排的策略与建议

建筑材料行业是我国工业产业链中的重要环节，上下游产业分别为矿产资源和建筑业，并且与煤炭、电力、冶金、化工、轻工等相关联，在整个经济中扮演着重要的角色，在助力"30·60"双碳目标的实现过程中将发挥关键性作用。在"十四五"乃至之后一段时期，建筑材料行业以加快推进碳减排为抓手，做好深入推进建筑材料产业高质量发展，全面提升低碳发展水平相关工作，助力我国碳达峰、碳中和目标早日实现，无论在技术理论还是实践经验上，还有很多方面需要加强和创新。

9.1 政策建议

9.1.1 全面推进绿色建材应用

（1）扩大绿色建材产品认证范围

目前绿色建材产品认证目录涉及的建材产品仍然在装配式建筑领域的建筑墙板等产品领域存在空白，需要尽快加以完善和补充。此外，绿色建材也未涉及建材工业中碳排放较大的水泥、石灰、平板玻璃和玻璃纤维的大宗建材产品，这些产品的生产工艺及能源消费过程的碳减排对行业碳达峰和碳中和工作意义十分重要，有必要适时将相关产品纳入绿色建材认证目录范围。

（2）加大绿色建材选用引导力度

落实在政府采购中优先使用绿色建材，通过政府采购行为，促进和引导低碳绿色生产与消费。在现有试点工作的基础上，逐步扩大政府采购绿色建材范围，建立绿色建材产品名录和定期发布机制，建设绿色建材产品数据库，在政府投资工程中对认证目录内的建材产品采购时，增加绿色建材产品选用要求，提高政府投资项目绿色建材采购比例。

积极推动绿色建材应用试点工作。加快制定绿色建材应用比例核算方法，选定一批绿色建筑、装配式建筑、被动式超低能耗建筑、老旧小区改造等试点工程项目，明确工程面积、绿色建材应用比例和节能低碳等相关要求，形成绿色建材应用的示范带动效应。

不断扩大绿色建材认证采信范围。对绿色建材的应用给予政策优惠，引导房地产开发企业选用获得认证的绿色建材产品，鼓励房地产企业在制定合格供应商名录或开展建材产品采购活动时，将绿色建材产品认证要求纳入评选要求。积极探索在城市规划或土地出让环节增加绿色建材选用要求，持续扩大绿色建材使用范围及应用比例。

（3）细化绿色建材应用监管体系

明确项目策划和设计阶段的绿色建材选用要求。在绿色建筑等有明确绿色建材选用要求的建筑工程策划、设计阶段，明确绿色建材选用品种、数量、位置、性能要求等关键指标深化设计要求，设计阶段提供绿色建材深化设计指导书等深化设计文件。

将绿色建材应用比例纳入绿色建筑等项目验收范围。在绿色建筑等对绿色建材使用提出使用要求的项目竣工验收阶段，将绿色建材应用比例核算纳入竣工验收内容，在采用项目结算报告中绿色建材和实际使用量等材料作为依据进行计算的同时，综合运用区块链、大数据、云计算和工业互联网等可溯源技术，促进绿色建材和绿色建筑无缝链接，实现建材全生命周期管理。

9.1.2 扩大低碳建材应用范围

（1）扩大高性能建筑材料应用

加强建筑、建材行业合作，提高建筑材料的适应性、耐久性等质量性能，延长建筑物及建筑材料服役寿命，避免大拆大建，减少材料浪费。针对建筑物需求应用不同性能等级的建筑材料，提高建筑对建材需求、选择的精准度，降低碳消耗的强度。对高服役寿命建筑通过提高水泥、高强高性能混凝土和高强钢筋等的应用，减少水泥、混凝土和钢材的消费总量。针对特殊服役环境建筑物，如沿海海水腐蚀、高盐碱腐蚀区域建筑物，积极开发和应用海水、盐碱耐腐蚀性能更优异的铁铝酸盐水泥等特种水泥品种。

（2）研发推广节能低碳建材产品

水泥：积极发展低氧化钙含量（或非氧化钙体系）、低烧成温度（或非烧成体系）

及具备碳化矿化特征的新型低碳胶凝材料，部分替代现有的硅酸盐水泥，减少水泥生产的石灰石引入量和燃料使用量，实现碳排放的跨越式降低。重点发展硫铝酸盐水泥、高贝利特硫铝酸盐水泥、硅酸二钙－硫铝酸钙－硫硅酸钙熟料体系等。关注原料替代技术，通过材料性能及与技术相容性的研究，实现稀缺资源的高效利用，解决资源稀缺性与行业减碳目标体量之间的冲突。通过在生料配料中添加钢渣、电石渣、黄磷渣等工业废渣，作为生料配料的钙质、铁质等替代原料，提高混合材应用量。

水泥深加工产品：完善高性能混凝土推广应用机制，研究制定相关政策措施，解决高性能混凝土推广应用中的问题。组织开展高性能混凝土推广应用试点工作，监督检查相关标准、政策措施的实施。扩大高性能混凝土的应用比例，提高建筑工程质量和寿命，减少材料消耗。

玻璃及深加工：促进玻璃原片生产的超薄化、超大化、超白化技术、装备的发展，大幅度提高优质浮法玻璃比例，实现玻璃原片和深加工一体化，积极发展使玻璃具有更优异的强度、安全、隔声、隔热、防火、光电控制、自洁净性能的技术工艺，满足电子信息、光伏发电、光热发电等新兴产业领域需要，全面推进Low-E中空玻璃等节能玻璃和太阳能利用产品在建筑工程中的应用。

建筑卫生陶瓷：推进陶瓷砖减薄的配方、工艺技术参数、配套装备的系统开发，薄型建筑陶瓷砖（板）生产及应用配套技术开发，陶瓷砖塑性挤压成型工艺技术开发与推广，轻量化节水型卫生陶瓷生产及应用配套技术的开发与推广等。

积极发展和应用结构维护、节能保温、装饰装修等多功能新型建筑材料，加大高效长效新型墙体材料、节能玻璃、保温隔热材料、建筑光伏一体化发电玻璃等节能低碳先进建筑材料在建筑上的应用比例，促进建筑运行阶段持续碳减排、碳中和。

9.1.3 推进技术设备升级换代

（1）淘汰低端落后生产能力

严格行业准入，认真贯彻执行工业和信息化部《水泥行业规范条件（2015年本）》《平板玻璃行业规范条件（2014年本）》，通过行业准入条件的限制，加快淘汰落后产能，促进技能减排。在按工艺、规模等标准淘汰水泥、石灰、平板玻璃等过剩产能的基础上，进一步采用能耗、环保及质量新标准，加大落后产能淘汰力度，促进实现建材产业碳减排，加大执法处罚力度，使建材产品供需结构基本合理，产能利用率达到合理水平。加快墙体材料产业结构调整，限制和减少高能耗、高排放产品的生产和使用，提高行业准入门槛，严格限制和淘汰不符合国家产业政策要求的落后生产工艺和产品，通过产品结构的优化进一步降低能耗和碳排放。探索在全球范围内的市场资源配置，引导建材企业实施资本"走出去"，到有市场需求的国家和地区投资兴办实体，实现产能转移。

（2）扩大节能低碳技术创新

技术创新是实现温室气体减排的关键，创新工艺技术不仅包括产品节能生产工艺，包括生产过程的低碳环保和节能技术。建材行业应加强与高校、科研机构的联合，加大技术创新的投入，积极引进消化吸收国外的先进技术和装备，特别是要加强软技术的引进和优秀技术人才的引进。

水泥行业：鼓励废弃物处置技术、工业废渣利用、生物质燃料使用等技术发展，探索富氧/全氧燃烧技术、流化床煅烧技术、高效烧成技术、变频技术、永磁技术、高压料床粉碎技术、熟料高效粉磨技术等节能设备与工艺产业化应用；做好二氧化碳捕集技术、碳转化利用技术、碳矿化技术、地下封存技术、碳驱油技术等CCUS（碳捕集、碳利用、碳封存）技术储备。

玻璃行业：促进节能减排技术应用，重点包括窑炉结构优化及高效保温技术、0号小炉助燃技术、全氧燃烧技术、富氧燃烧技术、熔窑大型化技术等；不断完善包括在线金属化合物热解镀膜技术、化学气相沉淀镀膜技术、低辐射镀膜技术在内的节能玻璃生产技术的发展。

陶瓷行业：应加大节能减排技术及设备的开发及利用，重点推进新型干法工艺和设备、卫生陶瓷的高压注浆技术和设备、废水的净化和利用技术、废品的综合利用技术的研发与应用。提高红坯原料、低质原料及瘠性原料的利用率，节约优质的矿产原料，完善发展叶蜡石、硅灰石、透辉石、透闪石、霞石等原料的低温快烧技术。

9.1.4 提高清洁能源应用比例

（1）大力推进燃料动力低碳化

大力推进以低碳排放燃料为特点的清洁燃料替代。鼓励采用天然气、煤气、油、可燃溶剂等清洁低碳燃料替代煤炭作为产品生产中的主要燃料或者辅助燃料，运用多形态燃料混烧技术与装备满足烧成工艺需求，降低煤炭等高碳排放燃料的用量，减少碳排放。

（2）积极发展替代燃料应用

积极开展可燃废弃物资源综合利用，充分发挥水泥窑协同处置废弃物的能力，在大中城市建立城市垃圾分级分类预处理系统、城市污泥预处理系统，形成完整的替代燃料处理及应用的产业链。有效利用城市生活垃圾、污泥以及其他可燃废弃物作为替代燃料，逐步扩大高热值可燃废弃物包括废塑料、废轮胎的利用比例。加大对水泥窑协同处置城市垃圾、污泥等废弃物以及环保治理项目的政策和资金支持力度。

通过生物质燃料、生活垃圾、废旧轮胎、石油焦等替代燃料的使用，减少石化燃料的消耗，重点推进替代燃料前处理技术、替代利用技术、产品和系统控制技术等的发展，提高窑炉所需热量的替代率和热能利用率，降低燃料燃烧的碳排放量。

（3）鼓励生产用能零碳化

推进生产工艺用能电气化；通过光伏、光热、风电、氢能等新能源设施的建设利用，推动在熟料烧成、湿料烘干、产品制备等环节使用零碳能源；通过能源回收利用技术，例如余热发电、余温烘干等，减少化石燃料的使用、减少净外购电力，达成低碳减排。重点关注该技术清洁能源的产量及利用率，以及对化石燃料和净外购电力的减量作用，同时考虑其对周边设施和环境生态的影响。

9.1.5 提高资源综合利用能力

（1）提高水泥产业资源综合利用水平

积极开展资源综合利用，探索高性能低碳水泥的生产有效途径。深化研究硅酸盐和硅铝酸盐工业固体废弃物的综合利用方案，科学合理地提高水泥生产中的矿渣、粉煤灰、电石渣、煤矸石、脱硫石膏等固体废弃物综合利用范围和利用率，提高原料替代、熟料替代水平。加大对水泥窑协同处置城市污泥、生活垃圾及其他有害废弃物的技术装备研发和推广力度，在中等以上城市周边布局选择具备条件的水泥工厂进行有害废弃物协同处置改造。

（2）扩大墙材产品资源综合利用范围和利用量

鼓励墙体材料生产中利用煤矸石、粉煤灰、矿渣、工业副产石膏等固体废弃物，扩大资源综合利用范围和利用量。探索利用大型烧结砖隧道窑安全处置城市污泥，推进示范项目建设，利用污泥、废渣与其他原料配合生产烧结砖。

（3）建立鼓励废弃物综合利用的有效机制

制定鼓励协同处置城市生活垃圾、城市污泥和固体废弃物的相关配套政策。建议在地级以上城市全面推进固体废弃物资源化利用，落实固体废弃物处理责任制；制定固体废弃物利用优惠政策，增加固废排放收费、扩大固废的利用范围、增加财政补贴政策等，全面推进建材行业资源综合利用水平。

9.1.6 挖掘信息技术减碳潜力

面对当前的国内外形势，企业应加大信息技术应用力度，在实际应用中重点加强先进适用的信息技术在加强能源管理和检测中的作用，建设基于现代信息技术的能源管理系统，挖掘低碳节能减排潜力。同时，企业还应重视 ERP、SCM、BPR、CRM、PDM、MES、OA 等信息系统的应用，实现管理信息化、办公现代化，尽快建立起一套符合新管理思想和方法的现代企业管理模式，带动企业管理朝着更加科学化、合理化、规范化和国际化的方向发展。

9.2 保障措施

9.2.1 建立绿色低碳标准体系

（1）建设行业绿色低碳技术、产品验证检测规范体系

我国是制造业大国，建材产能规模居于世界首位，但与世界先进水平相比，我国资源环境仍面临较大挑战。而碳达峰碳中和要求产业深度融合，建立相应的综合性标准体系，引导和支撑绿色制造加快发展步伐成为必然，也是实现碳达峰、碳中和不可或缺的技术基础。应建立建材行业适宜的绿色低碳标准体系，研究制定低碳发展相关的技术和管理规程、排放标准、评估体系和方法等，完善生产能耗、窑炉热工、余热利用，以及能效碳排放测试方法等标准，引领建材行业企业绿色低碳发展。

（2）制定碳排放评价方法与指标体系

在绿色低碳发展的要求下，应加强产业发展运行、能源消耗、污染物排放与碳排放方面的基础信息工作，调整建材行业统计的范围、内容和指标，加快推进统计基础规范化建设，不断提高对行业经济运行态势、能耗、污染物排放、温室气体排放的检测和分析能力，建立较为完善的行业统计信息体系。

要坚持全国统筹，强化顶层设计，根据行业实际，抓住重点行业、重点领域、关键节点，以事实为依据，做到科学决策，做好分类施策。规范重点行业二氧化碳排放量计算方法，建设科学、统一的碳排放统计指标体系、监测体系、考核评价体系。在已发布水泥、平板玻璃、陶瓷行业等行业《企业温室气体排放核算方法与报告指南》及《建筑材料工业二氧化碳排放核算方法》的基础上，进一步完善和扩大重点行业《企业温室气体排放核算方法与报告指南》的编制，确定行业碳排放推荐系数，完成行业碳排放核算，为推进全行业碳达峰工作提供决策参考。

（3）推动低碳指标纳入绿色建材产品认证

贯彻落实《国务院办公厅关于建立统一的绿色产品标准、认证、标识体系的意见》（国办发〔2016〕86号）的要求，将双碳目标的实现作为绿色建材发展的主线，开展碳排放相关指标纳入绿色建材评价标准技术路径的研究，将相关指标纳入绿色建材评价指标体系，丰富和扩大绿色建材认证内涵和外延，逐步提高碳排放约束，提高绿色建材认证对行业低碳发展的支撑力，推动建材行业绿色低碳高质量发展的需要。

9.2.2 完善企业碳统计核查制度

（1）建立建材行业碳排放核查体系

碳排放第三方核查是应对气候变化国际合作建立互信的基础，碳排放第三方核查机制是我国碳减排监管体系的重要组成部分，应研究制定建材行业碳排放第三方核查机构准入制度，培育一批碳排放第三方核查机构。针对应对气候变化国际谈判的新动向及我国低碳发展政策需求，在建材行业开展碳排放核查关键技术研究，为行业碳减排提供核查技术支撑。

（2）推进能源合同管理

加强企业日常生产运营过程中的能效管理与评估，建立企业能效管理体系，设立专门的能效管理机构，合理制定目标、职权，强化节能目标责任考核与激励机制，引导鼓励企业围绕节能降耗，进行技术革新与技术改造，切实降低生产运营过程中的能源资源消耗。鼓励将碳排放相关指标纳入合同管理范围。

在行业内加快推行合同能源管理，引导专业化节能服务公司采用合同能源管理方式为建材企业实施节能改造，减小企业实施节能改造的资金投入压力。

（3）实行节能标识管理

推进能效、碳排放等对标工作，通过对标，对超过相关标准的企业实行限期整改或淘汰措施；开展企业能效测试评价试点示范，促进企业的能效提升，对耗能大的建材专业设备（如窑、磨等）逐步实行节能标识认证和管理。

9.2.3 参与碳排放权市场交易

碳排放权交易是支撑"碳达峰、碳中和"目标实现的重要市场化手段。对于已纳入交易的企业，积极开展技术和管理节能、能源替代、原料替代、技术革新等降低自身碳排放量，盘点梳理企业碳资产并有效管理，开发符合自愿减排标准的项目获取收益；对于尚未纳入交易试点的企业，尽早了解自身现状，积极开展基于活动、组织、场所等方面的碳盘查摸底，按年度自主实施减碳行动。充分利用碳排放配额和国家核证自愿减排量的交易，控制碳排放总量，提高增加排放量的进入成本，实现配额的有偿使用及排放的总量控制，并对碳减排的建材企业给予补偿和鼓励，促进企业转型升级。对于行业内领先并具有科技创新能力的标杆企业率先实施碳中和行动，体现企业的责任担当，有效推动双碳目标的实现。

9.2.4 建立绿色低碳公共服务平台

（1）构建行业绿色低碳技术验证平台

碳达峰碳中和工作需要采取大量的节能降碳措施，每项措施都是对现有技术基础的改进甚至是现有技术体系的重构，而新的减排技术或新的工艺技术的推出，需要一个科学合理的验证试验过程，专业、综合地评估技术的适用性和可靠性、经济性，这就需要建立相应的平台，建立技术检验检测的能力并形成一整套评价体系，为绿色低碳技术的推广应用保驾护航，为技术使用方提供投资决策依据。

（2）构建行业绿色低碳产品检验检测平台

采用"生命周期全链条跟踪＋一体化检验/验证/监测/核算/分析/标准化/应用示范服务"为手段，构建建材行业绿色低碳技术、产品、工艺、装备基于全生命周期分析的"检验＋监测＋验证＋碳足迹核算"的综合性集成技术服务体系，形成建材行业覆盖全生命周期，统筹体现细分行业差异、企业差异、技术差异、时空差异，且与国际标准化方法体系兼容协调的全生命周期碳足迹核算基础数据库，为建材行业相关低碳工艺、技术、装备、原材料，以及产品的应用推广可行性评估提供依据，助力行业减碳精准施策，同时也为下游应用端实现协同减排奠定基础，从而带动全产业链低碳转型升级。

9.2.5 加强财税金融体系支持力度

（1）加强经济政策引导调控

充分发挥投资、税收、价格等经济政策的引导和调控作用，加大低碳技术的推广、应用力度。鼓励企业采用先进工艺和技术促进低碳发展，对使用替代燃料、提高能源利用效率等先进技术和设备的企业通过科研经费、投资补贴、税收减免等方式给予支持，调动企业的积极性，研究制定优惠政策。

建立财政性科技投入稳定增长机制，重点支持基础研究、前沿技术研究、社会公益研究和科技基础能力建设等；引导企业和社会增加科技投入，形成政府、企业、社会多渠道的科技投入格局；信贷政策、税收政策、知识产权保护等方面进行扶持，促进企业的技术创新。

在废弃物资源化、新型可再生能源开发、全过程清洁生产、低碳技术改造、环境污染治理等领域设立产业低碳发展专项资金。采取贷款贴息、价格补贴、优惠利率、放宽还贷条件和折旧政策等多种方式，重点支持企业进行低碳生产，以及节能环保产品的应用。一方面，通过财政补贴，降低企业生产低碳产品和购买低碳技术的成本，提升低碳、环保产品的市场份额；另一方面，通过财政补贴，对企业的环境治理行为进行补偿，提高企业环境保护自觉性，促进节约资源的利用，实现稀缺资源的可持续利用。

（2）大力发展绿色金融

充分发挥绿色金融推动作用。鼓励金融机构可以通过信贷、融资租赁、信托等间接金融工具将储蓄资金等投向绿色低碳行业，也可以通过债务、股权、风险投资等直接金融工具引导资金流向绿色低碳行业，成为它们的源头活水。通过适当的交易方法及运作路径，开发碳期货、碳信托、碳基金等绿色金融产品，充分利用国家气候投融资与绿色金融政策，引入金融市场资本探索开展绿色融资，盘活碳资产，助力企业碳减排。鼓励保险类金融机构，针对绿色建材产品认证结果或认证过程，开发第三方责任保险产品，增加绿色建材产品认证社会认可度。

9.2.6 建设碳减排示范企业

近年来，我国一批建材企业在节能减排、资源综合利用、发展循环经济、控制大气污染物及温室气体排放等方面进行了积极探索与实践。建议选择在建立企业能源管理系统、环境管理系统，采用先进技术实现节能、减排技术改造，扩大资源综合利用，实施矿山复垦与修复，余热发电及余热利用，水泥窑协同处置城市垃圾、污泥，工业固体废弃物及可燃废弃物利用，控制大气污染物，建材行业链延伸及加工制品业发展，建材新兴产业发展等方面，取得突出成绩，节约能源，有效降低碳排放总量及碳排放强度，实现低碳发展的企业作为典型示范企业，在行业内认定和推荐，以充分发挥碳减排创新示范企业对行业碳减排的引领和带动作用。